現代中国語における
情報源表出形式
本来の守備範囲と拡張用法

李　佳樑　著

関西大学出版部

【本書は関西大学研究成果出版補助金規程による刊行】

目　次

まえがき……………………………………………………………… vi
略語一覧表…………………………………………………………… viii
凡例…………………………………………………………………… x
表目次………………………………………………………………… xi
図目次………………………………………………………………… xii

第1章　序論
　　　　──情報源の表出── …………………………………… 1
1.1　証拠性：文法範疇としての情報源 ………………………… 1
1.2　筆者の着想 …………………………………………………… 4
1.3　本書の構成と主たる主張 …………………………………… 5
1.4　例文・言語資料について …………………………………… 8

第2章　証拠性に関する研究史の概観 ……………………… 9
2.1　「証拠性」の言語学への導入と取り組み ………………… 9
　2.1.1　研究テーマとしての「evidential」の確立 …………… 9
　2.1.2　狭義的証拠性：Anderson 1986 ……………………… 11
　2.1.3　文法的現象としての見方：Aikhenvald 2004 ……… 13
　2.1.4　機能主義的類型論からの是正 ………………………… 15
2.2　中国語の「証拠性」の全貌を探るための研究 …………… 17
2.3　中国語の事例を「証拠性」という観点から分析した研究 ……… 20
2.4　本書の立場 …………………………………………………… 21

第3章　中国語（共通語）の証拠性システム ……………… 23
3.1　基本概念 ……………………………………………………… 23
　3.1.1　情報 ……………………………………………………… 23

i

	3.1.2　情報源	25
	3.1.3　証拠性	27
	3.1.4　情報源表出形式	29
	3.1.5　証拠性システム	32
3.2	共通語における証拠構造	33
	3.2.1　実証的情報源の証拠構造	33
	3.2.2　推論的情報源の証拠構造	34
	3.2.3　伝聞的情報源の証拠構造	37
3.3	共通語における証拠素	39
	3.3.1　"说是""想是"の第一義的用法	39
	3.3.2　証拠素と認定する理由	42
3.4	共通語における証拠策	46
	3.4.1　実証的情報源の証拠策	46
	3.4.2　推論的情報源の証拠策	56
3.5	共通語の証拠性システム	65

第4章　証拠素の"说是"の用法と成立　69

4.1	考察対象	69
4.2	先行研究	70
4.3	伝達動詞から〈伝聞〉の証拠素へ	75
	4.3.1　発信者指向と受信者指向	75
	4.3.2　伝達動詞の脱範疇化	76
4.4	伝達行為を前提にする"说是"	77
	4.4.1　「発信者指向の解釈」のみの"说是"	78
	4.4.2　「受信者指向の解釈」のみの"说是"	81
	4.4.3　「発信者指向の解釈」と「受信者指向の解釈」が両立する"说是"	85
	4.4.4　「発信者指向」から「受信者指向」へ移行する外因と内因	88
4.5	伝達行為を超えた"说是"	90

  4.5.1　情報源の選択と情報源の共有しやすさ………………… 92
  4.5.2　話し手参与のデキゴトに用いられる"说是" ……………… 95
  4.5.3　「逆接」の"说是"の理論的意義 ………………………… 96
 4.6　本章のまとめ ……………………………………………………… 98

第5章　〈伝聞〉と意外性
——上海語の"伊讲"を中心に—— ……………………… 101
 5.1　問題提起 ………………………………………………………… 101
  5.1.1　文末に用いる用法……………………………………………… 101
  5.1.2　"伊讲"の意味機能 ………………………………………… 102
  5.1.3　研究目的……………………………………………………… 107
 5.2　先行研究 ………………………………………………………… 108
  5.2.1　擬似的な伝達行為による効果……………………………… 108
  5.2.2　語用論的な効果……………………………………………… 109
 5.3　文末の"伊讲"が意外性を表す原因 ………………………… 110
  5.3.1　意外性の表出に関する語順調整…………………………… 110
  5.3.2　"伊讲"が文頭から離れる内在的動機 …………………… 114
  5.3.3　文末の"伊讲"が〈伝聞〉を表さない原因………………… 117
 5.4　本章のまとめ …………………………………………………… 118

第6章　〈伝聞〉と注意喚起
——台湾語の文末の"讲"を中心に—— ……………… 119
 6.1　文頭・文中・文末に現れる"讲"……………………………… 119
 6.2　先行研究 ………………………………………………………… 122
 6.3　"讲"の文末用法の再確認……………………………………… 125
  6.3.1　平叙文における生起………………………………………… 125
  6.3.2　命令文における生起………………………………………… 130
  6.3.3　疑問文における生起………………………………………… 134
  6.3.4　まとめ：聞き手目当ての「注意喚起」……………………… 145

6.4	なぜ"讲"で「注意喚起」できるか	146
	6.4.1 「省略」説と「移動」説	146
	6.4.2 聞き手側の意外性	149
6.5	本章のまとめ	151

第 7 章 〈推論〉と強意の訴えかけ
—— 上海語の感嘆構文 "勥太 AP 噢" を中心に —— ……… 153

7.1	問題提起	153
7.2	「感嘆」を表す"勥太 AP 噢"	155
	7.2.1 イディオムとしての分析	156
	7.2.2 聞き手目当てのモダリティ	158
	7.2.3 「情報のなわ張り」	161
7.3	先行研究	163
	7.3.1 主な考察	163
	7.3.2 問題点	164
7.4	「制止」から「推測」へ	165
	7.4.1 「推測」	165
	7.4.2 「危惧」	168
	7.4.3 "勥"で表す「推測」における証拠性および確信度	170
	7.4.4 「推測」を表す"勥"と「制止」を表す"勥"との相違点	171
7.5	「推測」から「感嘆」へ	174
7.6	本章のまとめ	178

第 8 章 内在する状態の表現から見た中国語の証拠性 …………… 179

8.1	問題提起	179
8.2	先行研究	183
8.3	調査の結果	186
8.4	他者の内在的状態に言及する証拠性のストラテジーおよび傾向	191
	8.4.1 〈直接経験〉	191

8.4.2　〈推論〉…………………………………………………… 192
　　8.4.3　〈知覚〉…………………………………………………… 200
　　8.4.4　連用修飾語における情報源表出形式の生起…………… 208
　8.5　本章のまとめ ………………………………………………… 213

第 9 章　おわりに ……………………………………………………… 217
　9.1　各章の主な結論と更なる一般化 …………………………… 217
　9.2　今後の課題 …………………………………………………… 220
　　9.2.1　情報源表出形式の拡張の可能性………………………… 220
　　9.2.2　証拠策について…………………………………………… 225

附録　現代汉语的示証視角
　　　――基本出发点和課題――…………………………………… 227

参考文献…………………………………………………………………… 247

あとがき…………………………………………………………………… 253

v

まえがき

　中国語の共通語では、「言う」を意味する伝達動詞の"说"とコピュラである"是"からなる"说是"が譲歩を表す接続詞的な用法を持つ。中国語方言の一つである上海語では、三人称単数代名詞の"伊"と「言う」を意味する"讲"からなる"伊讲"が文末に置かれると、字面どおりの意味にはならず、意外性を表す。共通語の"说是"や上海語の"伊讲"はなぜこのような用法を持つのだろうか？また、小説などの書面語では、人が話す様子を描写する際に「〜という口調で」に当たる"用〜语气"という表現がよく用いられるが、口頭のコミュニケーションは言うまでもなく声に出して行うものであるため、「口調で」のような表現は余剰的である。わざわざ「口調で」のような表現を用いる動機付けはどこにあるのだろうか？

　以上のような形式と意味・機能の「ミスマッチ」を如何に捉えたらよいか？——この疑問が本書およびそのもとになった筆者の博士論文、修士論文の出発点である。本書では、こういった問題を解決するにあたって、証拠性（evidentiality）という観点が有用かつ示唆に富むということを明らかにする。

　証拠性は、一般言語学において、性・数・テンスなどと同様に、文法範疇の一つとして位置付けられてきた。一部の言語では、ある情報を言語化する際、話し手が目撃して知り得た情報なのか、何らかの徴候や痕跡に基づいて推知した情報なのか、それとも単に伝え聞いた情報なのかといった情報源——情報の入手ルート——の違いによって文（特に述語動詞）の形が変わる。これを証拠性と言う。

　証拠性に関する研究は、ここ 30 数年の間に徐々に脚光を浴びるようになってきたものの、約 12 億人の母語話者を擁する中国語に目を向けると、証拠性の研究は、広さの面でも深さの面でも不十分であり、考察の余地が多く残されている。

　本書は、現代中国語における証拠性の一面を浮き彫りにし、それに関連する複数の構文・機能語がどのような意味機能を持ち、どのように成立したの

かを考察するものである。第1章から第3章までは、先行研究を検討した上で、情報源の表出に関する中国語の言語事実を合理的に説明できるより包括的な枠組みを探る。第4章から第8章では、いくつかの構文・機能語を取り上げ、その成立のメカニズムを情報源の表出の視点から解明する。第9章はまとめと展望である。

　本書の着想は中国・復旦大学に提出した修士論文『現代汉语的实据性及其表现』（2008年）に遡ることができる。筆者は、修士論文提出後も同テーマについて研究を続け、その成果を博士論文にまとめて東京大学大学院総合文化研究科に提出した。本書はその博士論文に修正・加筆をしたものである。

　本書の記述・分析の結果が、少しでもこれからの中国語研究に役立つことを祈念するとともに、刊行をきっかけに、証拠性についての言語横断的な研究成果が中国語学に反映され、さらには、証拠性の観点から見つめ直した中国語の言語事実や知見が関連する研究の発展に寄与することを願ってやまない。

略語一覧表

　本書では、説明がない限り、先行研究から引用した例文のグロスは元のままを録する。グロスの意味については以下の通りである。

3	三人称
ABL	斜格
AFAR	translocative（at a distance）
ASSUM	〈（論理に基づいた）推論〉
ATTRIB	属性
AUX	助動詞
CAUS	使役
CL	類別詞
COMP	補文標識
DIMINUTIVE	指小辞
DIR.EV	〈直接経験〉
EXP	経験相
F	女性
FP	文末語気助詞
IMPV	命令法
IND	直説法
INFR	〈（観察に基づいた）推論〉；〈（根拠を問わない）推論〉
INTERJ	間投詞・感嘆詞
KONG	台湾語における文末語気助詞の" 讲 "
LEST	危惧
LOC	方位詞
NEG	否定詞
NEUTRAL	中性

NF	非女性	
NONFIRSTH	〈非直接経験〉（non-firsthand）	
NONVIS	〈非視覚〉	
PAST	過去時	
PERF	完了相	
PROG	進行相・持続相	
PROH	禁止を表す否定詞	
Q	疑問標識	
REC.P	近過去	
REP	〈伝聞〉	
SENS	〈知覚〉	
SEQ	逐次的（sequencer, sequential）	
SG, sg	単数	
SP	構造助詞	
VIS	視覚	
VIO	上海語の"覅"	

凡例

Ⅰ．例文は章ごとに通し番号を付ける。

Ⅱ．作例以外の例文については、当該例文の直後の（　）内に出典を明記する。コーパスから収集した例文はコーパス名、著者名、作品名の順で記す。ただし、一部省略して記載する場合もある。

Ⅲ．作例については、必ず母語話者による適合性判断を経て使用している。

Ⅳ．例文の文頭等に付された各記号の意味は次の通りである。
　　*　　　当該表現は統語的・意味的な理由で容認できない。
　　?, ??　当該表現は統語的・意味的な理由で容認しにくい。なお「?」が多いほど適合性が低い。
　　#　　　当該表現は統語的・意味的に成立するものの、当該文脈においては不自然である。
　　[　]　　当該例文が用いられる文脈。

Ⅴ．その他の記号の意味は次の通りである。
　　〈　〉情報源を示す。

表目次

表番号	タイトル	ページ
表 3-1	情報源表出形式	30
表 3-2	CCLにおける"別是""怕是""恐怕"と"太"との共起	58
表 4-1	"说是"のバラつき	78
表 6-1	"伊讲"と"讲"の統語的位置と意味解釈	150
表 7-1	"覅太 AP 噢"の「制止」と「感嘆」における相違点	164
表 7-2	"覅 X 噢"の「制止」と「推測」における相違点	172
表 7-3	"覅 X 噢"の「推測」と「感嘆」における比較	174
表 8-1	「形容詞語幹−ソウニ＋動詞」に対応する中国語の表現のタイプ	183
表 8-2	連用修飾語に中訳された「形容詞語幹-ソウニ＋動詞」の内訳	184
表 8-3	連用修飾語における内在的状態の表出タイプ	190
表 8-4	"一脸／满脸"と「ソウニ」の分布	194
表 8-5	ほかの類の状態形容詞が一人称に用いられる頻度	202
表附-1	示证形式的类型	229
表附-2	汉语普通话的示证形式	231
表附-3	汉语普通话的示证体系	233

図目次

図 3-1	中国語（共通語）の証拠性システム	66
図 4-1	移動事象としての伝達行為	75
図 4-2	情報源の共有しやすさ	94
図 5-1	意外な情報の伝達に際して	112
図 6-1	Chang 1998 に主張された文末の"讲"の形成	147
図 6-2	文末の"讲"の形成についての筆者の提案	149
図 8-1	外観的徴候から内在的状態の察知（1）	204
図 8-2	外観的徴候から内在的状態の察知（2）	205
図 8-3	連用修飾語における内在的状態を表す A〜F 類の分布	209
図 8-4	内在的状態に関する表現形式の選択ストラテジー	213

第1章　序論
——情報源の表出——

1.1　証拠性：文法範疇としての情報源

　証拠性（evidentiality）とは、情報源がどのようなものかということによって文の形を変える文法範疇のことである。数・格・時制・アスペクトなどを文の中で必ず何かしらの形式で表出しなければならない言語があるように、すべての陳述において情報源の表示が義務付けられている言語は、馴染みのない言語が多いようではあるが、世界中の言語の4分の1も占めているという（Aikhenvald 2004:1）。

　例えば、コロンビアのバウペス県で話されているTariana語は5つの動詞接尾辞を用い、それぞれVISUAL, NON-VISUAL, INFERRED, ASSUMED, REPORTEDという5つの情報源を言語化している。

(1)（Tariana語）
　　a. Juse　iɾida　　di-manika-**ka**
　　　 José　football　3sgNF-play-REC.P.VIS
　　　 'José はサッカーをしていた。'
　　　（その様子が見えたので）[1]
　　b. Juse　iɾida　　di-manika-**mahka**
　　　 José　football　3sgNF-play-REC.P.NONVIS
　　　 'José はサッカーをしていた。'
　　　（その音が聞こえたので）

---

[1] 日本語訳は元の英語訳に基づいて筆者が訳したものである。

c. Juse iɾida   di-manika-**nihka**
   José football 3sgNF-play-REC.P.INFR
   'José はサッカーをしていただろう。'
   (見えた痕跡に基づけば)

d. Juse iɾida   di-manika-**sika**
   José football 3sgNF-play-REC.P.ASSUM
   'José はサッカーをしていただろう。'
   (これまでの知識に基づけば)

e. Juse iɾida   di-manika-**pidaka**
   José football 3sgNF-play-REC.P.REP
   'José はサッカーをしていたそうだ。'
   (そう聞いたので)   (Aikhenvald 2004:2-3)

　Tariana 語のこの 5 つの動詞接尾辞——-ka, -mahka, -nihka, -sika, -pidaka——は、一つのパラダイムをなし、Tariana 語において情報源を示す evidential である。それは言語によって、次の次元において異なる証拠性の姿を見せる。

① **evidentials** の有無

　情報をどこから知り得たのかということを言語化する手段はどんな言語においても存在すると思われる。例えば、"看見"の類の感覚動詞などが情報源の表明のために用いられることは容易に想定できる。

(2) 我看见小张在踢球。
　　'張くんがサッカーをしていたのを見た。'

　ところが、それらの手段がすべて evidential とは限らない。Aikhenvald 2004 の定義によれば、文法的コーディング（grammatical coding）のみを evidentials と見なしている。時制にたとえてみれば、(3) における"刚才（さっき）"から、「張くんがサッカーをする」ことが過去に起きたデキゴトだということが了解できる。だからと言って、"刚才"は英語の動詞接尾辞

-ed と同日の談にあらず、中国語のパスト・テンスを表す文法的形式と考えることはできない。

(3) 刚才小张在踢球。
　　'張くんはさっきサッカーをしていた。'

これと同様に、(2) の"我看见"から「張くんがサッカーをしていた」ことを話し手が目撃した、ということが了解できる。しかし、「閉じた」文法的カテゴリをなさない"我看见"はあくまでも本動詞の一つの用法であり、情報源を表出する語彙的な手段にすぎない。将来的に evidential に変容する可能性は否定できないとしても、現段階では evidential と見なすことはできない。

② **evidentials** がある場合、それによって言語化される情報源の種別

Aikhenvald 2004 のデータに基づいて簡単な例で言うと、視覚（visual）を含めた知覚（sensory）に基づいた情報を一つの evidential でマークし、残りの inference, assumption, hearsay, quotative をもう一つの evidential でマークする言語もあれば、visual を一つの evidential で、残りのものをすべてもう一つの evidential でカバーする言語もある。また、〈推論〉を、五感による観察の結果に基づいた推論（inference）と論理に基づいた推論（assumption）とに区別して、異なる evidentials で言語化する言語もあれば、区別せず一つの evidential を用いる言語もある（Aikhenvald 2004:65, Table 2.1）。

③ **evidentials** は省略可能か否か

たとえ evidentials による情報源の表出が義務化されている言語だとしても、一定の条件が満たされた場合、evidential が省略できる言語がある。例えば、ペルーとブラジルで話されている Shipibo-Konibo 語の場合、先行する談話において情報源が既に文法的にマークされ、それで母語話者にとって情報源が明白であれば、evidentials を用いなくても良いという（Valenzuela 2003:39, Aikhenvald 2004:78）。

また Anderson 1986 には次のことが述べられている。陳述された事実が話

し手と聞き手の両方ともに直接観察された場合は、evidentials はめったに使われないし、話し手があるイベントに対して意識的な参与をした場合、そのイベントについての情報は自然に〈直接経験〉と見なされ、その evidential がしばしば省略されるという。Anderson のこの一般化は必ずしも言語共通的ではないが、evidentials の省略を許す言語の存在という事実、また省略を可能にするいくつかのモチベーションが提示されている。

1.2 筆者の着想

周知のように、中国語は孤立語であるため、Aikhenvald 2004 のような狭義的な evidential の存在を基準にしてみれば、「中国語には証拠性がない」のはごく自然な帰結となる。そのため、evidential（ity）という概念自体を導入し中国語の事例を分析しようとする研究は見られるものの、中国語における情報源の表出にまつわる、より全般的な枠組みについては深入りされておらず、考察の余地がかなり残されている。また、事例研究においても、「これは情報源を表すものだ」という記述に留まってしまう「レッテル貼り」式のものが少なくなく、証拠性についての通言語的な研究成果が中国語学に十分に反映されているとは言い難い。

そこで、本書は「中国語における情報源の表出」を中心的なテーマとして、

①中国語には evidentials、もしくはそれに近いものはないか
②中国語の母語話者は何を手がかりにして情報源を理解するのか

といった問いを念頭に置き、中国語の言語事実を合理的に説明できる情報源の表出に関する枠組みを探る。その上で、事例研究として、一部の構文・機能語の成立のメカニズムを情報源の表出の視点から解明する。この研究を通じて、証拠性は中国語の具体的な現象を分析する際に有効であること、また証拠性の研究には中国語の言語事実をもってこれまでより大きな寄与ができ

るということを主張したい。

1.3 本書の構成と主たる主張

　本章の「問題提起」を含め、本書は9つの章から構成される。
　1980年代の半ば以降、それまで専らネイティブ・アメリカン言語だけが対象であった証拠性に関する研究は、世界中の言語を数多く取り上げ、徐々に盛んになってきた。一方、文法範疇としての証拠性を持つ言語が世界の言語の約25％を占めているにもかかわらず、これまで多くの研究が蓄積されてきたメジャーな言語の中で、典型的な文法範疇という意味での証拠性が存在すると思われる言語は決して多くない。ゆえに、研究者の間で未だに「証拠性」の定義は必ずしも統一されていない。情報の入手ルートに限っている見方もあれば、命題の事実性をはじめ、認識論全般に関わるものだという考え方もある。特に文法範疇としての証拠性を持たない（と思われている）言語の研究をしている研究者にとっては、後者の立場が好都合である。
　そのような影響を受けて、中国語を対象とする証拠性関係の研究が発足した時点から、「中国語の証拠性」という概念自体は、内包も外延もさほどはっきりしてはいない。それに加えて中国語学の世界では、"传信"――つまり、話し手が確信しているということを伝える――という伝統的な用語が以前から定着しており、余計に紛らわしい。これらを整理すべく、第2章では証拠性に関する先行研究の概観を行う。一般言語学の立場から証拠性の枠組みを提案した先駆的な論考と、証拠性の概念を用いて中国語の事例を考察・分析した事例研究をレビューする。
　この作業を通して、証拠性の「レッテル」を貼っただけで満足する研究ではなく、証拠性の研究の質を向上させるために、また証拠性をめぐる類型論的な考察を可能にするために、「証拠性」をより厳密に定義せねばならないことを主張する。具体的に述べると、

　①「証拠性」とは、情報源の種別によって文の形が変わる文法的現象の

ことである

　②情報源の種別以外の意味要素は、証拠性とは見なさず、なお且つ「情報源」は日常的な情報源とは違い、文法的に区別され、あるいはより文法化の度合いが高い形式によって表出される情報の入手ルートに限るものとする

という2点である。このような基本的な立場を取り、本書は§1.2で提示した2つの中心的テーマについて考察・分析を行っていく。

　第3章と第4章は主に1つ目のテーマに関する考察である。第3章は、情報源の表出をめぐるいくつかの基本概念——「情報」と「情報源」——を定義し直し、中国語の共通語（"普通话"を指す。以下、「共通語」と表記する）において情報源を表出する「証拠構造」「証拠素」「証拠策」を見出す。それを踏まえた上で共通語の証拠性システムを提示し、類型論的な位置づけを行う。さらに、①中国語の話者は証拠素・証拠構造・証拠策を手がかりにして、情報の出処や入手ルートを了解する、②中国語には〈伝聞〉を表す証拠素もしくはそれに近いものが存在し、〈伝聞〉と〈その他〉という2選択の証拠性システムを持つ、と結論づける。

　第4章では、第3章で提示した共通語の〈伝聞〉の証拠素である"说是"についてより精密な記述をする上で、もともと伝達動詞であった"说"が"是"と結合して証拠素へシフトしたメカニズムを解明する。さらに、"说是"節の後によく逆接的な内容が続く現象はどこに起因するのか、また"说是"だけを〈伝聞〉を意味する複数の語句から取り上げて、「証拠素」と認定する理由についても詳しく説明する。

　第5章以降は事例を取り上げ、一部の機能語・構文の成立が情報源の表出に動機づけられていることを論じる。

　第5章と第6章は、中国語の方言である呉語に属する上海語と閩語に属する台湾語における〈伝聞〉を表す形式の派生義について、情報源の表出に関連付けて変容の過程を分析する。第5章では、上海語において「三人称単数代名詞＋伝達動詞」の"伊讲"が文末に現れた場合、情報の情報源を選ば

ず、意外性を表すという用法に注目し、その原因を明らかにする。第6章では、平叙文・命令文・疑問文の文末に用いられる台湾語の"讲"を取り上げ、この3種類の文に現れるときの共通点を「注意喚起」と認定して、なぜ文末の"讲"がこの方向に拡張してきたのかについて仮説を立てて検証する。

　第7章では考察の焦点を〈伝聞〉から〈推論〉に移す。同種でない情報源の表出形式が一つの文の中に共起することは可能であるが、どれがより広いスコープを取るかによって、情報源表出形式の意味機能の拡張が起きるか否かが決められる。第7章は上海語の事例を提示しながら、〈推論〉を表す形式"覅"が程度副詞の"太"の要求する〈直接経験〉より広いスコープを取る場合における、構造全体が「感嘆」という強意の訴えかけを表すメカニズムを解明する。

　第8章では情報源の提示が最も求められると思われる、他者（第三者）に内在する状態への言及に関して、情報源の表出のしかたを切り口にして、証拠策の使用について考察する。コーパス調査の結果に基づいて、連用修飾語における内在する状態の表現のしかたおよびその頻度をタイプごとに提示し、他者に内在する状態を表すときに〈直接経験〉〈推論〉〈知覚〉の情報源が表出されることを分析する。そのことから、とりわけ他者に内在する状態に言及するとき、情報源が如何に関わっているのかが明らかになる。

　これらの事例研究（特に第5章から第7章）から窺えることが一つある。それは、実証的情報源から由来した情報に、伝聞的・推論的な情報源を示す言語形式が関与すると、その言語形式が情報源を示さなくなり、一律に心的態度あるいは聞き手目当てのモダリティの領域に移行するということである。

　ちなみに、〈推論〉と〈伝聞〉の情報源表出形式が〈実証的情報源〉由来の情報に付く現象だけを取り上げる理由は、他の組み合わせ——〈推論〉〈伝聞〉に〈実証的情報源〉の形式が関与する組み合わせ、〈伝聞〉に〈推論〉の形式が関与する組み合わせ——は、嘘をつく発話内容になるか、そもそも中国語として成立しないのどちらかだからである。また、上海語の"伊

讲""夥太 AP 噢"および台湾語の"讲"を分析対象とするのは、これらの形式が情報源表出形式の意味・機能拡張（機能語・構文への転化）の具体例として、現段階では最も典型的なものだと考えられるからである。
　第9章では、各章の主な結論をまとめ、更なる一般化を行う。

1.4　例文・言語資料について

　本書中に用いる例文は、主に

① CCL（北京大学中国语言学研究中心－现代汉语语料库）
　　http://ccl.pku.edu.cn:8080/ccl_corpus/index.jsp?dir=xiandai
②日中対照コーパス（北京日本学研究センター 2003 年版）
③出版物・インターネットで採取した文、ならびにテレビ番組などから書き起こした文
④参考文献に掲載されている例文
⑤筆者の調査により入手した文

である。原則的にそれぞれの出典を明記する。なお、出典が記されていないものは⑤または筆者による作例であるが、すべて母語話者のネイティブチェックを受けている。

第 2 章　証拠性に関する研究史の概観

　本章は証拠性に関する先行研究の概観を目的とする。§2.1 では一般言語学の立場から証拠性を考察した先駆的な論考および最新の研究動向をレビューする。§2.2 と §2.3 では、中国語に焦点を当てて、中国語に基づいた証拠性の枠組みと証拠性の概念を用いて行った事例研究を紹介しながら、理論の枠組みにかかわる問題点を指摘する。その上で、§2.4 では本書の立場を述べる。

2.1　「証拠性」の言語学への導入と取り組み

　「証拠性」は広義的な捉え方と狭義的な捉え方とがある。前者は情報の入手方法のあらゆる手段による表出に関心を寄せているが、後者は「証拠性」を情報の入手方法を文法的手段で言語化する現象に限っている[1]。従って、広義の「証拠性」は意味論的・語用論的な現象と見なされているのに対して、狭義の「証拠性」は文法範疇である。

2.1.1　研究テーマとしての「evidential」の確立

　Boas, F. は、1911 年に出版した『アメリカのインディアン語の手引き（Handbook of American Indian Languages）』の中で、ネイティブ・アメリカンの言語に属する Kwakiutl 語では「ある人が病気にかかった」という情報を

---

[1] Ekberg & Paradis 2009 は「Evidentiality in linguistics concerns how the source of information is expressed in linguistic communication, whether grammatically coded, lexically coded or merely inferred」と述べている。そこから分かるように、文法的なコーディングのみならず、語彙的表出ないし含意される情報源も evidentiality として取り扱っているのも主な流れの一つである。

伝えるにあたって、話し手が目撃していない限りは、情報を知り得た手段——伝聞か推論か夢か——を動詞に後置する接辞を用い、情報自体とともに提示しなければならないと述べた。「証拠性（evidentiality）」という用語は当時まだ用いられていなかったが、すでにこういった言語現象に気づいていたことが窺える。Boas の『Kwakiutl 語法』(1947) では、Kwakiutl 語に知識の出所および知識の確信度（certainty）を表す接辞があると述べられている。その中で、「evidential」は推論のマーカーの意味で用いられていた。そのあとに発表された Jakobson, R. の『Shifters, verbal categories, and the Russian verb』(1957) では、evidential が動詞にかかわるカテゴリの「仮のタグ」として導入され、その下に伝聞・夢・推論・過去の経験（記憶）という4つのサブタイプが挙げられている。1960 年代の半ばから、「evidential」が専門用語として言語学研究の脚光を浴びはじめた[2]。

　証拠性がテーマにされた最初のシンポジウムは Chafe, W. と Nichols, J. の主催の下で 1981 年にアメリカで開催された。1986 年に出版されたシンポジウムの論文集『Evidentiality: The Linguistic Coding of Epistemology』は「南米・北米の言語における証拠性」「他の地域の言語における証拠性」「英語と一般言語学の視点から見る証拠性」という3つのサブテーマに分かれており、18 本の論文が収録されている。これらの論文を見ると、当時の研究者が evidential（ity）で指した言語形式や現象は必ずしも同質のものではないように思われる。

　1990 年代以来、証拠性に関する研究は徐々に盛んになってきた。1998 年に開かれた第 6 回語用論国際シンポジウムでは、証拠性をめぐる分科会が 2 回行われ、証拠性の特集としての『Journal of Pragmatics』第 33 巻第 3 号（2001 年）に、その分科会に提出された論文が 7 本掲載された。また、2005 年にスウェーデンのルンド大学で開催され、Evidentiality: theoretical and applied を表題にしたワークショップに提出された論文の中の 5 本が、『Functions of Language』第 16 巻第 1 号（2009 年）に掲載された。その内容

---

[2] 詳しくは Jacobsen 1986 を参照。

は、証拠性にまつわる理論的な見直しから、証拠性の表現に関する子供の使用状況と解釈まで多岐な分野に跨っている。2018 年に出版された『The Oxford Handbook of Evidentiality』は、証拠性および情報源に対して、言語類型論・意味論・語用論・記述文法・人類学・認知心理学・心理言語学などの分野横断的な考察を行い、体系的な説明を試みる一冊である。

Aikhenvald 2004 は文法的手段で情報ソースがどのように言語化されるかをこれまで最も網羅的に探った研究である。この研究では、世界各地の 500 種以上の言語から用例を収集し、証拠性の体系・情報源のマーカー・証拠性の意味的拡張・他の文法範疇とのかかわり・証拠素（evidential、§3.1.4 を参照）の語源など、数多くのテーマが扱われた。

以下、その後の研究に最も示唆を与えてきた Anderson 1986、Aikhenvald 2004 および最新の研究動向に関する 2 点を中心に、それぞれの「証拠性」の捉え方を紹介した上で、その成果について検討を加える。

2.1.2　狭義的証拠性：Anderson 1986

もっとも広義的証拠性を主張している Chafe 1986 とは対照的に、Anderson 1986 はより狭義的な立場を取っている。Anderson の考えでは、evidential は文法的現象であり、典型的な evidential は次のように規定されている。

① a. evidential とは、話し手が利用可能で、ある事実に関する陳述を裏付けるものの種別を示すもののことである。種別の表明というのは、次のいずれかを明確化することである。
　・直接的証拠を観察（推論を必要としない）
　・証拠に基づく推論
　・推論（証拠は特定せず）
　・論理や他の事実に基づく論理的予測
　・証拠なら、それは例えば聴覚的なものなのか、それとも視覚的なものなのか
　b. evidential 自体は文の主要な述部（main predication）にはならず、何ら

かの事実に関する陳述に加えられた限定化成分になる。
c. 語用論的な推論ではなく、evidential は、それ自体の基本的な意味として、a で示された証拠の意味を有する。
d. 形態論的には、evidential は語形変化に用いる語尾や接辞、または自由な統語要素であるが、複合語や派生の形式ではない。

更に、以上① a 〜 d の 4 点から次のことが推論できると Anderson はしている。

② evidential は普通、現実（realis）の断言には用いられるが、非現実の文や仮定の文には用いられない。
③ a. 陳述された事実が話し手と聞き手の両方ともに直接観察された場合は、evidential はほとんど使われない。ただし、特別の強調や驚きの意味で使われることがある。
b. 話し手がある出来事へ意識的に参与している／した（つまり、話し手が自律的な動作主もしくは意識的な経験者である）場合、その出来事についての知識は自然に直接経験と見なされ、evidential が多くの場合に省略される。
c. 疑問文における二人称はよく陳述における一人称と同様に扱われる。

Anderson 1986 の枠組みは、証拠性的意味（＝ある事実に関する陳述を裏付けるものの種別）を表すある形式が evidential であるか否かを判別するための基準がいくつか提示されている。とりわけ、① b から分かるように、例えば形式 X が共時的に感覚動詞の用法を持ちながら、証拠性的な意味も表せるとする。もしある文において、X にストレスを置くことができるならば、X は文の主要な述部であり、evidential にはならない。次の文の大文字で示される語はストレスが置かれることを示し、[　] は evidential を示す。(1) d 〜 f は証拠性表現的な用法であるのに対して、(1) a は主要な述部に用いられる感覚を表す語で、(1) b と (1) c は感覚動詞的な用法である。

(1) a. It's sour.
　　'それは酸っぱい。'
　　　It stinks.
　　'それは嫌な臭いがする。'
　　b. It SMELLS/LOOKS/FEELS fresh.
　　'それは {匂い／見ため／触感} からすると新鮮だ。'
　　c. That fruit smells like dried fish. (I wonder what chemicals make it have that effect.)
　　'あの果物は干し魚の臭いがする。(何らかの化学物質がその効果をもたらしたのかも知れない。)'
　　d. It [smells] like dried fish. (='I think it's dried fish.')
　　'それは干し魚のようだ。' (＝私はそれを干し魚と思う。)
　　e. It [smells/looks/feels] FRESH.
　　'それは {匂い／見ため／触感} では新鮮だ。' (＝それは新鮮なようだ。)
　　f. [I smell] a pie baking.
　　'パイを焼いている臭いがする。'　　　　　　　　　(Anderson 1986)

　また、②③では evidential が用いられなかったり、省略されたりする場合が言及されている。そこから、明示される evidential がなくても〈直接経験〉や〈知覚〉など firsthand 的な証拠性的意味は多くの場合に無標と理解しても良い。

　さらに、evidential の用法を持つ形式は②および③の a、b で規定された文脈においてあえて現れた場合、証拠性を表すものから逸脱して、他の意味機能を獲得すると言える。例えば、非現実と思われる命令文に証拠性表現が用いられると、情報源の提示と異なる意味機能が生じると予測できる。

2.1.3　文法的現象としての見方：Aikhenvald 2004

　Aikhenvald 2004 は、証拠性の働きを情報ソースの提供とし、そして evidential

の中心的な意味を情報の入手ルート（＝情報源）と捉えており、言語によって明示しなければならない情報ソースの種別が違ってくると指摘している。

　通言語的データが示しているように、他の文法範疇と比べて、Aikhenvald が規定した「証拠性」は独特の特徴を示している。例えば、evidential を使って嘘をつくことができること——つまり、話し手の提示された情報源は事実（話し手がそこから情報を知り得たこと）に合致するが、その情報自体は嘘であること——から分かるように、証拠性は伝達情報の真偽とは別の次元にあるものである。evidential は、伝達情報の真理値に影響しないだけではなく、evidential 自身に真理値があり、否定をされたり、それについて質問されたりすることができるとしている。さらに、evidential そのものが時間的な参照を受けることができるという。また、多くの文法範疇と異なり、情報源は一つの文に 2 回以上マークすることができ、異なりつつも相容れる情報源から同一の観察者か 2 人以上の観察者が当該情報を知り得たことを表すのである。

　証拠性をあくまでモダリティの下位類として位置付けた Palmer 2001 とは対照的に、Aikhenvald は証拠性を命題目当てのモダリティから独立させて考えている。通言語的なデータを根拠にして、証拠性を（陳述される命題の確信度にかかわる）認識的モダリティと（発話行為にかかわる）ムードとは別のカテゴリとしている。evidential は信憑性や可能性といった副次的な意味を獲得することが可能であっても、必ずしもそうなるわけではない。ある形態素を evidential と認定するにあたっては、その中心的な意味が情報源を表し、なお且つこの意味がデフォルトの読みでなければならない。また、この読みは語彙的手段で強化したり、他の語彙項目で解釈されたり置き換えられたりすることが可能でなければならないと述べている。

　これまでの研究者が evidential の多くを、モダリティを表す成分と考えてきたのは何故なのか。それは主なヨーロッパ諸言語には本格的な evidential が極めて乏しく、馴染みのある範疇の概念を借用しながら、まだ広く知られていない範疇である証拠性を捉えていたからであると、Aikhenvald は指摘している。

また、証拠性に関する従来の研究には、文法範疇として存在している evidential と情報源を表す語彙項目を同じように見なす傾向が見られる。例えば、英語の一部の挿入句（parenthesis）を evidential と考えて、「英語にも証拠性がある」と主張している研究がある。Aikhenvald はこのような見方に対して批判している。その理由として、各言語に情報源を言語化する手段があるからと言って、それが文法範疇としての証拠性が存在することを意味するとは限らないことを挙げている。語彙項目で証拠性的意味を表す言語を証拠性が存在する言語だと認定する考え方は、*yesterday* や *today* などの語彙項目をテンスのマーカーであると認定するような主張と同様に説得力が欠けるのだという。

　Aikhenvald 2004 は evidential を厳密に定義した上で、それまでの証拠性の研究を明快にまとめ、証拠性と関連するカテゴリとのかかわりを体系的に論じたものでもある。しかし、問題がないわけではない。最も残念な点としては、余光武 2010 にも指摘されているように、英語のような狭義的な証拠性を持たない言語における情報源の表出の仕方を意味論的な研究として単に位置づけ、まるで棚上げしているかのようだということであろう。

2.1.4　機能主義的類型論からの是正

　これまでの証拠性に関する研究が避けられなかった理論的な問題は恐らく2つに集中している。両方とも文法範疇としての証拠性を持たない言語だからこそ生じた問題である。その一つは、Aikhenvald 2004 についても既に指摘されたことであるが、語彙的手段で情報源を表出する言語において、証拠性の研究を行う価値がどれぐらいあるのかという問いである。もう一つは、証拠性と必然性・蓋然性を主な意味とする認識的モダリティとの関係である。以上の2つの問題について、Boye & Harder 2009 と Cornillie 2009 はそれぞれ示唆に富んだ論考である。

　まずは1つ目の問題である。Aikhenvald などが証拠性を純粋な文法範疇として扱っているのに対して、Boye & Harder 2009 はある範疇を定義するにあたって専ら構造的基準を援用すると、この範疇を把握するために必要な関

連現象が排除されてしまう恐れがあると指摘した。その典型例として、情報源を意味する小辞（particle）を evidential だと Aikhenvald 2004 が認定している一方で、同じく情報源を意味し、動詞だけを修飾する副詞と対照的である文副詞（sentence adverbial）を evidential から排除したことが挙げられる（§3.3.2.1 を参照）。このような「差別」は妥当ではなく、「用語上の理由以外に思い当たらない」と批判した。実は、こういった文副詞は多くの側面において evidential と認められたものと極めて類似するのみならず、語源が同一であるケースすら珍しくないとしている。

Boye & Harder 2009 はそこで evidentiality を、「時間」「数」「人称」などと同様に、特定の言語構造に依存せず、専ら意味を反映する「機能−概念本質領域（functional-conceptual substance domain）」として位置づけた上で、そこを出発点にして考察・議論を展開すべきではないかと主張した。ただし、それを

　　文法的表出 vs. 語彙的表出
　　意味論的解釈 vs. 語用論的解釈
　　二次的情報（即ち情報源は何なのかを示し、付随的なもの）vs. 一次的情報（即ち命題内容）

というふうに分けて考えなければならない。そういうことは証拠性のような範疇の記述に意味があると述べている。機能こそが文法的ステータスを決めており、特定の類の情報──情報源に関するものがこれに当たる──を一次的情報の「道連れ」のようにパッケージングするため、拘束・音韻的簡略化・義務的な表出は皆、本来の「二次的情報」としてのステータスの自然な反映と考えられる、と述べている。

Chafe 1986 などと異なり、Boye & Harder 2009 は evidentiality を「情報源」より拡大的に解釈せず、より「語彙的」と思われてきた情報源の表出手段に対しても、証拠性にまつわる研究の一環として、「二次的情報の表出」という機能的な要因と文法化との相関関係から研究を行う妥当性・必要性を理論

的に裏付けたものである。Aikhenvald 2004 などの基準で文法範疇としての証拠性を持たないと思われる言語においても、証拠性の研究を展開する可能性を示してくれた。

次に2つ目の問題についてである。文法範疇としての証拠性を持たない言語における情報源の表出に関する先行研究によく見られるように、表出される情報源と情報自体の真偽に対する話し手の評価の間には緩い対応関係が確認されているが、それは何故であろう。証拠 (evidence) の信憑性 (reliability) に対する評価と命題の真実らしさ (likelyhood) に対する評価は、一見混同されがちであることから、両者の対応関係が生まれるのではないかと推測される。しかし、それにしてもその対応関係はなぜ緩いものなのか。また、「百聞は一見にしかず」のような日常の経験がある一方、〈伝聞〉の信憑性が〈視覚〉に劣っているかどうかも決して言い切れない（詳しくは§4.5.1 を参照）。Cornillie 2009 は、このことは証拠 (evidence) の共有ステータス (shared or non-shared status) によって決定されると述べた。証拠の来源 (sources of evidence) は；

　　①話し手のみアクセスできるもの
　　②話し手も他の参与者もアクセスできるもの
　　③話し手以外の参与者のみアクセスできるもの

と、3通りの可能性があるが、その中で、②の場合は最も信憑性の高い情報源であり、また①と③は信憑性が安定していないという考えが提示されている。

2.2　中国語の「証拠性」の全貌を探るための研究

中国語における「証拠性」に関する先行研究は、主な流れが2つある。一つは、中国語の「証拠性」の全貌の解明を目的とする研究である。もう一つは、「証拠性」というコンセプトを用いて中国語の事例分析を目的とするも

のである。2つ目については§2.3で触れる。

　一般言語学の研究としての証拠性の研究については、胡壮麟1994や严辰松2000や牛保义2005などにおけるこの概念の紹介が挙げられるが、中国語の言語事実にどう適用するのかについてはあまり深入りしていない。中国国内における"传信范畴"研究をほぼ網羅してレビューしたものには乐耀2011aがあるが、各研究の疑問点についての以下の指摘は同論文には見当たらない。

　张伯江1997はChafe 1986とAnderson 1986などを踏まえ、"传信范畴"について情報源の信憑性に重きを置き、特定の文に関する現実世界にある根拠に対する人々の関心を反映するものであり、多くの言語に陳述をめぐる証拠の信憑性によってパラダイムをなす形式が存在すると述べた。その上で、中国語における"传信"表現は主に；

　　①情報源を表す挿入句
　　②デキゴトの事実性（actuality）を表す副詞
　　③話し手の確信度を表す説明・断言の文末語気助詞

という3種類があり、その中で③に関する研究において"传信范畴"というコンセプトが最も啓発的であろう、という考えを示した。最後に"的"を「確信（certainty）のマーカー」、"吧"を「非確信（uncertainty）のマーカー」と見なせる可能性についても言及した。

　その後、李讷・安珊笛・张伯江1998は"传信（evidential）表達系統"を情報源の信憑性を反映する言語表現として位置づけながら、中国語の文末の"的"はあるイベントに対する確信（certainty）という心的態度を表す"传信標記"だと主張した。

　张伯江1997および李讷ほか1998における"传信范疇（evidentiality）"に対する理解は、後の中国語の研究者に大きな影響を与えている。ところが、そこに存在するevidentialityを情報源そのものではなく、情報源あるいは証拠の信憑性に直結させるという考え方には証拠性に関する重大な誤解が生じ

ていると思われる。なお、張伯江 2013:41 も"传信"を evidentiality の訳語として使用しながら、それは「文の内容の真実らしさに対しての話し手の確信の度合い」を表すものだとしている。

　張成福ほか 2003 は"传信范畴"を「情報源の信憑性の度合いに関する意味を表す文法範疇」と定義しているが、情報源を表す挿入句を考察し、中国語においては〈現行的・目撃〉〈引用〉〈推論〉〈伝聞〉という 4 種類の情報源が区別されており、これらの 4 種類の情報源を表す挿入句がそれぞれ特定の機能とつながっている、と主張している。談話機能によって挿入句を分類すること自体は有意義な試みではあるが、張成福ほか 2003 には大きな問題点が幾つか存在している。まず諸々の機能はそれぞれ特定の情報源と対応しているとは限らないことが指摘できる。さらに、〈引用〉と〈伝聞〉との境界線が非常に曖昧である。最後に、張成福ほか 2003 は"传信策略（evidential strategies）"という Aikhenvald の用語を援用していながら、情報源を意味する語彙項目を evidential strategies としている。ところが、Aikhenvald がそもそも evidential strategies と認めているものには語彙項目がない（詳しくは§3.1.4 を参照）。

　「現代中国語における証拠性に関する研究」（原文："现代汉语传信范畴研究"）という題名から窺えるように、博士論文を基にした陈颖 2009 は中国語の「証拠性」を体系的に捉えようとした先駆的な研究の一つであり、中国語の証拠性表現を全面的に分類し記述しようとしたものである。しかしながら陈颖は、"传信范畴"の機能を「聞き手に知識の来源の信憑性を提供すること」と述べた上で、動詞の接尾辞などによる表出ではないが、中国語にも"传信范畴"があり、副詞・動詞・語気助詞ないし構文にも"传信"の機能を持っている"传信语"が複数存在すると分析している（陈颖 2009:2）。詳細な論考は割愛するが、陈颖 2009 には大きな疑問点が残っていると指摘できる。まず、「情報源の信憑性」と「情報の信憑性」との混同により、「情報の信憑性」を表すものを"传信语"と見なしたことが指摘できる。次に、述語の意味特徴や広域的な文脈に含意されるデフォルトの情報源を、文に存在する特定の要素あるいは構文全体が含意するものと誤認していることが挙げ

られる。

2.3　中国語の事例を「証拠性」という観点から分析した研究

　Chappell 2001 は従来、アスペクトの一つとしての「経験相（experiential）」を表す形式として考えられてきた動詞接辞の"过"と閩南語における動詞に前置する"识"について、アスペクトの意味が中核ではなく、むしろ evidential marker と考えるべきだと主張した。董秀芳 2003 は、"按理说、一般说、依我说、俗话说、老实说、实话说"などの語彙化がかなり進んでいる形式は情報の根拠や情報源を表すとしている。林华勇・马喆 2007 は粤語に属する廉江方言の発話動詞"讲"にまつわる文法化のなかで見られる証拠性的な用法に言及した。谷峰 2007 は証拠性の観点から、上古漢語の発話動詞"云"が〈伝聞〉を表す用法、さらに情報に対して確信しないという心的態度を表す形式へ文法化した過程を明らかにした。乐耀 2011b は人称と文末助詞"了 2"と共起する実態について「情報のなわ張り」と広義的な証拠性から説明している。evidential（ity）をキーワードにした研究は他に史金生 2000 などがある。しかしこれらの研究は情報源のことと関係なく、専ら命題に対する話し手の確信度に関するものであるため、本書のテーマの範囲外にある。

　日本の中国語研究者も近年、中国語の証拠性に関連する現象への関心を見せ始めている。小野 2010 は程度副詞の"挺"と"太"について両方とも「"Direct Evidentiality（直接証拠性）"に基づく情報ソース、即ち話し手自身が実際に経験・体験して知り得た性質や属性に関する程度を表す」と結論付けた。また、日本中国語学会誌の『中国語学』258 号（2011 年）では、「証拠性」をキーワードに挙げた論文が 3 本にのぼる。その中で、呉蘭 2011a は"看来""看上去""看样子"を証拠性表現（推論）と認定しているのに対して、"好像"を証拠性表現ではなく、蓋然性判断のモダリティ表現と考えるべきだと述べている。福田 2011 の研究は数量表現が後続しない"（静態形容詞＋）不了"と"（静態形容詞＋）不了＋数量表現"を、それぞれ「論理的

推論」と現場の状況を述べる「様態」といった証拠があるといった意味解釈に偏る、としている。

なお、これらを含め、本書の第3章以降で言及する事例の先行研究が他にもあるが、その都度触れるつもりなのでここでは詳しいレビューは割愛する。

2.4 本書の立場

本章は主として、一般言語学における「証拠性」の研究アプローチを紹介し、中国語の証拠性の全貌を探ろうとする先行研究に見られる疑問点を指摘した。全般的な研究であれ、事例研究であれ、研究すべき課題やその内容に、議論の余地がかなり残されている。その中で最も注意を要することは、

① 「情報源」と「情報源の信憑性」と「情報の信憑性」との混同
② 文法範疇としての「証拠性」という意味で表出される情報源を認定する基準

という2点である。

以上挙げた諸問題点の改善を図るべく、筆者は、Aikhenvald 2004 と Boye & Harder 2009 と Cornillie 2009 で述べられた観点を整理・検討した上で、以下に示す立場を取ることにする。

Ⅰ. 「証拠性」は、情報源の種別によって文の形が変わる文法的現象である。情報源の信憑性や情報そのものの信憑性によって話し手が異なった表現を用いることを「証拠性」とは見なさない。
Ⅱ. 「証拠性」の意味に関連する情報源は日常言語での「情報源」と異なり、より文法化の程度が高い形式によって表出される情報の入手ルートに限る。動詞によって表出される情報の入手ルートは「二次的情報」と見なしにくいため、文法的現象である「証拠性」としての情報

源ではない。

　次章では上記の基本的な考えに沿って、中国語（共通語）の証拠性システムについて考察する。

第3章　中国語（共通語）の証拠性システム

　本章は前章で明らかにした立場を踏まえて、情報源の表出をめぐるいくつかの基本概念を定義し、中国語（普通話）における情報源の表出を俯瞰することを目的とする。

　§3.1では「証拠性」に関連する諸概念を導入し、一般言語学の視点から「証拠性」を把握するための基本的なアウトラインを明らかにする。§3.2から§3.4までは、それぞれ「証拠素」「証拠策」「証拠構造」から中国語（共通語）において情報源がどう表出されるかを記述する。§3.5のまとめでは、共通語の証拠性システムを提示する。

3.1　基本概念

3.1.1　情報

　「情報源」に入る前にまず「情報」について考えておきたい。本書では「情報」を次のように定義する。

（1）「情報」の定義
　　　言葉による有効なコミュニケーションで伝達されるある事象や出来事に関して告知された内容や事情のこと。情報源（即ち情報を入手したルート、もし読み取れるならば）を除き、発話内容から読み取れる部分が情報に該当する。

　発話内容から読み取れるものは、発話に使われた言語形式の言表的（文字通りの）意味の総和だけでなく、その発話行為そのものを妥当にするための前提も含まれると考えられる。例えば、(2)aという文から抽出できる情報

は、(2) b のほかに、(2) a が意味のあるコミュニケーションになる前提に当たる (2) c と d もあり、これらも情報である。なお (2) a の"听说"は〈伝聞〉という情報源を明示するものだと理解されたい。

(2) a. 听说法国国王是个秃子。
　　　'フランス王は禿げだという。'
　　b. フランス王は禿げである。
　　c. フランスという国が存在する。
　　d. フランスに国王がいる。

　ある発話行為を妥当にする前提も情報として捉えることから、情報を伝達できる言語形式は平叙文（感嘆文を含む）のみならず、名詞句・命令文・疑問文にもそれぞれ伝達される情報があると帰結できる。
　名詞句に内在する情報は、即ち「当該名詞句で指している事物がその名詞句の内包に一致している」という認定である。例えば名詞句の (3) a から、(3) b が情報として抽出できる。

(3) a. 这部名著
　　　'この名著'
　　b. これは名著だ。

　命令文に内在する情報は、次のようなものが考えられる。①発話者が「xがyをする・しない」ことを求めていること。②発話者は自分のこの要求を妥当であると信じていること。それは更に、「xがyをする・しない」の実現の必要性があること、xに「yをする・しない」能力があること、「xがyをする・しない」ことを要求する権限があること、などに具体化することができる。
　また、疑問文に内在する情報は、次のようなものが考えられる。①発話者が訊ねる疑問点以外の部分について疑念を持っていないこと。②発話者は自

分の訊ねを妥当であると信じていること。これは命令文の場合とほぼ平行している。次の例で説明すると、(4) b以降のものはすべて (4) aから読み取れるものであり、本書では (4) aの疑問文に内在している内容を情報であると考える。

(4) a. 他喜欢吃什么？
　　　'彼は食べ物何が好き？'
　　b. 彼に好きな食べ物がある。
　　c1.（話し手にとって）この質問は答えてもらう必要がある。
　　c2. 聞き手はこの質問に正確に答えることができるだろう。
　　c3.（話し手には）聞き手に対して回答を要求する権限が十分にある。

話し手自身が意識的に参与している事象などを除き、情報である以上、通常、その情報源（入手ルート）は当然問題になる。従って、平叙文だけではなく、伝達される情報を有する名詞句・命令文・疑問文にも情報源にかかわりがある。

3.1.2　情報源

「情報源（information source）」とは、以上で定義したような情報を話し手もしくは参与者（participants）がどう知り得たのかを指す[1]。例えば、人から聞いた情報は〈伝聞〉という情報源を持ち、自分の目で見た情報は〈目撃〉或いは〈視覚〉という情報源を持つわけである。

既に述べたように、情報を有するのは (5) aのような平叙文だけではなく、名詞句・命令文・疑問文にも情報が読み取れる。そのため、名詞句などにも情報源がかかわることがある。例えば、(6) aの下線部は名詞句の"名著"に含まれる情報の情報源を示すものと考えられる。

---

[1]　§1.3に触れたように、証拠性研究における「情報源」は日常言語で使われている「情報源」と別の意味である。Aikhenvald 2004:393も話し手もしくは参与者が取り上げている情報を知り得た方法と定義した。本書はこれと同様の立場である。

(5) a. 看来小王没去学校。
　　　'王くんは学校に行かなかったようだ。'
　　b. 情報＝王くんは学校に行かなかった
　　c. 情報源＝〈推論〉
(6) a. 这部所谓的名著
　　　'このいわゆる名著'
　　b. 情報＝これは名著だ
　　c. 情報源＝〈伝聞〉

　もう一つ注意されたいポイントとしては、話し手以外の参与者が情報をどう知り得たのか——話し手以外の参与者の情報源——が表出されることも考えられる。例えば南アメリカで話されているQuechua語の以下の疑問文において表出される情報源は聞き手のものであるという。(7) では、聞き手が当該の出来事について〈直接経験〉に由来した情報を持っているのが含意される（Aikhenvald 2004:245）。

(7)（Wanka Quechua）
　　imay-**mi**　　wankayuu-pi　　kuti-mu-la
　　when-DIR.EV　Huancayo-ABL　return-AFAR-PAST
　　'When did he come back from Huancayo?'　　　（Aikhenvald 2004:245）

　Aikhenvald 2004 は通言語のデータを踏まえて、情報源にかかわる意味パラメーターを提示し、それらのパラメーターが Willett 1988 で提唱された証拠性の中核的な3領域に当てはまると述べた。以下のようにまとめることができる。

(8)「情報源」にかかわるパラメーター
　　グループ1　実証的（attested）情報源
　　　　FIRSTHAND：視覚や聴覚、または自らの経験から知ること

SENSORY：身体感覚による感知から知ること
VISUAL：目撃から知ること
AUDITORY：聴覚から知ること
NON-VISUAL：聴覚・嗅覚・触覚などから知ること
DIRECT：話し手もしくは参与者自分自身の感覚的な経験から知ること

グループ2　推論的情報源
INFERRED：目撃した情報またはある出来事の結果から知ること
ASSUMED：論理的思考または一般的知識・経験から知ること

グループ3　伝聞的情報源
REPORTED：誰かの言葉から知ること
QUOTATIVE：誰かの言葉を一言一句そのまま引用したこと

なお以上に挙げたグループ1のパラメーターには、意味的に重なっているものが一部ある。例えばNON-VISUALにAUDITORYが含まれている。それは、情報源がAUDITORYであるか否かによって言語形式が異なる言語もあれば、情報源がVISUALであるか否かによって言語形式が異なる言語もあり、このような通言語的に情報源の表出を記述・分析する枠組みを作り出すためである。一つの言語において、NON-VISUALとAUDITORYがパラダイム的に共存することはないだろう。また、FIRSTHANDとDIRECTはほぼ同じ情報源を示すように思われるが、これはこれまでの先行研究では用語が統一されていないからだと考えられる。

3.1.3　証拠性

本書での「証拠性」には狭義の使い方と広義の使い方がある。狭義の使い方においては、「証拠性」は情報源によって文の形式――特に情報源の意味に直結できる形式――が変わるという文法カテゴリを指す。広義の使い方においては、「証拠性」は情報源の表出と解釈をめぐるあらゆる現象を指す。ただし、決してChafe 1986のような情報に対する態度全般をめぐるもので

はないことに留意されたい。以下狭義の使い方と広義の使い方を例で説明する。

例（9）では、「明日は雨が降る」という情報が〈伝聞〉から知り得たか、〈推論〉から知り得たかといった違う情報源によって、"说是"か"想是"が用いられる。このような現象は、狭義的な証拠性に当たる。

(9) a. 明天说是下雨。
　　　'明日は雨が降るという。'
　　b. 明天想是下雨。
　　　'明日は雨が降ると思う。'

一方、例（10）の"杭州很漂亮"にも"杭州太漂亮了"にも情報源に直結できる形式が存在しないものの、前者は後ろに"可是我还没去过"が共起できるのに対して、後者は共起できない。この許容性の差は、"杭州太漂亮了"は〈直接経験〉の情報源を前提にしているからにほかならない。なお、杭州の景色が映っている映像などを見たり、それに関する生き生きとした紹介文を読んだりしたのであれば、実際に杭州に行ったことのない人でも"杭州太漂亮了"と発言しても良い。しかし、これはあくまでも高い臨場感を前提として、擬似的な〈直接経験〉を表しているものだと考えるべきである。

(10) a. 杭州很漂亮，可是我还没去过。
　　　　'杭州はきれいだが、まだ行ったことがない。'
　　 b.* 杭州太漂亮了，可是我还没去过。
　　　　'杭州はすごくきれいだが、まだ行ったことがない。'

例（9）の"说是""想是"と違って、"杭州很漂亮""杭州太漂亮了"には情報源の特定に（意味的に）直結できるものは顕在しない。このような現象は、広義の証拠性として考えたい。

狭義の証拠性が存在しない言語があるかもしれないが、広義の証拠性を持

たない言語は考えられない。しかしある言語の「証拠性システム」に言及する場合は、狭義の証拠性に限り、その言語において文の形式を決める情報源は何であるかということを指す。

3.1.4　情報源表出形式

　文法カテゴリである狭義の証拠性を持つ言語は、より文法化の度合いが高い形式を用いて情報源を表出する。逆に言えば、広義の証拠性しか持たない言語はそれに相反して、文法化の度合いが低い形式や他のカテゴリを表す手段を借用し情報源を表出する。

　Hopper & Traugott 1993:103-104 が指摘するように、脱範疇化においては文法化に伴い、major category（> adjective/adverb）> minor category という単一方向性が考えられる。従って、ある言語において、情報源を言語化する形式が自立性の低く、専ら文法機能を担うような minor category に属する場合、その言語は狭義の証拠性を持つ。一方、それが major category ばかりに属したり、または専ら他のカテゴリを表す手段を借用して情報源を表出したりするのであれば、その言語は広義的な証拠性を持つことになる。形容詞・副詞によって情報源を表出する言語は、この両者の中間として位置づけられる。一方、Boye & Harder 2009 が指摘するように、情報源を意味する文副詞は小辞との区別が判然としない（§2.1.4 を参照）ため、副詞によって情報源が表出される場合は、より狭義的な証拠性と考えても良い。

　また、情報源の特定化につながる形式の中で、語源の観点から見ると、情報源の種別を第一義とする形式もあれば、そうでない形式もある。例えば、例（9）の"说是""想是"は前者の例であり、（10）b の"太～（了）"は後者の例である。

　以上の「情報源表出形式の文法的ステータス」と「その形式が情報源を第一義とするか否か」を 2 つの軸として交差させると、次の〈表3-1〉ができる。情報源を第一義とする形式の中で、major category に属するものは「証拠構造 evidential construction」と呼び、minor category に属するものは「証拠素 evidential」と呼ぶことにする。また本書は、情報源を第一義としないも

のの、それを手がかりにして情報源を特定でき、minor category に属する形式は「証拠策 evidential strategy」として考える。

〈表 3-1〉 情報源表出形式

		情報源を第一義とするか否か	
		第一義	非第一義
文法的ステータス	minor	証拠素 （evidential）	証拠策 （evidential strategy）
	major	証拠構造 （evidential construction）	情報源の表出と関係なし

　evidential と evidential strategy という 2 つの用語は、Aikhenvald 2004 でも用いられているものである。狭義の証拠性しか扱わなかった Aikhenvald 2004 は major category に属する形式——つまり語彙的形式——によって情報源を表出する現象に触れないことにしている。これに対して、本書は情報源の表出につながる動詞句から構文までの様々な形式を「証拠構造」と仮称しておく。証拠素（evidential）と証拠策（evidential strategy）に関しては、基本的に Aikhenvald 2004 を踏襲して使うが、副詞の中の自立性が極めて低いものをも minor category に属するものと考えているので、Aikhenvald 2004 が evidential と見なさなかったこのような副詞も本書では evidential になることに留意されたい。また、「証拠素」と「証拠構造」を特に区別しなくても良い場合は「証拠表現」と呼ぶ。

　ところで、「証拠素」と「証拠構造」を区別する 1 つ目の理由は、語彙項目（即ち「証拠構造」）で表される情報源的なものは、文法範疇の意味での証拠性を考える際に必要以上にシステムを複雑化させかねないことである。視覚・聴覚のような個々の感覚をそれぞれ一つの情報源として認定するか、それとも一括りにして〈知覚〉とするかは、証拠構造だけを根拠にしてはいくら議論しても有意義な結論を到底導けない。

　さらに、もう一つの理由がある。文法的性（grammatical gender）が実際の性別と一致しないことも多いように、証拠素が意味する文法的情報源は、必

ずしも実際の情報源と一致するわけではない。例えば、次のAbkhaz語（グルジア共和国内北西部）の用例を見てほしい。

(11)（Abkhaz語）
ha+ra h-nə-(a)j+ba-r-cᵒa-wa-**zaap'**
we we-thither-together-CAUS-exterminate-PROG-NONFIRSTH
'We are apparently killing each other.' （Aikhenvald 2004:222）

話し手が「殺し合い」という出来事の参与者という点から考えると、例(11)の情報の実際の情報源は〈直接経験〉にほかならない。にもかかわらず、NON-FIRSTHANDの情報源を表す証拠素が(11)に用いられている。これに対して、「証拠構造」の場合、その証拠構造が意味する情報源と実際の情報源とが一致しないことは考えられない。例えば、上海語の"伊讲（「彼が言う」）"は文末に置かれた場合は、文頭に置かれた場合と異なり、〈伝聞〉の証拠構造ではなく、〈伝聞〉の証拠素だと考えられる（詳しくは第5章を参照）。次の比較から分かるように、実際には、「張くんが遅刻している」ことを〈直接経験〉として知り得た場合でも文末の"伊讲"が許される²⁾。

(12)［張くんが遅刻したのを見て］
　　a. 小张也迟到了伊讲。
　　　'意外なことに、張くんも遅刻したんだ。'
　　b.#伊讲小张也迟到了。
　　　'彼は張くんも遅刻したと言った。'

以上をまとめると、情報源表出形式はあらゆる言語にあると考えられるの

---

²⁾ この点に関して、証拠素のほかに証拠策も証拠構造と対照的である。例えば、本章の注6で述べるように、実証的情報源の証拠策として考えられる"太～了"（§3.4.1.1を参照）は擬似的な直接経験に用いられることがある。なお、言うまでもないが、このような証拠素および証拠策の「転用」には一定の条件が必要である。

に対して、「証拠素」は文法範疇としての証拠性を持つ言語にしか存在しない。それ故、文法レベルで証拠性に関する類型論的研究——例えば通言語的に証拠素の語源由来や派生用法の比較、証拠性システムと証拠素の意味用法とのつながりを考察するものなど——を行うために、「証拠素」を「証拠構造」とは別に、「特別扱い」すべきである。

3.1.5 証拠性システム

ある言語における証拠素の数と各証拠素の意味（つまり表す情報源）が、その言語の「証拠性システム」を決める。Aikhenvald 2004 によると、2 選択（証拠素が 2 つある言語）から 5 選択のシステムの存在が確認されている。

(13) 確認されている証拠性システム（Aikhenvald 2004: Conventions）
　　A：2 選択のシステム
　　　A1. Firsthand and Non-firsthand
　　　A2. Non-firsthand versus 'everything else'
　　　A3. Reported (or 'hearsay') versus 'everything else'
　　　A4. Sensory evidence and Reported (or 'hearsay')
　　　A5. Auditory (acquired through hearing) versus 'everything else'
　　B：3 選択のシステム
　　　B1. Direct (or Visual), Inferred, Reported
　　　B2. Visual, Non-visual sensory, Inferred
　　　B3. Visual, Non-visual sensory, Reported
　　　B4. Non-visual sensory, Inferred, Reported
　　　B5. Reported, quotative, and 'everything else'
　　C：4 選択のシステム
　　　C1. Visual, Non-visual sensory, Inferred, Reported
　　　C2. Direct (or Visual), Inferred, Assumed, Reported
　　　C3. Direct, Inferred, Reported, Quotative
　　D：5 選択のシステム

D1. Visual, Non-visual sensory, Inferred, Assumed, and Reported

　以上の諸システムから、情報源の文法的表出にはある程度の含意的普遍性が見られる。例えば、ある言語において inferred を表す証拠素があれば、必ず sensory（visual か non-visual sensory）或いは direct を表す証拠素があるようである。逆に言うと、sensory（visual か non-visual sensory）或いは direct を表す証拠素を持たないのに、inferred を表す証拠素を持つような言語が存在しないと予測されるのである。
　以下では、証拠素・証拠策・証拠構造に焦点を当てて中国語（共通語を中心にして）における情報源の表出を俯瞰する。そこから中国語の証拠性システムを抽出する作業を行う。

3.2　共通語における証拠構造

　情報源の意味に直結できるもののうち、major category に属する形式が証拠構造である、という基準から考えれば、共通語における証拠構造は主に情報を知り得た手段を意味する動詞句である。情報源の種別は動詞の意味によって決まる。
　以下、Willet 1988 と Aikhenvald 2004 が提唱した〈実証的情報源〉〈推論的情報源〉〈伝聞的情報源〉という順で共通語の証拠構造を挙げていく。なお、これらの形式が全てのものだと網羅するのではなく、あくまでも典型例として提示するだけである。しかし、これらの形式以外に存在する、証拠構造の認定基準を満たす形式も以下に示す諸々のタイプ（つまり感覚動詞・思考動詞・伝達動詞）のどちらかに分類されることができよう。

3.2.1　実証的情報源の証拠構造
　視覚・聴覚・嗅覚・味覚・触覚などを意味する感覚動詞は〈知覚〉をメインとした実証的情報源の表出につながっている。この §3.2 の以下の例文では、波下線で示される部分は情報であり、直線で示される部分は情報源を示

す証拠構造である。

(14) 过了一会儿，街上的行人开始多起来，我看到前面不远处已有一个报摊即将开张。　　　　　　　　　　　　　　　　　　　　　　(CCL)
'しばらくすると、街の通行人が多くなってきた。手前の遠くないところに、一軒の新聞を売る露店がもうすぐ開店するのが見えた。'

(15) 我听见女仆把一盘蔬菜轻轻地放在我背后的碗柜上，以免扰乱这一片寂静。　　　　　　　　　　　　　　　　　　　　　　　　(CCL)
'下女がこの静かさを邪魔しないように、一皿の野菜を私の後の食器棚にそっと置いたのが聞こえた。'

(16) 但随之又更加不安，因为我闻到他们全都有酒气，知道他们刚刚把酒喝完。　　　　　　　　　　　　　　　　　　　　　　　　(CCL)
'しかしその後さらに不安になった。彼らが全員お酒の匂いがするのを嗅ぎ、彼らはお酒を飲み終わったばかりだと知ったからだ。'

(17) 金门高粱不加小配料，一喝就尝出像以前北京卖的四十度散装白酒，比二锅头差着一个等级。　　　　　　　　　　　　　　　　(CCL)
'金門コーリャン酒は添加物を加えない。少し飲むと、昔北京で売られた40度のバラ売りの白酒に似ていて、二鍋頭に比べてワンランク下であることが味わってみて分かる。'

(18) 睡到半夜，一翻身，我觉出床在轻轻地颤抖，［……］　　　(CCL)
'夜中まで寝て、寝返りをうつとベッドが小さく揺れている気がした。'

3.2.2 推論的情報源の証拠構造

文を目的語に取った思考動詞は推論的情報源を示し、話し手もしくは他の参与者が推論を通して認識した内容を導く。

(19) 我猜测黄量小时候一定是一个优等生。　　　　　　　　　(CCL)
'黄量は小さいときっと優等生だっただろうと思う。'

(20) 革命胜利以后，有些现象我认为是很不健康的。　　　　（CCL）
'革命が勝利して以来、一部の現象は極めて不健康だろうと思う。'
(21) 作家的组织固然可以排遣他们的孤独，但是我怀疑它们未必能够促进作家的创作。　　　　（CCL）
'作家の組織はむろん彼らの寂しい心をはらすことができるが、作家たちの創作が促進されるとは限らないだろうと思う。'

この種の思考動詞を用いる文は、人間を意味する主語を取らなくても良い場合がある。その場合は、話し手個人を含め、一般的にそのように推論・認識されるということを表す。

(22) 今天，地球上平均每天有一种生物灭绝。估计到21世纪，可能消失的物种总数将达100万种。　　　　（CCL）
'今日、地球では平均で一日あたり1種類の生物が絶滅している。21世紀になると、絶滅した生物の種の総数は100万種に達するだろうと思われる。'
(23) 如果你也生活在这座城市，相信你可能遇见过我。　　　　（CCL）
'もしあなたもこの都会に住んでいたら、私と会ったことがあるだろうと思う。'

また、「～による」を意味する"据"などがこれらの動詞の直前に用いられた場合は、話し手以外の人の〈推論〉的認識であることを表す。

(24) 这种蜥蜴长着与噬人鲨类似的牙齿，据信是9000万年前地球上最大、最可怕的食肉动物。　　　　（CCL）
'この種類のトカゲは人喰いザメと類似する歯をしている。9000万年前の地球上で最も大きく、恐ろしい肉食動物だったと思われている。'

次に、思考動詞の"想"と視覚動詞の"看"に"来"が後続する形である"看来""想来"または"看"と"起来""上去"からなった"看起来""看上去"も〈推論〉を表す。

（25）原以为这些钱在北京起码够生活半年，现在<u>看来</u>，<u>别说生活半年，连半年的房租都不够</u>。　　　　　　　　　　　　　　　　（CCL）
　　'最初はこのお金が、少なくとも北京で半年間の生活費に足りると思ったが、今になって半年間の生活費はおろか、半年間の家賃にも足りないだろうと思う。'

（26）我认识唐刚时，他就已经结婚了，老婆一直在农村老家，孩子都三四岁了。<u>想来老婆已不年轻</u>，［……］　　　　　　　　　（CCL）
　　'唐剛と知り合いになったとき、彼は既に結婚していた。嫁さんは農村の実家にいて、お子さんが既に三、四歳になっていた。嫁さんはもう若くないだろうと思う。'

（27）她的头发，脸上的妆，衣服，鞋子，每一样都很精致，精心雕琢得极有品味，<u>价格看起来也相当不菲</u>。　　　　　　　　　　（CCL）
　　'彼女の髪型、顔の化粧、服、靴、どれもこれも手が込んで、心を込めて品があるように飾られている。値段も相当高いだろうと思う。'

（28）这名混在人群中的袭击者留着大胡子，<u>看上去最多20岁出头</u>，［……］
　　　　　　　　　　　　　　　　　　　　　　　　　　　　　（CCL）
　　'人混みに混じり込んでいるこの襲撃者は髭もじゃで、見たところせいぜい20歳を超えた年頃だ。'

推論を行い、ある認識に至った主体は前置詞句の"在～"で明確にすることができる。（29）（30）はもし"在～"がなければ、話し手がそのように認識していると解釈される。

（29）<u>在他</u>看来，昆曲艺术最好的演员在大陆，而最好的观众却在台湾。
　　　　　　　　　　　　　　　　　　　　　　　　　　　　　（CCL）

'彼は、昆劇は最も優秀な俳優が大陸にいるが、最も優秀な観客は台湾にいるだろうと思っている。'

(30) 在他想来，日本人能打败英国佬，而中国一定打不过日本。　　（CCL）
'彼は、日本人はイギリス人に勝てるし、中国は絶対に日本に勝てないだろうと思っている。'

(31) 门就在这边，在我看起来，多半就是我们能够走到的最后一个地方了。　　　　　　　　　　　　　　　　　　　　　　　（CCL）
'扉はここにある。私は、ここがたぶん私たちが辿り着ける最後のところだろうと思う。'

『現代漢語詞典』（第6版）などは"想来"と"看来"を副詞として認定している。しかし上の例に示したように、連用修飾語としての"在～"や推測を行った時点を明示する"現在"などの修飾を受けられることから分かるように、それが一切できない"想是"と比べて、"想来"と"看来"には脱範疇化の傾向が見られるものの、動詞の性格が依然として色濃く残っている。それゆえ、"想来"と"看来"は証拠素ではなく、証拠構造に分類するべきであろう。

また、多くの言語で確認されているメタファーによる意味拡張である（Sweetser 1990を参照）が、中国語においても視覚動詞の"看"が意味拡張をし、一人称主語と共起した場合、〈推論〉の情報源を表すことがある。

(32) 这倒是件得民心的事，我看凭这一点可以和齐国打上一仗。　　（CCL）
'これなら人心をつかむのだ。これで斉国と戦えるだろうと思う。'

3.2.3 伝聞的情報源の証拠構造

伝達動詞は文を目的語に取った場合、伝聞的情報源を表出する効果がある。

(33) 我国汉朝有个著名的女舞蹈家赵飞燕，传说她的舞姿轻盈得像燕子一

様，能够在人的手掌上跳舞。　　　　　　　　　　（CCL）
'我が国の漢朝時代に、趙飛燕という名高き女子ダンサーがいる。彼女の踊る姿はまるで燕のようにしなやかで美しく、人の手のひらの上で踊ることができるという。'

(34) 八卦相传是伏羲所造，后来用来占卜。　　　　　　（CCL）
'八卦は伏羲に作られたといい、後に占いに使われている。'

(35) 在这以后，我<u>听说</u>周扬的身体更差了，他住进了医院，医生说他可能成为植物人。　　　　　　　　　　　　　　　　（CCL）
'その後、私は周揚はさらに衰弱して入院したと聞いた。お医者さんは、彼は植物人間になるかもしれないと言った。'

(36) <u>据有关方面说</u>，所谓"挂靠关系"，年初已"中止"。　（CCL）
'関係組織によると、いわゆる「付属関係」は年初に既に「中止」となったという。'

〈伝聞〉を示すという共通の意味を有していても、個々の伝達動詞の語彙的な意味の違いによって、互いに動詞を置き換えられない事例が存在する。例えば玉地2005は"听说"と"据说"の違いについて、"听说"は人から直接聞いたことを表すのに対して、"据说"はメディアから情報を得たこと、あるいは間接的に人から情報を得たことを意味する、と分析している[3]。が、

---

[3] 呉蘭2011bは玉地2005の分析に対して、以下のような用例を反例としており、"听说"は話者との関係が比較的に近い情報に用いられ、"据说"は話者と関係していない情報に用いられると主張している。

(i)（テレビで日本に大地震があったという報道を見て、日本にいる友達に電話して）
　<u>听说/*据说</u> 昨天日本地震了，没事吧。　　　　（呉蘭2011b）
　'昨日日本に地震があったそうだけど、大丈夫？'
(ii)（乾隆皇帝を研究する専門家から、直接話を聞いて）
　<u>据说/?听说</u> 乾隆喜欢作诗，一生写过十几万首。　（呉蘭2011b）
　'乾隆は詩を作るのが好きで、生涯で十万首以上の詩も作ったそうです'

呉蘭2011bはしかし、なぜi)、ii)に示したような相違が存在するのかについて

後で述べる理由からも分かるように、玉地2005の述べる"听说"と"据说"との相違点からは、中国語において「直接聞いた」という情報源と「メディアから、または間接的に人から聞いた」という情報源を文法的に区別しているという結論を導けない。筆者は基本的に文法的に区別される情報源だけを取り扱っているため、証拠構造の語彙的な意味に帰結できる用法の違いについては、これ以上立ち入らない。

3.3 共通語における証拠素

　情報源を第一義とし、なお且つminor categoryに属する形式は"说是"と"想是"の2つである。

3.3.1 "说是""想是"の第一義的用法
　"说是"と"想是"はそれぞれ〈伝聞〉と〈推論〉の情報源と直結する形式である。例えば、例（37）の"说是"から、「バケツが血に流された」という情報が〈伝聞〉から知り得たものと了解できる。

（37）这瘸腿的、残疾的小女孩刚一落地，她娘的鲜血就像血河一样奔涌而

の説明を与えていない。"听说"と"据说"にこのような使い分けが存在する原因は、やはり"听说"と"据说"の語彙的意味にほかならない。仮に情報XがA→B→C→Dという順番にA～Dの4人の中で広がるとしよう。CはDに"据A说X"とは言えるが、"听A说X"とは言えない。これは"据（による）"は情報入手の具体的手段（例えば直接か否か）が語彙的な意味として規定されておらず、それに対して"听"は「聞く」という手段に限定されるからである。「（情報を）直接聞ける」人は多くの場合、自分との関係が近い人であり、その人から聞いた情報自体も自ずと自分との関係が比較的近いものとなる。一方、「（情報を）直接聞けない」人は多くの場合、自分との関係もそれほど近くなく、それに連動してその人から発信された情報も自分と関係しない可能性が高くなる。ゆえに〈伝聞〉から情報を入手する前提のもとで、情報と話者との親疎関係により、"听说"か"据说"かの選択が可能になるのである。なお、文体の面においては、"据说"のほうが書面語により相応しいことは言うまでもない。「距離」を置いて述べる"据说"は客観性が求められる書面語との相性が良いからであろう。

出，止也止不住，接生用的红木桶<u>说是</u>都让血给冲走了。

(李锐、蒋韵《人间》)

'片足が不自由なこの女の子が生まれたとたん、彼女のお母さんはまるで川が湧き出すかのように出血して、止めようもなかった。お産を助けるときに使う赤い木のバケツまでも血に流された<u>という</u>。'

次の (38) と (39) の"想是"からは、「風邪を引いた」という情報と「月が出ている」という情報が両方とも〈推論〉から知り得たものだと分かる。

(38) 老白下晚挨了浇，又没穿衣，<u>想是</u>冻着了，脑瓜子痛得蝎虎。

(CCL：周立波《暴风骤雨》)

'白さんは夜中に水に濡らされ、服も着ていなかった。風邪をひいたのだろうか、頭がひどく痛いようだ。'

(39) 呵！窗户纸发亮，<u>想是</u>月亮出来啦，休息吧！

(CCL：李英儒《野火春风斗古城》)

'あっ！窓紙が明るくなってきた。月が出ているようです。休みましょう！'

なお§3.1.2で提示したように、証拠性に関する先行研究では、論理思考に基づく推論をASSUMEDとし、観察の結果に基づく推論をINFERREDというように分けている。ところが論理思考に基づく推論と思われる (38) と観察の結果に基づく推論と思われる (39) に示されるように、"想是"は両方の場合ともに用いられる。つまりASSUMEDとINFERREDは"想是"の用法において未分化であり、文脈から切り離された場合"想是"に表される〈推論〉が基づいた根拠を特定することはできない。そのため、共通語において証拠素によって表出される〈推論〉は、ASSUMEDもINFERREDも可能であり、どちらに解釈するかは文脈によって判断される。特に補足説明がない限りに

は、本書は、ASSUMED と INFERRED を区別せず、「推論」で一括する[4]。

次の例（40）～（42）のaのように、例（37）～（39）の"说是""想是"を削除した場合、それぞれの情報は話し手の〈直接経験〉（目撃したか、出来事が発生した現場に話し手が立ち会ったから知り得た）に由来した情報、もしくは話し手が一般的知識・真理——即ち情報源は如何なるものであっても、提示の必要がない——だと思っているように含意される。

(40) a. 接生用的红木桶 ∅ 都让血给冲走了。
　　　'お産を助けるときに使う赤い木のバケツまでも血に流されていた。'
　　b. 听产婆说, 接生用的红木桶都让血给冲走了。
　　　'産婆さんから、お産を助けるときに使う赤い木のバケツまでも血に流されたと聞いた。'
(41) a. 老白下晚挨了浇, 又没穿衣, ∅ 冻着了。
　　　'白さんは夜中に水に濡らされ、服も着ていなくて、風邪をひいた。'
　　b. 依我看, 老白下晚挨了浇, 又没穿衣, 冻着了。
　　　'白さんは夜中に水に濡らされ、服も着ていなかった。風邪をひいただろう。'
(42) a. 窗户纸发亮, ∅ 月亮出来啦。

---

[4] ASSUMED と INFERRED という2つのパラメーターは、"看起来""看上去"と"看来"の次の文における許容度の差を説明するのに有効かもしれない。年齢をめぐる推論の根拠として、外観的なもの（即ち INFERRED）が最も想定しやすいため、i）のように特殊な文脈がない限り、論理思考に基づく推論に傾く"看来"は不自然である。

(i) 他 |看起来/看上去/*看来| 二十岁出头。
　　'彼は20歳を超えた年頃のように見える'

ところが、"看起来""看上去""看来"はあくまで語彙項目である。INFERRED だけを表す語彙形式や ASSUMED だけを表す語彙形式を有する言語が存在しても不思議なことではない。だからといって、その言語における文法範疇としての証拠性には、ASSUMED と INFERRED という2つの情報源があるという結論には辿り着けない。

'窓紙が明るくなってきた。月が出ている。'

b. <u>依我看</u>，窗户纸发亮，月亮出来啦。

'窓紙が明るくなってきた。月が出ている<u>ようです</u>。'

言うまでもなく、(40)〜(42)のaは〈直接経験〉もしくは「一般的知識・真理」という読みが含意されるものであるけれども、(40)〜(42)のbのように情報源を意味する形式を用いた場合、この含意は取り消される。

3.3.2　証拠素と認定する理由
3.3.2.1　"说是"と"想是"は自立性・独立性が低い

〈伝聞〉と〈推論〉の情報源を意味する形式は"说是"と"想是"のみではない。§3.2.2と§3.2.3で述べたように、"听说""据说""据传""据称"などは〈伝聞〉を示し、"我猜""看来""想来"などは〈推論〉を示す。"说是"と"想是"だけを証拠素と認めるのは、この2つが文法的に自立性・独立性が低く、つまりminor categoryにより近い形式だからである。

"说是"と"想是"の有する低い自立性・独立性は、以下の振舞いから窺える；①"说是"と"想是"は名詞化できない。

(43)'この件は ｜誰かから聞いた / 私が推測した｜ のだ。'
 a. ＊ 这件事是 ｜说是 / 想是｜ <u>的</u>。
 b.　 这件事是 ｜听说 / 我猜｜ <u>的</u>。

②これらの形式は否定できない。

(44)'彼は北京に行ったとは ｜聞いて / 推測して｜ いなかった。'
 a. ＊<u>没</u> ｜说是 / 想是｜ 他去了北京。
 b.　 <u>没</u> ｜听说 / 推想｜ 他去了北京。

③名詞句を目的語に取れない。さらに

④アスペクト辞が付かない。

(45) 'この件を聞いたことがある。'
    a. *说是过这件事
    b. 听说过这件事
(46) 'この可能性を推測したことがある。'
    a. *想是过这一可能性
    b. 推测过这一可能性

⑤時間詞や前置詞句などによる連用的修飾を受けられない。

(47) '先日聞いた、今聞いた、今推測すると、今考えると、上海で聞いた。'
    a. *前几天说是，*现在说是，*现在想是，*在上海说是
    b. 前几天听说，现在｛据说/据传/据称｝，现在看来，现在想来，在上海听说

⑥情報源の所有者（伝聞を聞いた者・推論を行った者）を言語化することができない。

(48) '彼は北京に行ったと私は聞いている。'
    a. *我说是他去了北京。
    b. 我听说他去了北京。
(49) '彼は北京に行っただろうと私は推測している。'
    a. *在我想是他去了北京。
    b. 在我想来他去了北京。

⑦形式の拡張によって発信者を明示することができない。

(50) a. *他说是
　　b. 据报纸上说，据报纸上称，据大家传
　　'新聞によると～という、皆の噂によると～という'

　以上の一連のテストに示したように、"说是""想是"は完全に文副詞と同様の振舞いを呈し、低い自立性・独立性を有することが分かる。
　また、"说是""想是"において後置成分である"是"については、副詞化の接尾辞だと考えられる。陈光磊1994は"是"を"类后缀（準接尾辞）"と認定し、董秀芳2004はそれを語尾とまでは認定していないが、"词内成分（語の内部成分）"と考え、"说是"を副詞に数えている。また、通時的な考察から言うと、この"是"は太田1958/1987［2003］:249では副詞の語尾と考えられている。志村1984/1995:75-78も3世紀から6世紀に"～是"の構造を持つ語が激増していた中で、"是"が語尾として定着してきたと述べている。動詞的な形態素が表す意味を引き継ぎながら、動詞から脱範疇化させるという動機により、高い生産力を持つ後続の"是"が利用されるようになったと、筆者は考えている。以上から分かるように（37）～（39）にある"说是""想是"は副詞と考えるのが妥当である。
　既に§2.1.4で紹介したように、Boye & Harder 2009は情報源を意味し、自立性の低い副詞を証拠素から排除した見方を批判した。その理由は、自然言語には、こういった副詞は証拠素と認められたもの——とりわけ小辞（particle）——と多くの側面において極めて似通っているのみならず、語源が同一であるケースも珍しくないからである。中国語に関しても、これと類似する指摘ができる。刘一之2006によると、古い北京官話には、引用した発話の直後にそれが〈伝聞〉〈引用〉であることを示す"说"を用いることがあるという。(51) aはその例である。

(51) a. 姥姥说："你二舅说：'他拳头大的字认不了半箩筐，还觍着脸当校
　　　　长。'说。就这样儿，他得得着好儿？"　　　（刘一之2006により）
　　　'おばあちゃんは言った「あなたの2番目のおじさんは言ったよ。

『彼は拳ほどの大きな字をカゴの半分ほど（の量）も知らないのに、よくも図々しく校長を務めていやがるもんだ』と。そういうことで、彼は利益を得られるのだろうか」と。'
　　b. 说是他拳头大的字认不了半箩筐，还觍着脸当校长。
　　　'彼は拳ほどの大きな字をカゴの半分ほど（の量）も知らないのに、よくも図々しく校長を務めていやがるもんだという。'

（51）aとbとの比較から窺えるように、bの副詞の"说是"は、品詞性で言えば助詞と認めるべき文末の"说"と、ほぼ同様の機能——〈伝聞〉を示すこと——を果しているだけではなく、同じく発話動詞に由来したものである。従って、"说是"を minor category に属する形式と考える妥当性が十分にある。

　一方、〈推論〉の証拠素の"想是"が比較的古い言い方であり、ジャンルが限られる点に留意されたい。"想是"は文学作品にしばしば現れるが、現在の口語ではほとんど使わないと言っても過言ではない。

3.3.2.2 "说是"は〈伝聞〉以外の情報にも用いられる

　また、§3.1.4で言及した上海語の文末の"伊讲"と同様に、"说是"は〈伝聞〉ではなく、話し手の〈直接経験〉に由来した情報にも用いられる（その後、逆接的な後続部分が必要であるが）。詳しい考察は§4.5.3に譲り、ここでは"说是"を使うことによって、当該情報を擬似的な引用として提示して修正・追加説明を行うことができることを指摘しておくにとどめる。

（52）'私はスケッチを5年も習ったとは言え、結局絵を1ヶ月しか習っていない人よりも下手だ。'
　　a.　我说是学过五年素描，结果画出来的东西比只学了一个月的都不如。
　　b. *我据说学过五年素描，结果画出来的东西比只学了一个月的都不

如。
(53) '私は30歳を超えたとは言え、実はまだまだ世間知らずだ。'
 a. 我说是已过而立之年，其实为人处世还幼稚得很。
 b. *我据说已过而立之年，其实为人处世还幼稚得很。

これに対して、"据说"などの〈伝聞〉を表す証拠構造にはこのような派生的用法がなく、〈伝聞〉由来の情報にしか用いられない。§3.1.4の例（11）と類似するこのような現象から、"说是"を証拠素と考えたほうがより妥当であることが分かる。なお、ここで言う"说是"を"说是说"や"虽说是"などのヴァリアントと考えがたい。なぜなら、"我{说是说/虽说是}学过五年素描"は「私がスケッチを5年習ったという」という解釈のほか、「私は（自分が）スケッチを5年習ったということを確かに言った」という解釈も可能であるのに対し、"我说是学过五年素描"の可能な解釈は前者のみだからである。

3.4　共通語における証拠策

証拠策は情報源を第一義としないものの、特定の情報源に由来した情報にしか用いられない形式であり、またこの形式の使用によって特定の情報源を含意する。実証的情報源と推論的情報源に関して、共通語の証拠策がいくつか存在すると考えられる。

3.4.1　実証的情報源の証拠策
3.4.1.1　程度副詞"太"

小野2010は、"挺"と"太"を両方とも「"Direct Evidentiality（直接証拠性）"に基づく情報ソース、すなわち話し手自身が実際に経験・体験して知り得た性質や属性に関する程度を表す」程度副詞とした。その根拠として、小野2010の調査結果によると、高い確信度"一定"と推論を表す助動詞"会"からなる"一定会"に後続する"挺"と"太"の実例はCCLにおいて

一つも確認されなかったし、次のような文も極めて不自然に聞こえるという。

(54) ??您能不能把我介绍给中川先生，听说您和中川先生关系挺好的。

(小野 2010)

'中川さんにご紹介いただけませんか。あなたは中川さんとけっこう仲がいいと聞いておりますので。'

"挺"は〈直接経験〉から知り得た性質や属性に関する程度を表すものかどうかについて、再考する余地がまだあると思われる[5]。しかし、"太"は〈推論〉〈伝聞〉に基づく情報の表出に向いていないのは確実である。次の例を見られたい。

(55) 悠悠：洋子小姐是吗？

'洋子さんでいらっしゃいますか。'

洋子：你是？

'あなたは。'

悠悠：啊……我是……你的粉丝。你的每场话剧我都看。

'あの……私……あなたのファンです。あなたの演劇を毎回見ています。'

洋子：谢谢。可惜这次我不能演祝英台了。

'ありがとうございます。惜しいことに、今回は祝英台を演じることができなくなりました。'

---

[5] 例 (54) の自然度について、筆者の調査ではインフォーマントの回答は全員、問題ないということである。また現に CCL では一例だけではあるが、"一定会挺"の用例も発見された。

(i) 我师父最是慈祥不过，[……] 她一定会挺喜欢你的。（CCL：金庸《神雕侠侣》）

'我が師匠は最もおだやかで優しいお方で、[……] きっとあなたを気に入ってくれるでしょう'

悠悠：噢，不要紧的，好好休息。……唉，做演员太辛苦了。
　　　'ええ、気になさらないで。ゆっくり休んでください。
　　　……ああ、俳優って大変辛いですね。'
洋子：你也是做这行的？
　　　'あなたもこの業界の人間なのですか。'
悠悠：噢不不不不……我听别人说的。
　　　'あっ、違う、違う……私は人から聞いたのです。'

（テレビドラマ《爱情公寓2》第3回）

例（55）は、入院中の女優の洋子の代わりに舞台に上がることになっていた悠悠が、病院でお見舞いの傍ら、自分も女優であることを隠しながら、（引用部分の後のセリフから分かることだが）洋子に病身であっても出演してもらえるように説得しようとするエピソードである。"做演员太辛苦了"というセリフを口にしたとたんに、洋子が「あなたも女優なの」と尋ねたことが興味深い。つまり、"太"を用いた以上、普通は話し手自身の体験から知り得た情報の表出としての解釈が最優先されるわけである。ただ、例えば俳優が辛そうに仕事をしているのを直接目撃した場合などにおいては、〈直接経験〉に準じて、"做演员太辛苦了"と発話することは可能である。なお、小野2010は、"太"の表す程度の意味は、多くの辞書や文法書において、「過分」の意味と「極めて高い程度」という2つに分けれているが、後者は修飾される形容詞の意味と密接な関係を有することで現れるものであり、すべて「過分」という意味に集約することが可能である、と指摘する。筆者もこれと同じ立場である[6]。

---

[6] なお、"太"は次のように仮設・条件複文の主節に用いられる。

（i）他要是真这样，那就太不像话了。
　　　'彼はもし本当にそうだったら、とてもみっともない。'

仮想事実のもとで導いた結論に用いられるからと言って、"太"は〈実証的情報源〉に由来する情報を必要とすることを否定することができない。なぜなら、（i）のよう

第3章 中国語（共通語）の証拠性システム

　ちなみに、「真」と断言するような副詞"真(的)""确实"などは〈直接経験〉に密接すると思われがちであるが、実際のところ情報源を特定化するのに関与しない。次の例で示すように、これらの語は〈推論〉に由来した情報にも用いられるのである。

(56) 跑吧？不行，<u>看来</u>她<u>真</u>敢开枪。　　　　　（CCL：郑义《枫》）
　　　'逃げようか。ダメだ。彼女は本当に銃を撃つだろう。'
(57) 大家只顾逃，逃了多少路，谁也不知道。以速率<u>估计</u>逃的路<u>实在</u>不少了。　　　　　　　　　　　　　　　　　　　　　　　　　　（CCL）
　　　'皆はひたすら逃げていた。どれほど逃げたかは誰もが知らなかった。速度で試算すれば、かなり長い距離を逃げただろう。'
(58) 我<u>猜想</u>我<u>确实</u>往前走了，尽管不知道怎么走过去的。　　（CCL）
　　　'私は確かに前に進んだと思う。どうやって進んだか分からないけ

な文において"太"が直接かかっている命題は、"他太不像话了（彼はとてもみっともない）"ではなく、あくまでも"这样太不像话了（そのようなことはみっともない）"（「彼はそのようなことをした」ということを確認できていない限り、「彼はとてもみっともない」という判断が成立しない）だからである。後者はまさに〈実証的情報源〉から知り得た情報（例えば、以前にそのようなことを経験しており、そこで「みっともない」と感じた）であり、意味上では"太"は"他要是真这样"という仮定・条件節の作用域には入っていないとも考えられる。それ故、仮設・条件複文の主節に用いても差支えはない。
　また、"太"が§3.4.2で述べる推論的情報源の証拠策と共起することもまれに見られる。例えば、

　(ii) 他们可能太疲劳了。
　　　'彼らはすごく疲れているのかもしれない。'

(ii) のような文が成立するのには文脈の支えが必要である。例えば、彼らは時々欠伸をしていたり、仕事でミスを繰り返したりするような文脈である。そのことから、(ii) における"可能"は、実際のところ「彼らは疲れている」についての推論ではなく、「彼らは疲れている」ことと「時々欠伸をしている」こともしくは「仕事でミスを繰り返している」こととの因果関係の成立についての推論であることが窺える。(ii) の類の用例も"太"が実証的情報源から知り得た情報を求めることの反例にはならない。

ど。'

本書の定義に従い、情報源の特定に関与しない"真（的）"などの副詞は情報源表出形式とは認めない[7]。

3.4.1.2 "形容詞＋着＋呢"構文

　形容詞または形容詞に準じる句の後ろに用いる文末助詞の"着＋呢"は、ある種の属性・状態を確認するという機能を持ち、誇張の気持ちを多少含むと指摘されている（呂叔湘主編 1999:667）。例えば、「彼」「私」の目が腫れていることを確認したのを伝えようとする場合は、(59) b、d を用いる。しかし、(60) が示すように、"着＋呢"を「彼の目は赤い」に付けることができるのに対し、「私の目は赤い」に付けると許容度が落ちる。

(59)［彼／私が泣いた直後］
　　a. 他的眼睛很肿。
　　b. 他的眼睛肿着呢。
　　　'彼の目はすごく腫れている。'
　　c. 我的眼睛很肿。
　　d. 我的眼睛肿着呢。
　　　'私の目はすごく腫れている。'
(60)［彼／私が泣いた直後］
　　a. 他的眼睛很红。

---

[7] "真的"に置き換えられず、認定を強調する副詞"真"も、次の例に示すように、"看来"などと共起することができる。

(i) 胡适居然主动邀请人，到自己执教的大学，来做批评自己的著作的讲演，这看来真有学者风度，［……］　　　　　　　　　　　　　　　　　　（CCL）
　　'意外なことに、胡適は自ら、自分が教鞭を執っている大学に、自分の著作を批判する講演をしに来るように人を誘った。これは実に学者的風格があることだろう。'

b. 他的眼睛红着呢。

'彼の目はすごく赤い。'

c. 我的眼睛很红。

d.⁇ 我的眼睛红着呢。

'私の目はすごく赤い。'

それから、王彦杰 2010 にも指摘されたように、「小量」という意味素性を持つ形容詞は"着＋呢"と相容れない。例えば、

（61）a. 花钱的地方很多。

b. 花钱的地方多着呢。

'お金を費やすところがすごく多い。'

c. 花钱的地方很少。

d.* 花钱的地方少着呢。

'お金を費やすところがすごく少ない。'

（62）a. 他个子很高。

b. 他个子高着呢。

'彼は背がすごく高い。'

c. 他个子很矮。

d.⁇ 他个子矮着呢。

'彼は背がすごく低い。'

「お金を費やすところが少ない」ことや「身長が低い」ことを確認した上で誇張の気持ちで表すことが可能と予測されるにもかかわらず、(61) d と (62) d はいずれも不自然である。上記の吕叔湘主編 1999:667 の記述だけではなぜ (60)〜(62) の d が不自然なのかを適切に説明することが難しい。

証拠性の観点から見ると、"着＋呢"は視覚・聴覚・味覚・嗅覚・触覚を含める〈知覚〉および自ら参与しているデキゴトの〈直接経験〉から知り得る情報のみに使える形式であると考えられる。言い換えれば、"着＋呢"は

〈知覚〉〈直接経験〉からの情報を要求するのである。

触覚や深部感覚（deep sensation, 皮膚より深い部分の筋肉や腱などにある受容器から生じる感覚のこと）などによって確認できる身体部位が腫れていることに対して、目が赤いことは視覚によってしか確認できない。一方、他者の目が赤いことは話し手から見えるが、話し手の目が赤いということは、鏡や映像などに映った自分の姿を見ているような特殊な場合でない限り、話し手自身には観察できない。それゆえ（60）d は不自然になるわけである。

それから、当然ながら「大量」（大きいもの、数の多いもの、程度の高いもの）より「小量」（小さいもの、数の少ないもの、程度の低いもの）のほうが知覚されにくい。例えば「数が多いもの」であればあるほど容易に発見されるのに対して、「数が少ないもの」は見落とされがちである。そのため、「小量」という意味素性を持つ形容詞は、〈知覚〉から知り得る情報を求める"着＋呢"と相性が良くないのも無理もないことである。したがって、(61) d の「お金を費やすところが少ない」ことはもとより、実際に「身長が低い」ことは一目で分かるにもかかわらず、(62) d もかなり特殊な文脈が整わなければ不自然な文となる[8]。

ところで、"着＋呢"が〈知覚〉由来の情報にしか用いられないモチベーションはどこにあるのだろうか。このことは、"着＋呢"を構成する個々の

---

[8] 王彦杰 2010 は"早、小、年軽"など、時間・年齢に関する形容詞が無理なく"着＋呢"と共起できることについて、これらの形容詞の参照点、即ち時間軸における話し手の心理的視点は通り過ぎた起点ではなく、まだ辿り着いていない遠い点であり、形容詞の表す時間的な点からこの未来における点までの距離が大きい（原文："在时间轴上，说话人的心理视点，即这类形容词的参照点，不是已经过去的起始点，而是尚未到来的远点""表述对象所处的量点到参照点之间的距离是大量"）ため、"着呢"と共起できると述べている。筆者はそれに同意する。(62d) が自然である文脈は、例えば次のように、「背が高い」と見なされる身長まで、その人の身長はまだ程遠いといったものである。

(i) A：他个子高不高？
 '彼は背が高いのか。'
 B：不高，不高，(他个子) 矮着呢。
 'いいえ、高くない。彼は背がどうも低い。'

形態素の意味および語源から考えると、説明が付くと思われる。通時的な考察から既に明らかにされてきたように、"着"は「付着」から「存続」へと意味拡張をしてきたものであり、"呢"は場所詞の"裏"と同源である（太田辰夫1958/1987［2003］、孫錫信1999、魏玉龍2009）。このような"着"と"呢"から構成される"着＋呢"は、リアルな時空間における存続の表出になる。これはまさに直接経験や知覚による観察を前提として要求するものであり、よって"着＋呢"は〈直接経験〉〈知覚〉につながっているのである。

　以上、話し手には観察できない属性・状態、または「小量」の意味素性を持つ形容詞に"着＋呢"が用いられないこと、または"着＋呢"の語源から、"着＋呢"は〈直接経験〉〈知覚〉による情報のみに使用でき、これらの情報源の証拠策と見なせることを述べた[9]。

---

[9]　以下の例に示すように、"形容詞＋着＋呢"を述語とする節は〈伝聞〉の情報源を表す"听说"に埋め込むことができる。

　　(i) 听说他个子高着呢。
　　　'彼は背がどうも低いそうだ'。

しかし、これは"着＋呢"が〈直接経験〉〈知覚〉の証拠策のことを否定するものではない。なぜなら、(i)のような文は、埋め込み節の情報源の持ち主（受信者1）と"听说"を述語動詞とする主節の情報源の持ち主（受信者2、話し手）が異なる人物だからである。受信者2にとって"他个子高着呢"は〈伝聞〉由来の情報であるが、受信者1から見ると、"他个子（相当）高"は〈直接経験〉〈知覚〉に基づいたものである。"形容詞＋着＋呢"が"估计"のように〈推論〉を表す動詞の目的語節にならないのは、まさに受信者1と受信者2が同一人物だからである。

　　(ii)??估计他个子高着呢。
　　　'彼は背がどうも低いと思う。'

また、少し補足すると、"着＋呢"が付いた情報が通常〈直接経験〉〈知覚〉から知り得たものと考えにくい場合は、聞き手は「どうやってそれを知っているのか」と問いかけてくるのが一般的な反応である。それに対し、〈直接経験〉〈知覚〉から知り得たものと想定できる場合は、通常はそれを問いかけることがない。

3.4.1.3　述語に用いる状態形容詞および一部の成語

　状態形容詞は従来、描写することをメインの機能とし、物事の状態を表すとされてきた（刘月华ほか 2001:193）。中には、接辞を持つ形容詞、「名詞的・動詞的形態素＋形容詞的形態素」型の複合形容詞、形容詞の重ね型という3種のものが挙げられる。従来の記述では、状態形容詞について高い描写性を持っていると述べられてきたが、「描写性」という概念そのものの意味が曖昧である。

　状態形容詞には描写性のほかに、別の機能もあるかもしれない。しかし、証拠性の観点から見れば、特に述語および様態補語に用いられる状態形容詞は〈知覚〉に基づく情報を要求すると考えられる。

　まずABB型の"香喷喷"を例にして証明したい。料理番組に登場しているゲストがテーブルに載せた料理を美味しそうに眺めているのを見た視聴者は、(63) a、cを問題なく言えるが、bはかなり不自然であり、dはさらに許容度が落ちる。

(63)［ゲストの様子を見た視聴者は料理について］
　　a. 这道菜很香。
　　b. ?? 这道菜香喷喷的。
　　　'この料理はいい匂いがする。'
　　c. 这道菜看来很香。
　　d. * 这道菜看来香喷喷的。
　　　'この料理はいい匂いがするようだ。'

この場面における「この料理はいい匂いがする」ことは、話し手がゲストの反応に基づいた〈推論〉から知ったとしか考えられない。(63) aは情報源を表出しないため、問題なく成立する。cは"看来"という〈推論〉を意味する証拠構造を用い、実際の情報源と一致しており、自然な発話である。これに対して、a、cのそれぞれのミニマル・ペアとしてのb、dは不自然である。その起因はやはり"香喷喷"と"(很)香"との差に求めるしかない。

そこで考えられるのは、"香喷喷"は［いい匂いがする -SENS］というような意味構造を持っているということである。それゆえに、実際は〈推論〉から知り得た情報にもかかわらず恰も〈知覚〉に基づいた情報のように語る c は文脈上妥当ではない。また、［［いい匂いがする -SENS］-INFR］のように矛盾している情報源が言語化されている d は非文になるわけである。なお、"听说这道菜香喷喷的"は文法的であるが、上の論点の反例にならない。これは（63）b、d の内実と異なるのである。［［いい匂いがする -SENS］-REP］から分かるように、〈伝聞〉は話し手側の情報源である一方、〈知覚〉は第三者側（＝引用される元の発話者）の情報源であり、話し手は第三者側の情報源を含めたものを新たな情報としているからである。

それから、接頭辞を持つ状態形容詞・各種の重ね型・「名詞的・動詞的形態素＋形容詞的形態素」型の複合形容詞に関しても、同様の振舞いが確認できる。

(64) a. 他袖子一挽，身子一弓，两眼瞪得<u>滴溜圆</u>，向"敌人"前沿猛扑过去，［……］　　　　　　　　　　　　　　(CCL：作家文摘)

'彼は両袖を上げ、腰を曲げ、目をまん丸にし、「敵」の前線に凄い勢いで突っ込んでいく。'

b. 他［……］两眼瞪得<u>圆圆的</u>，［……］

c.*他［……］两眼瞪得<u>估计</u>｜<u>滴溜圆／圆圆的</u>｜，［……］

(65) a. 客人<u>邋里邋遢</u>，一条领带又脏又旧，白衬衫领边也现出黄里透黑。

(CCL：《读者（合订本）》)

'来客はとてもだらしない人だ。古びたネクタイは汚いし、白シャツは黄色の中に黒が混じったような染みが襟に出ている。'

b. ??客人<u>估计邋里邋遢的</u>，［……］

(66) a. 有的大树长到 60 多米，树干仍然<u>笔直</u>。

(CCL：《中国儿童百科全书》)

'60 メートル以上も高く、幹が依然として真っ直ぐな大きな木がある。'

b.?? 估计树干仍然笔直。

それ以外に、四字熟語から構成される一部の成語も類似する効果があると思われる。例えば、形容詞の"苍翠"と瑞々しく、まるで水滴が垂れそうなさまを表現する"欲滴"からなる四字熟語の"苍翠欲滴"は状態形容詞のカテゴリに入らないが、上記の述語に用いられた場合の状態形容詞と並行する現象が確認される。

(67) a. 大雨过后，饱经荡涤的棕榈树枝叶繁茂，苍翠欲滴。
(CCL：1994年人民日报)
'大雨の後、よく雨を浴びたシュロは枝も葉っぱも茂り、青々としている。'
b.*估计棕榈树枝叶繁茂，苍翠欲滴。

なぜ状態形容詞には上記のような効果があるのだろう。それは、状態形容詞の高い「描写性」は知覚による観察を前提にしているからだと思われる。観察を行わないと細部までの描出が不可能である。その裏返しとして、細部までの描出は〈知覚〉という情報源の存在を保証することになる。

3.4.2　推論的情報源の証拠策
3.4.2.1　「危惧」の副詞群："怕是""恐怕""别是"

「危惧（apprehensional）」とは事実として成立可能と思われ、かつ不利なことである。この定義から分かるように、そこには「蓋然性」といった認識的モダリティの意味素性が混在している（Lichtenberk 1995を参照）。共通語は副詞の"怕是""恐怕""别是"で「危惧」を表す（高増霞 2003を参照）。

(68) a. 那个时候 我哪里知道什么"中戏"呀，就是知道了怕是也考不上。
(CCL：中国北漂艺人生存实录)
'そのころ「中戯」のことを少しも知らなかった。知っていたとし

ても受からなかっただろう。'
    b. 就是知道了想是也考不上。
(69) a. 若不是他选中我做了秘书，那个月的房租我真不知道该到哪儿去找，恐怕早被房东赶到大街上去了。

(CCL：中国北漂艺人生存实录)

'彼が私を秘書として選んでくれなかったら、その月の家賃をどう工面したらよいか、本当に分からなかった。きっととっくに大家さんに追い出され路上生活をさせられてしまっただろう。'
    b. 想是早被房东赶到大街上去了。
(70) a. 这孩子怎么的呢，别是有病吧，送医院里检查检查吧。

(CCL：汪曾祺《羊舍一夕》)

'この子はどうしたの。まさか病気なんかじゃあるまいね。病院につれて検査をしてもらったら。'
    b. 这孩子想是有病吧。

「不利だ」というニュアンスを捨象すれば、以上の（68）〜（70）の実例のaにおける"怕是""恐怕""别是"をそれぞれのbのように、〈推論〉を表す証拠素の"想是"に置き換えても、aと意味がほとんど変わらない。

また、〈表3-2〉に示すCCLで調査した結果からも分かるように、"怕是""恐怕""别是"は〈直接経験〉の情報源を含意する"太"と共起しにくい[10]。さらに、"?? 我的眼睛 |怕是/别是| 红着呢（私の目は赤くなっているのではないか）""?? 客人 |怕是/别是| 拉里邋遢的（お客さんがだらしないのではないか）"などの表現も非常に不安定であることから、やはりこれらの副詞は〈直接経験〉や〈知覚〉の情報源からの情報とは相容れないものだと思われる。

---

[10] "恐怕"と"太"の共起が他より多いのはこの環境における"恐怕"がポライトネスを示すものに拡張しているからだと思われる。つまり、このような"恐怕"は話し手の〈推論〉と関係なく、単に断定の口調を避ける為に用いられる。

〈表 3-2〉CCL における"別是""怕是""恐怕"と"太"との共起

組み合わせ	"別是＋太"	"怕是＋太"	"恐怕＋太"
用例数	0	2	11

　これらの振る舞いから判断すれば、"怕是""恐怕""別是"は決して〈推論〉を第一義としていないが、〈推論〉から入手した情報を要求するのが一般的である。それゆえ、〈推論〉の証拠策と考えても差し支えないであろう。

3.4.2.2　必然性・蓋然性を表す副詞句・助動詞・動詞句

　必然性を表す副詞・助動詞（"必然、一定、准"など）と蓋然性を表す副詞・助動詞（"可能、也许、或许、兴许、应该"など）は〈推論〉から情報を知り得たことを要求する。例えば、

(71)　［……］可以肯定，在那久远的过去，这里<u>必然</u>是一片汪洋大海，［……］　　　　　　　　　　　　　　　　　　　　　　　（CCL）
　　　'断言できるのは、遠い昔、ここはきっと広々とした海であっただろうということだ。'
(72)　你还是到男生宿舍住吧，<u>兴许</u>男生不会赶你。　　　　　（CCL）
　　　'あなたはやはり男子寮に泊まってください。男子生徒はあなたを追い出さないかもしれない。'
(73)　他的判断<u>应该</u>是可信的。　　　　　　　　　　　　　　（CCL）
　　　'彼の判断は信じられるものであろう。'

　このことは、必然性・蓋然性に関する評価は〈推論〉を前提にしていることを表している。あるデキゴトの成立を推論してから、初めてそれが必然的に成立するか、蓋然的に成立するかどうかについて言えるようになるからである。(71)～(73)の"必然""兴许""应该"を削除すれば、〈推論〉の意味の代わりにいずれも一般的な知識・真理にシフトする。
　また、話し手が自ら意図的に参与していることを情報とする文、つまり

〈直接経験〉にはこれらの形式が用いられない。

(74) a. 我昨天故意把消息告诉了他。
　　　'私は昨日わざとそのニュースを彼に伝えた。'
　　 b. *我昨天 |必然/可能/应该| 故意把消息告诉了他。
　　　'私は昨日わざとそのニュースを彼に伝えた |に違いない／かもしれない／はずだ|。'

　このことからも、これらの形式が〈推論〉由来の情報を要求することが窺える。
　なお、これまでの先行研究には認識的モダリティを表す能願動詞——"能、会、要、得（děi）"——も「証拠性」として考えられているものがある。その中に、①「証拠性」を「情報に対するあらゆる態度」として広義的に捉え（乐耀2011aが指摘しているように）、認識的モダリティの能願動詞を「証拠性」の研究対象としたものもあれば、②これらの能願動詞が推論的情報源を含意すると思われるため、「証拠性」と認定しているものもある。本書は「証拠性」を情報源の表出に限定する立場であるため、①のような考えはさておき、②だけについて筆者の考え方を述べる。要は"能、会、要、得（děi）"が付いて、〈推論〉として読めるものは、実は文脈——その情報が一般的な知識・真理と見なされないということ——から〈推論〉に基づく情報であると解釈されるのであり、それはこれらの能願動詞の使用自体とは関係しないのである。
　用例に基づいて検証してみよう。陈颖2009は、〈推測型〉の下位タイプである〈演繹型〉の情報源が"能、会、要、得（děi）"によって表出されると述べている。その証拠として、これらの能願動詞の"非传信"の用法の場合、文頭などに"我觉得"のごとく話し手の推測・認識を表す形式が許されないことが挙げられている。(75) b と (76) b との比較から、(76) a の"能"は〈推測〉を表さないのに対して、(75) a、b の"能"は〈推測〉を表す"传信语"だということが分かるということである。

(75) a. 那不好，一起走不就齐了，我们肯定能上船。　　（陈颖 2009:95）
　　　'それは良くないよ。一緒に行けばいいんじゃない。私たちはきっと船に乗れる。'
　　b. 那不好，一起走不就齐了，我觉得我们肯定能上船。（陈颖 2009:97）
　　　'あれは良くないよ。一緒に行けばいいんじゃない。私たちはきっと船に乗れると思う。'
(76) a. 达到零度的时候，水就能结冰。　　　　　　　（陈颖 2009:95）
　　　'零度に達すると、水が凍る。'
　　b. *达到零度的时候，我觉得水就能结冰。　　　　（陈颖 2009:96）
　　　'零度に達すると、水が凍ると思う。'

　しかしながら、(75) a に"我觉得"が付けられるのに対して (76) a には付けられないのは、この２つの文における"能"が異なる用法だからというよりも、むしろ「一緒に行くと、私たちが乗船できる」に比べて「零度になると、水が凍る」の方が我々にとって一般的知識・真理だと認識されているからである。ある情報が一般的知識・真理なのかどうかは、結局その言語の話者の百科事典的知識によって決められる。零度になると水が凍る、ということは (76) b を非文とジャッジした陈颖 2009 をはじめ、多くの人にとって常識であろう。しかし、その知識を知らない共通語の母語話者がいると仮定しよう。その人は、冷やし続けている水の真ん中に温度計を挿して観察をしている。温度計の数値が下がるにつれて、水が凍りそうになっているのを見て、(76) b を言っても全く問題ない。
　この分析から分かるように、(76) b が不自然であるのはあくまで語用論的に不適切である――一般的知識・真理に"我觉得"の提示によって〈推測〉類の情報源を顕在化すると、まるで話し手自身がその知識・真理を発見して、なお且つ聞き手にそれを確認してもらおう（§4.5.1 を参照）とするように解釈される――からである。換言すれば、(75) b が自然であるのは、文中の"能"が情報源を表出しているからではなく、「一緒に行くと、私たちが乗船できる」という情報そのものが一般的知識・真理ではないので、話

第 3 章　中国語（共通語）の証拠性システム

し手の〈推測〉であろうと思わせるからである。(75) と (76) の"能"は全く同一の語であり、ある事態が成立可能だということを表している。「ある事態が成立可能」という情報事態を何の情報源から知り得たかは、"能"とは無関係である。

　また"会"についてである。「明日雨が降る」は通常〈推論〉で得た情報だと想定されてきたが、次の (77) に示す、能願動詞の"会"（および日本語の場合の「だろう」の類）の有無が文の成否に関わっていることは、まさしく"会"で〈推論〉の情報源が提示されている現れではないかと思われがちである。

(77) a. ⁇ 明天下雨。
　　　 '⁇ 明日雨が降る。'
　　b. 明天<u>会</u>下雨。
　　　 '明日雨が降る<u>だろう</u>。'

しかし、(77) a が不自然なのはその情報自体が文脈的におかしいからだと考えられる。例えば、人工降雨の責任者の発話としてならば、(77) a は何の問題もなく成立するであろう。ところが、一般の人々は当然、天気を制御することが不可能であり、未来の天気を語るときにあくまで何らかの「趨勢」としては言いようがない。"会"はまさにその「趨勢」を認めるものである。換言すれば、「趨勢がある」を意味する"会"自体も「明日雨が降る趨勢がある」という情報の一部である。その情報が何の情報源から知り得たのかは、"会"からは何も窺えることができない。(77) b が〈推論〉と解釈されるのは語用論的な結果に過ぎず、以下に示すようにキャンセルすることができる。

(78) a. 我觉得明天<u>会</u>下雨。
　　　 '明日雨が降ると思う。'
　　b. 我不觉得明天<u>会</u>下雨。

61

'明日雨が降ると思わない。'
　　c. 我觉得明天<u>该</u>下雨了。
　　　'明日雨が降るだろうと思う。'
　　d. ^{??} 我不觉得明天<u>该</u>下雨了。
　　　'^{??}明日雨が降るだろうと思わない。'

　"(应)该"は〈推論〉の情報源を求める（下を参照）。それ故、「明日雨が降る」ことを推論したにもかかわらず、"我不觉得"でさらに「こう推論しない」と否定する（78）dは許容できない。これと対照的に、(78b)は依然として成立する。このことからも分かるように、"会"の意味機能はあくまで「趨勢」のあることの表出に留まり、〈推論〉までには関わっていない。"要、得（děi）"にも〈推論〉を含意する機能があることに関しても以上と同じような検証の方法で否定できるので、ここでは割愛する。

　さて、能願動詞の中で"能、会、要、得（děi）"が情報源を含意しないのに、"应该"だけが情報源を求めると考えられるのはなぜであろう。これは"能、会、要、得（děi）"は力動的なモダリティ（dynamic modality）を表す用法があるのに対して、"应该"は助動詞として成り立った時から義務モダリティを表す形式であり、力動的なモダリティを表す段階がない（太田 1958/1987［2003］: 187-188 を参照）、ということと表裏一体の関係だと考えられる。Cornillie 2009 は英語の助動詞の must と may について「これまでの研究で明らかにされたように、概念的な観点から見れば、must および他の言語における対応物には、義務モダリティから証拠性モダリティへというシフトが見られ、そこで帰納的推論と演繹的推論の意味を獲得してきた。これに対して may は違う。may は能力の読みに由来したもののため、論理的な過程にかかわらない」と述べた。中国語の"应该"と"能"以下の能願動詞についても、類似する分析が可能である。

　ところで、蓋然性を表す形式には上記の副詞・能願動詞のほか、本来；

　①「下手をすると」といった意味を表す"搞不好""弄不好"など、

② 「知り得ない」を意味するやや文語調の"(也)未可知"、「確実ではない」を意味する"(也)不一定"、および、

③ 「断定できない」「請け合えない」といった意味を表す"说不定""说不准""保不齐""保不准""保不住""没准"など

も挙げられる。これらの形式も〈推論〉に由来する情報にしか用いられない。その中で、①は文副詞と同様の振舞いで、例（79）のように述語の前に現れる。

(79) 这种事情应该跟吉亚德说，搞不好可以获得奖赏。　　　　　(CCL)
'この件はジヤドに伝えるべきだ。褒美をもらえるかもしれない。'

②は述語として用いられ、〈推論〉の情報を主語に取る。

(80) 这些信一定是莫罗在饱受折磨后被迫写的，甚至受了药物的影响，也未可知。　　　　　(CCL)
'これらの手紙はきっとモロが大変な苦痛を受けた後にやむなく書かされたものだ。薬物の影響すら受けていたかもしれない。'
(81) 小心点，有陷阱也不一定。　　　　　(CCL)
'気を付けて。落とし穴があるかもしれない。'

③は例（82）（83）のように文全体をスコープに取る副詞の用法もあれば、例（84）（85）のように述語の用法もある。

(82) 如果没有这段经历，说不定我早就退役了。　　　　　(CCL)
'もしこの経験がなかったら、私はとっくに引退していたかもしれない。'
(83) 人呐，这一辈子，谁也保不齐有点子揪心扯肝的事儿吧!?
(CCL：陈建功、赵大年《皇城根》)

'人間はさ、一生涯に誰でも心配事が多少あるだろう。'
(84) 一时看花了眼，办了错事儿，也保不齐的，［……］　　　　（CCL）
　　　'たまたま目がかすんで、仕事中誤ることもあるだろう。'
(85) 她是你们裏进去的，顶多劳教两年，辩好了，当庭释放也没准。
　　　　　　　　　　　　　　　　　　　　　　　　　　　　（CCL）
　　　'彼女はあなた達のせいで巻き込まれたのだから、せいぜい 2 年の労働教育に処せられるだけだろう。うまく弁護できたら、即時釈放になるかもしれない。'

3.4.2.3　文末の語気助詞の "吧"

　従来では、文末に現れる "吧" は文タイプによって推論に用いる "吧" と命令に用いる "吧" とに分ける考え方が主流である。平叙文の文末に付く "吧" は推論のもので、命令文に付く "吧" は命令に用いるものである。さらに、正反疑問文・選択疑問文・疑問詞疑問文に付く "吧" は "你说～吧" の "你说" が省略された形で、命令に用いるものとされている（赵元任1968、吕叔湘等1999、朱德熙1982などを参照）。
　しかし共時的に考えれば、あらゆる文タイプにおいて "吧" は文末に用いられると、情報が真である蓋然性が高くないことを表しながら、〈推論〉という情報源の存在を含意することが確認できる。

(86) 老白下晚挨了浇，又没穿衣，冻着了吧，脑瓜子痛得蝎虎。
　　　'白さんは夜中に水に濡らされ、服も着ていなかった。風邪をひいただろうか、頭がひどく痛いようだ。'
(87) 有了这么好的工作，我得正儿八经谈一次恋爱了吧。　　　（CCL）
　　　'こんなに良い仕事も見つかったし、恋愛をちゃんと一回くらいしなきゃと思った。'

　"吧" は以上のような平叙文だけではなく、命令文・疑問文（諾否疑問文以外のタイプ）の文末にも現れる。その場合は、命令文・疑問文から読み取れ

た情報（§3.1.1を参照）の情報源として〈推論〉が含意される。

(88) 你休息休息吧，让我去吧。
　　　'あなたはちょっと休んでください。私に行かせてください。'
　　　情報1＝聞き手に「ちょっと休む」を求めることが妥当である
　　　情報2＝聞き手に「私に行かせる」を求めることが妥当である
　　　情報源1,2 ＝〈推論〉
(89) 你吃饭还是吃面吧？
　　　'あなたはご飯を食べるのか、それともラーメンを食べるのか。'
　　　情報＝聞き手に「ご飯とラーメンのどちらを食べるか」と訊ねるこ
　　　　　とが妥当である
　　　情報源＝〈推論〉

その妥当性が「蓋然的」であるからこそ、命令文の(88)はより柔らかく聞こえるのである。また例(89)のような"吧"は、吕叔湘等1999などには「催促」のニュアンスがあると指摘されている。それが「催促」というより、むしろ「懇願」のほうがより相応しいかもしれない。この「懇願」のニュアンスは、自分が訊ねるという行為の妥当性が必然的ではないことを示すことによって、疑問の語気を和らげることにより初めて現れるものと考えられる。「懇願」であればあるほど、「催促」に聞こえるわけである。

3.5　共通語の証拠性システム

　本章では「情報」「情報源」「証拠性」、情報源の表出につながる「証拠素」「証拠策」「証拠構造」といった基本概念を定義した。概ねAikhenvald 2004を踏襲しているが、これに対するBoye & Harder 2009の批判から示唆を得て、「証拠構造」の新たな導入、および情報源を表す副詞も「証拠素」と見なすという考え方はAikhenvald 2004と異なる点である。
　共通語における証拠素は"说是"と"想是"の2つが存在し、それぞれ

〈伝聞〉と〈推論〉という情報源を意味する。ところが、〈推論〉の証拠素の"想是"が比較的古い言い方であり、ジャンルが限られる面もある。また共時的には〈伝聞〉の証拠策がないのに対し〈推論〉の証拠策は複数存在する。〈推論〉の証拠策がこれだけ発達していることは証拠素不足の代償とも考えられる。そこから"想是"が現に証拠素として廃れつつあることが窺える。つまるところ、"说是"と"想是"が目下全く同様のジャンルにおいて共存していないと考えてもよさそうである。従って、共時的な観点からいうと、共通語は〈伝聞〉だけが区別される、〈伝聞〉と〈その他〉という2選択の証拠性システムを持っていると考えられる。

　言い換えれば中国語において、情報源について、〈伝聞〉なのかそうでないのかということがより文法的なレベルで問われているのである。"说是"という証拠素までが発達していることが、〈伝聞〉であることの明示を文法的に要請するということを端的に反映しているものだと考えられる。〈非伝聞〉由来の情報に関して、その情報源を明かすかどうかは語用論的な要素による部分が多いのに対し、〈伝聞〉由来の場合は、"听说"の類の語彙的な手段を用いて〈伝聞〉であることを示しても可能であるが、いずれかの「マーカー」での標示が義務的となるのである。さもなければ、〈推論的情報源〉または〈実証的情報源〉由来の情報だと解釈される。大堀2005の文法化の5つの基準の一つである標示の義務性という観点からも、情報源としての〈伝聞〉には〈推論的情報源〉〈実証的情報源〉と根本的な違いが存在すると認めて良い。

〈図3-1〉中国語（共通語）の証拠性システム

証拠素の他に、証拠策も特定の情報源から由来した情報にしか用いられな

いため、その情報源を含意すると考えられる。また、感覚動詞・思考動詞・伝達動詞からなる証拠構造が概ね実証的情報源・推論的情報源・伝聞的情報源に対応している。なお、情報源を明示する証拠素・証拠構造も現れなければ、証拠策も使われていない場合、当該情報は〈直接経験〉に由来した情報か一般的知識・真理と考えられる情報だと解釈される。

第4章　証拠素の"说是"の用法と成立

　前章では"说是"を〈伝聞〉の証拠素として挙げた。本章では、"说是"の用法についてより精密な記述をする上で、もともと伝達動詞であった"说"が"是"と結合して証拠素へと拡張したメカニズムを解明することを一つの目的とする。さらに、"说是"の節によく逆接的な内容が後続する現象はどこに起因するのか、また"说是"だけを〈伝聞〉を意味する語句の中から取り上げ「証拠素」と認定する理由についても詳しく議論する。

　本章の構成は以下のとおりである。§4.1 で考察対象を明らかにしてから、§4.2 で先行研究を検討する。§4.3 では証拠素の"说是"が確立する過程で見られる「発信者指向」から「受信者指向」へのシフト・脱範疇化についての枠組みを提示する。§4.4 は証拠素の"说是"が伝達動詞に近い用法から単に〈伝聞〉という情報源を示す機能へと移行する過程を考察し、この変容の内因と外因を分析する。§4.5 では"说是"が逆接的な文脈に用いられる現象をめぐって、その条件および理論的意義を解明する。

4.1　考察対象

　"说"と"是"が共起しているからと言って、常に一語の〈伝聞〉の証拠素であるわけではない。まず断っておきたいのは、ここで問題にしている一語の"说是"の"是"は常に軽声で発音され、強勢を受けないということである。ところが、それでも伝達動詞の"说"＋コピュラの"是"と分析できるものが存在する。

(1) a. 忽然有人拦住去路，<u>说是</u>郑国派来的使臣，求见秦国主将。
　　　　　　　　　　　　　　　　　　　（CCL：《中华上下五千年》）

'突然にある人が進路を塞ぎ、鄭国に派遣されてきた使臣と名乗り、秦国の主将に会わせてくれと申し出た。'

b. 忽然有人i拦住去路, ∅i说∅i是郑国派来的使臣。

(2) a. 她曾答应和刘志彬结婚, 但要他拿出一笔钱置办结婚用品, <u>说是她母亲要求的</u>, 具体多少我不清楚。　　　　　　（王朔《人莫予毒》）

'彼女はかつて劉志彬と結婚することを承諾した。ただし、結婚の品物を調達するお金を彼に出させようとした。彼女の母親がそう求めたのだと言うので、具体的な金額は私には分からない。'

b. 她i曾答应和刘志彬结婚, 但要［他拿出一笔钱置办结婚用品］j, ∅i说∅j是她母亲要求的。

(3) a. 他们昨天来找我了, 主要是打听你, 问咱们刚复员那会儿的事, <u>说是那时候出的事</u>。　　　　　　　　　　　（王朔《玩儿的就是心跳》）

'彼らは昨日僕に尋ねに来た。主に君のことを調べるためだった。僕らが部隊から退役したばかりの頃のことについて聞かれた。事件がその時に起きたのだと。'

b. 他们i……问［咱们刚复员那会儿的事］j, ∅i说∅j是那时候出的事。

これらの例は、"是"の後に名詞句もしくは"的"フレーズ（ヘッドが省略されたものおよびいわゆる分裂文の"是～的"構文における"的"フレーズを含む）が共起し、なお且つ文脈にはその名詞句もしくは"的"フレーズで指された対象と同定できるものがある、という点において共通しており、これらの用例における"说是"は一語であるとは考えられない。ゆえに、ここでは、後ろに名詞句もしくは"的"フレーズが現れる"说是"をとりあえず考察の範囲外に置く。

4.2　先行研究

董秀芳2004は、例（4）のような"说是"を副詞と見て、そこにおける"是"が"但是、就是、越是、只是、总是、别是"などの"X是"における

第 4 章　証拠素の"说是"の用法と成立

"是"と同様に、単語内の成分に文法化していると指摘している。しかし、"说是"についてそれ以上の詳しい分析は展開していない。

(4) 这些天都没见张三，说是他被公安局抓起来了。　　　（董秀芳 2004）
　　'ここ数日張三に会っていないね。公安局に捕まったという。'

陈颖 2009:171-179 は文中に現れる"说是"は固定化した構造ではないとして、後続する節の冒頭に現れた"说是"だけを考察対象にしている。ところが、固定化した構造であるか否かの判断基準が提示されていないため、このように考察対象を限定するのは同意しがたい。確かに陈颖 2009:173 に挙げられた文中の"说是"は"说＋是"と分析すべきものばかりであるが、そう分析できない"说是"は文中にも現れるし、所在する節は必ずしも後続する節でもない。例えば、例（5）は文中の例で、例（6）は"说是"が所在する節が主節の前に位置する例である。

(5) 这瘸腿的、残疾的小女孩刚一落地，她娘的鲜血就像血河一样 奔涌而出，止也止不住，接生用的红木桶说是都让血给冲走了。
　　　　　　　　　　　　　　　　　　　　　　（李锐、蒋韵《人间》）
　　'片足が不自由なこの女の子が生まれたとたん、彼女のお母さんはまるで川が湧き出すかのように出血して、止めようもなかった。お産を助けるときに使う赤い木のバケツまでも血に流されたという。'
(6) 以前的领导都是很不稳定，也很不成熟的。从陈独秀起，一直到遵义会议，没有一届是真正成熟的。在这中间有一段时间，说是要强调工人阶级领导，就勉强拉工人来当领导。　（CCL：《邓小平文选・第三卷》）
　　'昔の指導者はとても不安定で、未熟だった。陳独秀の時代から遵義会議までは、本当にまとまった指導者が一人もいなかった。ある時期に、労働者階級の指導を強化すると言って、労働者を無理やりに指導者にさせたことすらある。'

逆に"说+是"と分析できる（2）aと（3）aが、陈颖 2009:174 では固定化した構造と見なされている。固定化した構造の認定基準がこのように不明のままで、固定化した構造の"说是"を〈伝聞〉という情報入手ルートを表すものとして、間接引用を示す"说是₁"と逆接関係を示す"说是₂"に分けている。それぞれに関して、（7）と（8）のような例が挙げられている。

(7) 过了两天，胡大头来了，<u>说是₁</u>来东城票房说戏，顺便把衣裳给武老头带回去。　　　　　　　　　　　　（邓友梅《那五》，陈 2009:176）
　　'数日後、胡大頭が来た。東城劇場に芝居の解説をしに来て、ついでに衣装を武じいさんのために持って帰ると言った。'
(8) <u>说是₂</u>新居，其实是人家住过的旧房子，墙壁斑驳剥落污浊不堪。
　　　　　　　　　　　　　　　　　　　（王朔《永失我爱》，陈 2009：175）
　　'新居とは言え、実際は人が住んでいた古い住宅で、壁が斑でぼろぽろと剥げ落ちそうで、汚くてたまらない。'

さらに、陈颖・陈一 2010 は陈颖 2009 を基にして、固定化構造の"说是"を"N＋说（伝達動詞）＋是（コピュラ）＋目的語"という構造から発達してきたものだと分析している。

吕为光 2011 は"说是"の文法化について、伝達動詞"说"とコピュラ"是"との結合を出自として、そこから間接的手段を通して情報を知り得たことを示す"传信标记"の用法（陈颖 2009 の"说是₁"に相当する）ができて、さらに反事実（contrafactive）のマーカー（陈颖 2009 の"说是₂"に相当する）と、コミュニケーションの相手が言及していた物事や出来事を新たに提起し、話題として説明するという談話機能を有する談話的マーカーの用法ができた、と述べている。

この 2 つの研究における大きな問題点が 2 つある。1 つ目は"说是₁"を内部の均一なものと仮定したことにある。しかし、後の §4.4 の考察から分かるように、この仮定は成り立たない。2 つ目は、"N＋说（伝達動詞）＋是（コピュラ）＋目的語"というように、"说是"を伝達動詞"说"とコ

ピュラ"是"との機械的な結合から語彙化したものという考えである。もしそうであるならば、"说"の直前に発話者を意味する名詞句が現れてもいいはずであるし、"是"の主語も文脈から想定できるはずである。例（1）〜（3）のaはまさしくそうである。例えば（2）aは次のように明言化できる。

(9) 她曾答应和刘志彬结婚，但要他拿出一笔钱置办结婚用品，她说这笔钱是她母亲要求的，［……］
  '彼女はかつて劉志彬と結婚することを承諾した。ただし、結婚の品物を調達するお金を彼に出させようとした。彼女は、彼女の母親がそのお金を求めたのだと言った。'

しかし、本書において〈伝聞〉の証拠素と見なせる"说是"については、発話者の同じ節での明示や"是"の主語の想定ができない。例えば、発話者が明示された例（10）bは非文であり、（11）aもやはり"是"の主語を想定できないし、強いて動作主を"是"の主語と解釈すると文がおかしくなる。

(10) a. 晚上出门时多穿件衣服吧，说是晚上开始降温。
   '今夜出かけるときに、服をもう一枚着なさいね。夜から気温が下がってしまうという。'
   b.* 晚上出门时多穿件衣服吧，你妈说是晚上开始降温。
(11) a. 时隔不久，一位老大娘又慌慌张张地哭着走进平山消防中队，说是把两岁的外孙子关在6楼的家里，钥匙没拿出来，煤气灶上还烧着一壶水。　　　　　（CCL：1994年报刊精选）
   '暫くして、あるおばあさんが泣きながら慌てて平山消防中隊に入ってきた。2歳の孫を6階の自宅に残したまま、カギを持たずに出かけてしまい、それにガスコンロにヤカンでお湯を沸かしていると言った。'
   b.* 时隔不久，一位老大娘又慌慌张张地哭着走进平山消防中队，说她/自己是把两岁的外孙子关在6楼的家里，［……］。

それから、事実関係であるが、陈颖2009および陈颖ほか2010は"说是1"を間接引用（間接話法）のマーカーと考えている。しかし次のような反例が確認されている。

(12) 库化山个体小酒厂厂主李国家趁他下乡征税之际，将990元现金塞给他妻子，说是"暂时寄存在这里"。　　　（CCL：1994年报刊精选）
'庫化山の私営の酒工場の工場長李国家は彼が税金を徴収しに農村へ行った間に、990元の現金を彼の妻に渡して、「しばらくここに預けるのだ」と言った。'

(13) 他抖抖索索地递给我一个网兜，说是"你妈带给你的"，〔……〕1)
　　　　　　　　　　　　　　　　　　　　　　　　　　（人民日报）
'彼はぶるぶると震えながら私に一つの網袋を渡し、「君のお母さんが君にくれたものだ」と言った。'

直示的な表現——現場指示の"这里"、代名詞の"你"——ならびに引用符の使用は、例(12)(13)における"说是"によって導入された発話内容が直接話法のものであることを語っている。
　また、"说是"は文頭に現れた場合も、必ずしも逆接的な用法とは限らない。例えば、

(14) 他伸手抚摸"神墙"，竟然透着一股热力，暖人心脾。说是神墙，果然不虚。　　　　　　　　　　　　（CCL：肖克凡《膏药失灵》）
'彼は手を伸ばし「霊験ある壁」をそっとなでると、何と意外なことに壁に暖かみがあり、心が温かくなる。さすが霊験ある壁というものだ。'

---

1) この例の"说是"に"的"フレーズが後続するため、本章では考察対象外にしている。しかし、この文は陈颖2009および陈颖ほか2010の考察範囲の中にあると思われる。

以上のように、記述と分析にも不備と問題点が見られるため、語彙化した"说是"について再考察が必要と思われる。また、"说是"の文法化のメカニズムを明らかにすることによって、中国語における発話動詞の文法化の一側面の解明が期待できるであろう。

4.3 伝達動詞から〈伝聞〉の証拠素へ

4.3.1 発信者指向と受信者指向

伝達行為は、「情報」が「発信者」から「受信者」まで移動する事象である。この移動過程における情報が〈伝聞〉の情報となる。移動そのものを起点からでも着点からでも捉えることができるように、伝達行為の場合でも、それぞれ起点・着点に相当する「発信者」「受信者」のどちらかから捉えられる。発信者をプロファイルして捉えた場合は発信者指向（sender-oriented）の伝達、受信者をプロファイルして捉えた場合は受信者指向（receiver-oriented）の伝達と呼ぶことにする[2]。

〈図 4-1〉 移動事象としての伝達行為

伝達行為に対するこの 2 種類の捉え方に応じて、ある情報が〈伝聞〉から入手したものだということを示す手段も大別して 2 通りが考えられる。一つは、発信者指向で、発信者の誰かがそう言ったと意識されることである。もう一つは受信者指向で、通常、受信者としての話し手が——誰からなのかは

---

[2] sender-oriented と receiver-oriented は、谷峰 2007 に見られる subject-oriented と speaker-oriented に基本的に対応している。しかし、subject/speaker-oriented はあくまでも言語形式レベルの概念であるのに対して、sender/receiver-oriented のほうが伝達行為の捉え方に直結でき、より高い一般性を狙った用語と思われる。

問題にしない——そう聞いたことだけを明言することである。例えば、

(15) '彼はもうすぐ定年退職らしい。'
  a. <u>传说</u>他要退休了。   （発信者指向）
  b. <u>听说</u>他要退休了。   （受信者指向）

"传说"と"听说"とは、情報の「彼はもうすぐ定年退職だ」は〈伝聞〉からのものだということを伝える面においては大差がない。ところが、例えば(15) a、bの文頭に"人们"を加えると、"人们"が発信者なのか、それとも受信者なのかは、発信者指向か受信者指向かによって解釈が違ってくる。

(16) a. <u>人们</u>传说他要退休了。 （発信者指向）
   '人々は彼がもうすぐ定年退職だと言っている。'
  b. <u>人们</u>听说他要退休了。 （受信者指向）
   '人々は彼がもうすぐ定年退職だと聞いている。'

多くの場合、ある〈伝聞〉の証拠表現が発信者指向か受信者指向かは、"传说"と"听说"のように、その表現自体の語彙的な意味によって決まる。一方、語彙的な意味のレベルでどちらかに決まらないケースは皆無ではない。例えば、日本語の場合、「山田さんがもうすぐ定年退職だトイウ」という文の解釈として、「誰かがそう言っている」即ち発信者指向の読みと、「私がそう聞いている」即ち受信者指向の読みとが両立可能である。どちらかの読みに限定するには、「イウ」という語彙の情報以外の手がかりが必要となる。

4.3.2　伝達動詞の脱範疇化

言うまでもないが、伝達動詞は発信者指向である。一方、日本語の「〜トイウ」のように、伝達動詞に由来した受信者指向の読みが可能な〈伝聞〉の証拠表現も存在する。そこで、発信者指向から受信者指向への移行があった

第4章　証拠素の"说是"の用法と成立

と想定できる。この移行は伝達動詞の脱範疇化と同時に生じ、表裏一体の関係にある。

　動詞の脱範疇化は、一般的に次のような現象として顕在化すると考えられる；

　　①動作主体の言語化が拒否される。
　　②否定・疑問表現が成立しない。
　　③テンス・アスペクトの表出が拒否され、汎時間性が強まる。
　　④連用修飾を受けない。

日本語の「イウ」を例に取って説明する。

　（17）a. 山田さんが定年退職だと誰かがイウ。　　　（動作主体の言語化）
　　　　b. 山田さんが定年退職だとイワない。　　　　（否定）
　　　　c. 山田さんが定年退職だとイウか。　　　　　（疑問）
　　　　d. 山田さんが定年退職だとイっていた。　　　（テンス・アスペクト）
　　　　e. 山田さんが定年退職だとはっきりイウ。　　（連用修飾）

上記の①〜④のいずれかが満たされていない場合、「（〜ト）イウ」は伝達動詞としか解釈されない。「（〜ト）イウ」の脱範疇化の本質は、再分析を起こし主節から副詞的な語句に降格させることである。

4.4　伝達行為を前提にする"说是"

　§4.1で画定した考察範囲の中には、より発信者指向に近い"说是"とより受信者指向に近い"说是"がある。また両端の中間地帯に位置し、両義的なものもある。これは、元の意味（真理条件）を保ちながら、"说是"を"说"と"听说"もしくは"据说"のどちらに置き換えられるかというテストで判断できる。

〈表 4-1〉"说是"のバラつき

置き換え	より major category 発信者指向 ←——————→		より minor category 受信者指向
"说"へ	○	○	×
"听说"等へ	×	○	○

4.4.1 「発信者指向の解釈」のみの"说是"

次のような"说是"は文の意味を変えずに"说"に置き換えることができるが、"听说"に置き換えることができない。例えば、

(18) 上星期，**吴琼**拿了我的一幅画出去，回来 说是 卖给了一个旅游者，500 元。　　　　　　　　　　（CCL：《中国北漂艺人生存实录》）
'先週、吴琼は私の絵を一枚持って出かけたが、帰ったら 500 元で観光客に売ったと言った。'

(19) 他拿出一份他自己写好的离婚协议书要小涛签字， 说是 希望春节前把这事了了，要不然，春节回青岛没法交待。（CCL：1994 年报刊精选）
'彼は自ら書いておいた離婚協議書を取り出し、小涛にサインさせようとした。春節の前までにこの件を解決したい。そうじゃないと、春節に青島に帰るときに説明しようがないと言った。'

(20) 她给婆母写了封信， 说是 春节全家一起回家看望母亲。
　　　　　　　　　　　　　　　　　　　（CCL：1994 年报刊精选）
'彼女は姑に一通の手紙を書いた。春節に家族全員で実家に帰って母に会いに行くと。'

(21) **谣言四处蔓延**， 说是 这件事一定得对簿公堂才可能和解了。
　　　　　　　　　　　　　　　　　（CCL：哈佛管理培训系列全集）
'噂が広がっている。この件は裁判を起こさないと和解が無理だと。'

例（18）（19）の発信者は人間であるが、例（20）（21）の発信者は言語活動

の産出物である。厳密に言うと両者は同じではないが、「産出者─産出物」のメトニミー（例えば「漱石を読む」の類）およびメタファーに基づいて、言語活動の主体としての人間が発信者になれるのみならず、言語活動の産出物でも発信者と捉えられる。よって"说是"がこの2種類の発信者とともに用いられることは不思議ではない。以下は便宜上この"说是"を"说是 s"と記す。

　これらの用例の共通点は次の4点がある。①"说是 s"の前提である伝達行為の主体即ち発信者は specific でなくても構わないが、必ず文脈にある名詞句と同定できる。この点に関しては、伝達動詞の"说"と全く同様である。

（22）a. 上星期，有人拿了我的一幅画出去，说是卖给了一个旅游者。
　　　'先週、誰かが私の1枚の絵を持って出かけて、観光客に売ったと言った。'
　　b.* 上星期，我的一幅画不见了，说是卖给了一个旅游者。
　　　'先週、私の絵が1枚なくなった。観光客に売ったと言った。'

②"说是 s"の共起する節（以下は「"说是"節」と略す）は自立性・独立性が極めて低く、基本的に後続節にのみ現れる。この点に関しても、伝達動詞の"说"と全く同様である。

（23）*说是我的画卖给了一个旅游者。
　　　'私の絵はある観光客に売ったと言った。'
（24）??说是自己希望春节前把这事了了，他拿出离婚协议书要小涛签字。
　　　'自分が春節の前までにこの件を解決したいと言って、彼は離婚協議書を取り出し、小涛にサインさせようとした。'

③話し手が"说是 s"の発信者にならない。"说"にはこの制限が見られない。

(25) a.* 上星期，我拿了自己的一幅画出去，回来说是卖给了一个旅游者。
　　　b. 上星期，我拿了自己的一幅画出去，回来说卖给了一个旅游者。
　　　'先週、私は自分の絵を1枚持って出かけて、観光客に売ったと言った。'
(26) a.* 我给婆母写了封信，说是春节全家一起回家看望母亲。
　　　b. 我给婆母写了封信，说春节全家一起回家看望母亲。
　　　'彼女は姑に1通の手紙を書いた。春節に家族全員で実家に帰って母に会いに行くと。'

④ "说是 s" 節において、"说是" の直前には発信者が明示されない。"说" にはこの制限も見られない。

(27) a.* 他拿出离婚协议书要小涛签字，他说是自己希望春节前把这事了了。
　　　b. 他拿出离婚协议书要小涛签字，他说自己希望春节前把这事了了。
　　　'彼は離婚協議書を取り出し、小涛にサインさせようとした。彼は、自分が春節の前までにこの件を解決したいと言った。'

上記の①〜④から、"说是 s" の使用条件は次のようにまとめられる。

(28) "说是 s" の使用条件：　　NPi [[…] [∅ i [说是 s […]]]]
　　即ち "说是 s" 節において "说是 s" は、直前に話し手を含まない発信者を指す、音形のない再帰代名詞「∅」を要求する[3]。

次の例 (29) (30) は例 (19) (21) をもとにして一部単純化したものであるが、(28) の具体例として提示しておく。

---

[3] 再帰代名詞は先行詞が自分より先に現れることを求める。

(29) 他ⅰ[[要小涛签字], [∅ⅰ[说是ₛ[希望春节前把这事了了]]]]。
'彼は小涛にサインさせようとした。春節の前までにこの件を解決したいと言った。'

(30) 谣言ⅰ[[四处蔓延], [∅ⅰ[说是ₛ[这件事一定得对簿公堂才可能和解了]]]]。
'噂が広がっている。この件は裁判を起こさないと和解が無理だと。'

これに対して、伝達動詞の"说"の場合は、同様に発信者を主語として要求するが、それは話し手自身であっても良く、また音形の有無を問わない。この使用条件から、"说是ₛ"は完全な伝達動詞と比べ、伝達動詞から脱範疇化していることが窺える。具体的に述べると、まず"说是ₛ"が発信者をゼロ形式でなければ許さないことから、発信者の言語化は拒否されると言える。第二に、"说是ₛ"が発信者としての話し手を排除するため、"说是ₛ"が用いられた以上、話し手が発信者であり得ない。従って、"说是ₛ"は後に続く情報が自ずと話し手にとっての〈伝聞〉になり、"说"に置き換えられるにもかかわらず伝達・発話行為の意味が希薄化する徴候が見られる。

一方、自立性・独立性の低い"说是ₛ"は常に主節に依存し、主節のイベントの発生時間に基づいて、"说是ₛ"の伝達行為が時間軸上に位置づけられる。例えば伝達行為は、(18)の場合には「帰ってきた」後に、(20)の場合には「手紙を書く」と同時に起きるものと考えられる。その結果、更なる脱範疇化が進むために欠かせない「汎時間性」がブロックされている。

4.4.2 「受信者指向の解釈」のみの"说是"

次のような用例および冒頭に挙げた例(5)における"说是"は"听说""据说"に置き換えることができるが、"说"に置き換えることができない。以下は"说是ᵣ"と記す。

(31) 那一年，我家是一件大祭祀的值年。这祭祀，说是三十多年才能轮到一回，所以很郑重；[……]　　　　　　　　　　（鲁迅《故乡》）

'その年、私の家はある大きな祭りの当番になる。その祭りは、三十数年に一度廻ってくるらしいため、鄭重を極め、[……]'

(32) 那座粉红色围墙的大宅，没见了门卫，往里望望，静悄悄的，说是家属还住着。　　　　　　　　　　(CCL：1994年报刊精选)

'あのピンク色の塀に囲まれている屋敷は、守衛がおらず、中を覗いてみたら、しんとして静かである。家族はまだ住んでいるという。'

(33) 龙门：相传大禹治水凿龙门，横跨黄河两岸；"鲤鱼跳龙门"就指这儿，说是跳得过去鱼就化为龙。　　(CCL：《中国儿童百科全书》)

'竜門：大禹が治水のために、黄河の両岸に跨った竜門を掘り開いたという。「鯉が竜門を跳ぶ」はそこを指すのである。魚はそこを登ることができれば竜になるという。'

これらの文に最も顕著な形式的な特徴としては、特徴①"说是 r"の直前に名詞句の共起が許され、その上その名詞句が"说是 r"に後続する述語と主述関係にある、という点がまず指摘できる。例(5)と(31)はその典型例である。また、"说是"節の文頭に名詞句がない例(32)(33)は次のように変換できるため、同様の構造だと言える。

(34) 那座粉红色围墙的大宅，没见了门卫，往里望望，静悄悄的，家属说是还住着。

(35) 龙门：相传大禹治水凿龙门，横跨黄河两岸；"鲤鱼跳龙门"就指这儿，鱼说是跳得过去就化为龙。

つまるところ、"说是 s"の場合、音形のない再帰代名詞がその直前のスロットを占めているとすれば、"说是 r"の直前のスロットは空いていると考えられる。

また(31)～(33)から、特徴②"说是 r"の先行文脈に"说是 r"が前提にしている伝達行為の発信者が存在しない、ということが考えられる。こ

第 4 章　証拠素の"说是"の用法と成立

れを立証すべく、次の (36) の a、b を比較されたい。

(36) a. 我直接去了张三的宿舍，门锁着。问了一下∅ᵢ，∅ᵢ 说是 张三住进了精神病院！　　　(CCL：张炜《柏慧》を元にして一部変更 4))
'私はまっすぐ張三の寮に行った。ドアの鍵がかかっている。ちょっと聞いたら、張三は精神科病院に入院しているとのことだ。'
b.* 我直接去了张三的宿舍，门锁着。问了一下∅, 张三 说是 住进了精神病院！

(36) b はなぜ許容されないのであろうか。"说是"の直前に"张三"という名詞句があり、後続する「精神科病院に入院している」と主述関係を成している。そのことから、この"说是"は"说是 r"だと分析される。一方、"说是"の前提としての伝達行為の発信者が、「ちょっと聞いたら」という先行文脈によって「前景化」されている。つまり、質問を聞かれた人という特定の個人が答え、その人が発信者であると意識されているわけである。このことは、(36) b の"说是"が"说是 s"であるという結論を導く。そうすると、この"说是"は"说是 r"でもあれば"说是 s"でもあるという自己矛盾になってしまう。よって (36) b は文として成立しないのである。

もう一つの例を見よう。(37) a における"据说"を"说是"に置き換えた (37) b は全体として極めて座りが悪い 5)。それに対して、"说是"を後続する節の主語と述語の間に移動させた (37) c はごく自然に感じられる。上記の"说是 r"に関する特徴①と②から、この自然度の差が予測できる。

(37) a. 有人实验，6 年不给仙人掌浇水，它还顽强地活着。据说 有些大仙

---

4) 元の文は "我直接去了他的宿舍，门锁着。问了一下，说是住进了精神病院！" である。
5) (37) b における 1 番目の文と 2 番目の文とのつながりが良くないということである。この 2 つの文を単独でジャッジすれば両方とも文法的である。

83

人掌的寿命可达数百年。　　　　　　（CCL：中国儿童百科全书）

　　　'ある人が6年間サボテンに水をやらないという実験をしたら、そのサボテンはくじけず生き抜いた。一部の大型サボテンの寿命は数百年もあるという。'

b. *有人实验，6年不给仙人掌浇水，它还顽强地活着。说是有些大仙人掌的寿命可达数百年。

c. 有人实验，6年不给仙人掌浇水，它还顽强地活着。有些大仙人掌的寿命说是可达数百年。

　　まず(37)b、cが共通している状況から考える。それは、「寿命が数百年もある大型サボテンがある」と発話したのは実験者であり得ないということである。つまり「実験者≠発信者」である。なぜなら、「実験に使われたサボテンが6年間水をやられずに耐えてきた」ことから、「一部の大型サボテンの寿命は数百年もある」ことは導けないからである。一方、形式の面において、(37)bの"说是"は文頭に現れているため、"说是s"である可能性がある。さらに、先行文脈にある実験者という特定の人物を表す"人"があるため、伝達行為の発信者と解釈される。そうすると、「実験者＝発信者」となり、上に分析してきた状況との間に矛盾が生じる。結果として(37)bは不自然となる。これに対して(37)cの場合、"说是"が主語と述語の間に現れるため、これで"说是s"と解釈される可能性が排除される。それによって「実験者≠発信者」としか解釈できず、統語的な解釈と意味論的な解釈が一致するのである。

　　第三に、上記の2点目と連動し、特徴③"说是r"の伝達行為の発生時間が時間軸上の特定の点に位置づけることができない、ということが挙げられる。それは発信者が不特定であるため、発信者によって行われる伝達行為の発生時間も当然不特定になるからである。

　　以上に挙げた"说是r"の3つの特徴は何を意味するかと言うと、まず、"说是s"の持つような発信者専用のスロットが消えた"说是r"は、「項構造」が変わり、副詞的なものへ移行していると言える。また、伝達行為の発

生時間が不特定だということは、取りも直さず汎時間性が強まるということになる。要するに、"说是 s" と比べると "说是 r" のほうが元の伝達動詞の意味がかなり希薄になり、より高い脱範疇化の度合いを呈するのである。

4.4.3 「発信者指向の解釈」と「受信者指向の解釈」が両立する "说是"

次の例（38）（39）は、「発信者指向の解釈」と「受信者指向の解釈」が両方許される、つまり "说" にも "听说" にも置き換えることのできる "说是" の用例である。この "说是" を "说是 s/r" と記す。基本的に "说是 s" と同様に "说是 s/r" は先行文脈から発信者を特定の個人として特定できる。例えば（38）では "林森"、（39）では "儿子" が発信者であり、いずれも先行文脈に現れる名詞句である。

(38) 我们家虽然富裕，但林森从不乱花钱，她平时积攒的钱有 160 元，说是要捐给希望工程。　　　　　　　（CCL：1994 年报刊精选）
'私たちの家は裕福だが、林森は決してお金の無駄遣いはしない。普段からの貯金は 160 元もあって、プロジェクトホープに寄付したいと言った。'

(39) 这种限制的结果是，儿子都五六岁了，竟然一个人不敢自己在房间里睡觉，说是怕静怕黑。　　　　　　（CCL：1994 年报刊精选）
'このように制限した結果、息子はもう五、六歳にもなったのに、なんと自分一人で部屋で寝ることができないのだ。静かで暗いのが怖いと言った。'

また、"说是 s/r" の用例の中には、(40)(41) のように先行文脈には発信者が明示されないものの、より広域的な言語外の文脈——社会的事情や歴史的背景などに関する知識——から容易に補完されるものもある。

(40)（＝例（6））以前的领导都是很不稳定，也很不成熟的。从陈独秀起，一直到遵义会议，没有一届是真正成熟的。在这中间有一段时间，

说是要强调工人阶级领导，就勉强拉工人来当领导。

　　　　　　　　　　　　　　（CCL：《邓小平文选・第三卷》）
　　　'昔の指導者はとても不安定で、未熟だった。陳独秀の時代から遵義
　　　会議までは、本当にまとまった指導者が一人もいなかった。ある時
　　　期に、労働者階級の指導を強化すると言って、労働者を無理やり指
　　　導者にさせたことすらある。'

(41) 说是要以粮为纲，就不顾生产条件，田地坡地一律开垦种粮，干劲没
　　　少费，粮食并没打多少。　　　　（CCL：1994年报刊精选）
　　　'食糧をかなめにすると言って、生産地の条件を無視して、田畑でも
　　　山の斜面でも一律に開墾して食糧を栽培したあげく、大変な労力を
　　　かけた割には、大した収穫はなかった。'

　"说是 s/r" では基本的に発信者が先行文脈において明示されるため、発
信者指向の"说是 s"に置き換えられるのは予想がつくことである。ところ
が、受信者指向の"说是 r"にも置換可能なのはなぜなのか。次の（42）a
は"说是"以降の情報——お金の使い道——が"说是 s/r"の（38）と極め
て類似しているが、"听说"か"据说"に置き換えられない。

(42) a. 说完，从衣兜里掏出1元5角钱放到我手里，说是要给叔叔买糖
　　　　吃。　　　　　　　　　　　（CCL：1994年报刊精选）
　　　　'話が終わったら、ポケットから1元5角のお金を取り出し、私の
　　　　手に入れた。おじさんに飴を買ってあげたいと。'
　　b.* 说完，从衣兜里掏出1元5角钱放到我手里，听说要给叔叔买糖
　　　　吃。

　（38）と（42）aの相違は"说是"より先の先行文脈にある。（42）aの"说
是"の先行文脈で表されているのは個別で一回的な動作行為である。それに
後続する伝達行為は、発信者の一連の動作の中の一つとして捉えられ、時間
軸上の明確な位置づけができる。これに対して（38）の場合、「お金の無駄

第4章　証拠素の"说是"の用法と成立

遣いはしない」や「貯金する」などがいずれも慣習的で、反復性を有するデキゴトであり、個別で一回的な動作とは言えない。そのため、後続の"说是"が一連の動作の中の一つとして捉えられず、先行文脈のデキゴトを手がかりにして伝達行為を時間軸上にある特定の点に位置づけることが不可能になる。換言すれば、汎時間性が強まるということになる。その結果として、受信者指向のほうに移行するわけである。この点は先行文脈が動作性の極めて低いイベントである（39）からよりはっきりと窺える。

なお、"说是"の先行文脈で表されるデキゴトが低い動作性を持つということは"说是 r"と解釈できる必要条件ではあるが、十分条件ではない。"说是 r"と理解されるためのもう一つの条件を補足すると、"说是 r"節の後に無標で発信者指向に戻ることは起こらない、ということが考えられる。例えば、この条件を満たしていない（43）a における"说是"は"说是 s"としか考えられず、b のような解釈が許容されにくい。

(43) a.　［発信者指向］有的矿每月除了发给一点生活费外，工钱一直扣着不给，
　　　　　［発信者指向］说是 ［情報］年终一并结算，
　　　　　［発信者指向］严重伤害了外地民工的感情。
　　　　　　　　　　　　　　　　　　　　　（CCL：1994 年报刊精选）
　　　'一部の鉱山では月に少しの生活費を除き、賃金をずっと支給せずに、年末に一括で精算すると言い、よその地域から来ている農民工たちの感情にひどく傷を付けた。'
　　b.[??]［発信者指向］有的矿每月除了发给一点生活费外，工钱一直扣着不给，
　　　　　［受信者指向］说是 r/ 听说 ［情報］年终一并结算，
　　　　　［発信者指向］严重伤害了外地民工的感情。
　　c.　［発信者指向］有的矿每月除了发给一点生活费外，工钱一直扣着不给，
　　　　　［受信者指向］说是 r/ 听说 ［情報］年终一并结算。

87

d. ［発信者指向］有的矿每月除了发给一点生活费外，工钱一直扣着不给，
［受信者指向］说是 r/ 听说 ［情報］年终一并结算，
［発信者指向］这种做法 / 其实 / 结果 严重伤害了外地民工的感情。

　その理由は以下のように考えられる。"说是"を"说是 r"と解釈するためには、"说是"以前の先行文脈の発信者指向から、"说是"以降の受信者指向にシフトしなければならない。一方、このシフトの過程の中では受信者が終始、表面（形式的）に現れない。もしその後さらに発信者も表面に出ずに発信者指向に戻ると、文全体が「合図」が伴わずに「発信者指向→受信者指向→発信者指向」とシフトを2回行うことになる。これは文の理解に大変な負担になるだろうから、実際に起こり得ないのである。(43) cのように最後の節を削除するか、dのようにその節の頭にゼロ代名詞を使わずに"这种做法（このようなやり方）"で主語を補完させるか、"其实""结果"などで2回目のシフトがあったことの合図を出すことにより初めて、"说是 r"と解釈することができる 6)。

4.4.4 「発信者指向」から「受信者指向」へ移行する外因と内因

　以上の考察・分析から、〈伝聞〉を示す"说是"の内部は均一的ではなく、「発信者指向」→「発信者指向／受信者指向」→「受信者指向」といった移行が見られる。この移行は、次のような条件のもとで起きるものと考えられる。

(44)「発信者指向」から「受信者指向」への条件

---

6) "其实"は「その実際のところ」で、"结果"は何らかのデキゴトの「結果」であるといった語彙的な意味から両方ともある種の「非飽和名詞」——文脈などからその所属、またはそれがどういうことに関係しているかが分からないと普通に使わない名詞——と考えられる。そこで発信者とつなげて、発信者指向に戻ることを暗示する効果を発揮する。

①先行文脈において発信者が明示されていない。
②伝達行為が時間軸上にある一つの特定の点として位置づけることができない。

"说是"を"说是 r"と解釈するためには、必ずこの2つの条件の中のどちらかを整えなければならない。これらが"说是"が発信者指向から受信者指向へ移行する外因である。

ところが、"说是 s/r"が伝達動詞の"说"にも専ら〈伝聞〉を示す"听说"にも置き換えられることから、伝達動詞の"说"も（44）で規定された環境に用いられることが分かる。例えば、伝達行為が汎時間的と思われる（39）と発信者が明示されていない（40）の"说是"を次のように"说"に置き換えても、文は依然として成立する。

(45) 这种限制的结果是，儿子都五六岁了，竟然一个人不敢自己在房间里睡觉，说怕静怕黑。
(46) 在这中间有一段时间，说要强调工人阶级领导，就勉强拉工人来当领导。

それにもかかわらず、"说"には"说是 r"のような受信者指向の用法がない。つまり、同様の統語的・意味的環境において"说是"は発信者指向から受信者指向へ移行するのに、"说"は移行しないのである。それはどこに起因するのであろうか。

筆者は、発信者指向の段階で"说是"が既に"说"と機能を異にしていると考える。上で述べたように、"说是 s"節においては発信者が"说是 s"の直前での生起することを排斥しているが、一方"说"は発信者が"说"の前に現れても差し支えない。このことから、"说是 s"は発信者指向で伝達という動作行為を意味しているが、動詞としての統語的な機能が不完全であり、それと比べて"说"のほうは依然として歴然たる動詞であるということが言える。この統語的な機能差は"说是"の"是"から来ているからにほか

ならない。この"是"はコピュラやフォーカス・マーカーというより、むしろ"总是（いつも）""但是（しかし、ただし）"のように前接する語が副詞か接続詞であることを形態面で確保する接尾辞的なものと考えられる[7]。つまり"是"が"说是"の受信者指向へのシフトの可能性をもたらしているわけである。

このように、伝達行為を意味する発信者指向の形式が受信者指向へ移行できるのは、単に（44）で提示された統語的・意味的な環境だけでは十分ではない。"说是"の場合は、接尾辞的な"是"との結合によって品詞性が強制的に動詞から副詞に変わってから初めて移行が可能になると考えられる。ところが、"是"との結合はあくまで脱範疇化を促進させる手段の一つにすぎず、言語（方言）によっては、それ以外の方法も考えられる。例えば、伝達行為を意味する発信者指向の形式を通常の動詞の統語的位置から離れさせ、伝達される情報を表す文の文中や文末に移動させる、などである。詳しくは第5章と第6章で述べる。

4.5　伝達行為を超えた"说是"

先行研究は、次のような用例における"说是"を逆接関係を示すもの（陈颖 2009、陈颖ほか 2010）や「反事実のマーカー」（吕为光 2011）と見なしている。

---

[7]　"总"には「まとめる」という意味の動詞と「いつも、ずっと」という意味の副詞の用法がある。また、"但"にも「ただ、単に、ひたすら」という意味の副詞と逆接関係を示す接続詞の用法がある。いずれにおいても、"是"は語幹の品詞性を限定する接尾辞的な機能を持つと考えられる。

(i) a. 总在一起算 '一つにまとめて計算する／いつも一緒に計算する'
　　b. 总是在一起算 'いつも一緒に計算する'
(ii) a. 但愿人长久 '｛ひたすら／ただし｝人が長生きすることを願う'
　　b. 但是愿人长久 'ただし人が長生きすることを願う'

(47) 我们并没见一个县（市）书记、县（市）长写过检查；即便发生了大要案，也全是秘书代笔，党委和政府盖章，说是 "集体承担责任"，其实是没有一个人承担责任，更没谁可能会去吸取教训。

(CCL：《中国农民调査》)

'私たちは、県（市）の書記や県（市）長本人が反省文を書くのを見たことがない。たとえ重大な事件が起きても、すべて秘書が代筆し、党の委員会と政府が印鑑を押すだけだ。「集団で責任を取る」とはいえ、実際は誰一人も責任を取らないし、教訓を汲み取る人も誰もいない。'

仮にこのような"说是"を「逆接の"说是"」と読んでおく[8]。なぜ「逆接の"说是"」が逆接関係を示したり、反事実の事象を提示したりできるかについて、これらの先行研究では〈伝聞〉という情報源に話し手が直接に関与していないため、信憑性が高くないからだと分析している。

しかしながら、〈伝聞〉だからと言って一概に信憑性が低いとは言えないだろう。例えば、ある情報を聞き手に伝えるときに、「これは私の〈直接経験〉だ」と付け加えた場合と「みんながそう言っているのだ」と付け加えた場合と、どちらのほうがより信用してもらえるだろうか。下にも述べるように、必ずしも〈直接経験〉のほうが勝るとは限らない。§2.1.4で紹介したCornillie 2009の観点に倣って言うと、話し手も他の参与者も共有できる情報源こそ最も高い信憑性を有する。つまり、〈伝聞〉は情報源として常に劣った信憑性を有するわけでもなく、〈伝聞〉由来の情報がほかの情報源より事実と違う場合が多いとも言い切れないのである。そこから分かるように、単に〈伝聞〉だからと言って、逆接や反事実に直結するわけではない。"说是"が逆接的・反事実的な文脈に用いられる動機付けを別のところに求めるべきである。

---

[8] 筆者は「譲歩」を「逆接」の一部と見なしている。そもそも「譲歩」は、「逆接」を相手にとってより受け止めやすい形に発展させたものだということができるからである。

4.5.1　情報源の選択と情報源の共有しやすさ

　"说是"がどんな条件のもとで「逆接の"说是"」に転換するのか。この問題を解決するために、まず情報源の選択にかかわる要因から考えよう。

　日常的な経験から分かるように、ある出来事をめぐっては、複数の情報源から情報を知り得ることが可能である。とりわけ、話し手が自ら参与しているデキゴトに関しては、ふつう〈直接経験〉の情報源を持っていると思われる。例えば、スポーツの試合に最後まで出ている選手は当然、試合の結果を〈直接経験〉で知り得るはずである。また試合場からの放送などで試合の結果も流されるから、〈伝聞〉として試合結果を知ることもあり得る。通常、出場選手として〈直接経験〉で知り得た試合の結果と放送などから聞いた——つまり〈伝聞〉で知り得た——試合の結果とは一致する。しかし例えば、自分側が勝ったつもりだと出場選手が強く思っているのに、審判員の判断で負けたと発表される、といった一致しないケースも考えられる。そのときに、試合の結果を人に伝えようとすれば、次のa〜dからどれを使うだろう。

(48)　　　　　　　　　　　　　表出情報源　　実際の情報源
　　a. 私たちは勝った∅。　　　〈直接経験〉　〈直接経験〉
　　b. 私たちは負けた∅。　　　〈直接経験〉　〈伝聞〉
　　c. 私たちは負けたらしい。　〈伝聞〉　　　〈伝聞〉
　　d. 私たちは勝ったらしい。　〈伝聞〉　　　〈直接経験〉

　まずdが最初に排除できる。なぜなら、〈伝聞〉という情報源において話し手側が勝っているという情報が現に存在しないからである。続いて話し手が審判員の判断を認めていない以上、bも選択されないと予測できよう。bとdは両方とも言語形式で表出・含意される情報源と情報の実際の情報源とは不一致である。問題になるのは、aとcの中のどちらを取るかである。ほとんどの人がcを選ぶであろう。

　話し手にとって、話し手自身が経験したことと誰かから聞いたこととを比

べると、前者のほうがより信憑性が高いかもしれない。しかしながら、人に情報を伝達するときに添付する情報源として、〈直接経験〉の方が逆に低い信憑性を持つ場合がある。なぜかというと、〈伝聞〉という情報源は多くの場合、聞き手が話し手と共有可能だからである。つまり、例えば話し手が新聞から情報を知ったのであれば、聞き手が同じ新聞を手に入れ情報を確認することができるし、誰かから聞いた話であれば、その人を訪れて訊ねれば良い。その意味で、情報源が共有可能である。それに対して、話し手の〈直接経験〉は話し手のその場、その時に限った個人的体験であり、聞き手に再現できる可能性は極めて低い。

　情報源の共有しやすさは普通、話し手がその情報源にどれくらいかかわっているか（あるいはその情報源がどれくらいに話し手に依存しているか）ということと負の相関があると考えられる。実証的情報源は完全に話し手次第であり、場合によっては排他的にも考えられるため、最も共有しにくい。一方、伝聞的情報源は話し手と基本的に無関係であるため、最も共有しやすい情報源なのである。その中間にあるのが推論的情報源である。推論が基づいている観察などは話し手によるものであるが、推論規則のような多くのものが共有されているため、推論的情報源は比較的共有しやすいと思われる[9]。

---

[9] 話し手の実証的情報源で聞き手にとって共有可能なのは、発話時・発話空間において起きているデキゴトの場合のみである。それに対して、伝聞的情報源と推論的情報源にはこのような時空間の制限はない。次の (i) と (ii) はこの対立を示すものである。

　(i) 你看, |現在 /* 昨天 / 咱们这儿 /[??] 他们那儿| 下雨了。
　　'見て。|今／* 昨日／私たちのところ／[??] 彼らのところ| は雨が降ってきた。'
　(ii) 好像 / 听说 |現在 / 昨天 / 咱们这儿 / 他们那儿| 下雨了。
　　'|今／昨日／私たちのところ／彼らのところ| は雨が降ってきたようだ／そうだ。'

つまり、たとえ発話時・発話空間において起きているデキゴトに関して、実証的情報源がより共有しやすいとしても、発話時・発話空間に限定しない伝聞的情報源と推論的情報源と比べると、全体の確率的な意味でも、実証的情報源のほうが劣る。なお、(i) における "你看" は「実証的情報源を共有しよう」という合図だと理解されたい。

この比較の結果を不等式で示すと、〈図4-2〉になる。

　　　　　実証的情報源　＜　推論的情報源　＜　伝聞的情報源
　　　　　　　　〈図4-2〉情報源の共有しやすさ

　ちなみに、〈図4-2〉の序列によって、話し手の主張・認識を述べるときに、推論的情報源だけがよくポライトネスのストラテジーとして使われること（例えば§3.4.2.1で触れた"恐怖"）も説明できる。推論的情報源は話し手の排他的な参与が前提にされながら、聞き手からも共有できる。そうすると、自分の主張をすると同時に、「あなたから見てどうだろう」といった聞き手への配慮を見せることができる。これと比べると、伝聞的情報源は話し手の参与を排斥するため、第5章・第6章に見られるかなり特殊な表現意図がない限り、話し手が自分の主張を申し立てるのに向いていない。一方、実証的情報源は、自分の主張をするのに使えるが、聞き手が共有できない可能性が高いため、聞き手に気が配られていないと思われ、ときには独断的にも聞こえてしまうのである。

　以上の分析を踏まえ、(48) cのみが選択されることが説明できる。いくら出場選手である話し手が自分こそが勝っていると確信していても、「私たちが勝っている」という情報源が〈直接経験〉であるため、聞き手にとっては検証不可能である。一方、聞き手に検証可能な情報源は〈伝聞〉のみである。その〈伝聞〉から得られる情報は「私たちが勝っている」ではなく、反対の「私たちが負けている」である。それにもかかわらず、話し手が嘘をついていると思われないようにするには、cを選択するしかない。また、cを選択するのには消極的な理由ばかりではなく、積極的な理由もある。それは〈伝聞〉という情報源を提供することによって、話し手がその情報源から由来した情報と自分との間に距離を置いて、情報自体の真実らしさへの保証を回避できることである。つまり、cからは話し手が自分の負けを認めたとは解釈されないのである。

　以上をより一般化すると、次のようにまとめられる。

第4章 証拠素の"说是"の用法と成立

(49) 話し手参与のデキゴトをめぐって表出される情報源の選択規則

話し手の参与しているデキゴトを伝達する（＝p）とき、情報源が複数あり、なお且つ情報源によって知り得た情報が齟齬している（＝q）場合、最も共有しやすい情報源およびその情報源から入手した情報を表出する（＝r）。

4.5.2 話し手参与のデキゴトに用いられる"说是"

　以上述べてきたことにより、§4.5.1の冒頭に提示した問題に答えることができる。つまり、話し手が自ら関与しているデキゴトに関する情報であるにもかかわらず、"说是"が付けられ、そしてその"说是"が「逆接」の機能を発揮する、ということの原因である。それは、私たちは（49）のp∩q→rに基づいてp∩r→qと推論する思考様式を持っているからである。このような遡及的推論（abduction）は論理的に有効な推論にはならないが、実際、原因を遡る場合よく使用される（沈家煊2004を参照）。話し手が自分の参与したデキゴトに関する情報を語っている場合、その情報に対して〈直接経験〉以外の情報源の証拠表現を添付した、というようなミスマッチから、その情報が〈直接経験〉から由来している情報と多少のズレがあるだろうと予測される。それゆえ、話し手参与のデキゴトに関する情報が〈伝聞〉として述べられる場合、その後続文脈には必ず逆接的な内容がある。

　次の例（50）で確認してみる。話し手は長年、鄧小平の「ボディーガード」を務めた人物である。その人は鄧小平の誕生日祝いのことに直接関与し、それに関連することは〈直接経験〉で知り得たと考えて良い。そこで"说是"を使うことによって、鄧氏の誕生日祝いは、一般的に〈伝聞〉から知られている国の指導者クラスの誕生日祝いとなにか違うだろうと聞き手に予測させる。その後続の文から、鄧氏の誕生日祝いは如何にも素朴でシンプルなものであることが打ち明けられて、まさに逆接的な意味関係を構成する。

(50) 说是过生日，也就是做个生日蛋糕，增加几个菜，一家人在家里吃顿

饭。　　　　　　　　　　　　　　　　　　　　　（CCL）
'誕生日祝いをすると言っても、誕生日ケーキをつくって、おかずを何品か増やし、家族揃って家で食事するに過ぎない。'

　また前出の例（47）の場合においては、話し手の〈直接経験〉では「集団で責任を取る」ことを知り得たはずであり、(49) の p に合致する。しかしそれがあえて〈直接経験〉ではなく〈伝聞〉として表出されている。つまり (49) の r に合致する。そこで q が推論される。即ち、「集団で責任を取る」ということは話し手の〈直接経験〉で知り得た情報——実際は責任を取ったり、教訓を汲み取ったりする人がいない——との間にズレがある、ということである。

4.5.3 「逆接」の"说是"の理論的意義

　興味深いことに、〈伝聞〉のように話し手参与のデキゴトに関する情報を表出するのに用いられるのは"说是"のみで、"听说""据说"は使えない。上のスポーツの試合結果の（48）c の中国語訳として、"说是我们输了"は自然であるが、"听说我们输了"は状況的におかしい。後者を用いる場合は、話し手が試合に出ておらず、後から結果を教えられた場合である。
　また、次の例において、1 番目の"说是"に付いた情報の"我们在战争中打胜了"は〈直接経験〉からも入手できた情報のはずである。これもやはり"说是我们输了"と同様の理由で"听说""据说"に置き換えにくい。これに対して、"中国已是四强之一""国民党要和平建国"という情報は話し手の〈直接経験〉では知る由もなく、名実ともに〈伝聞〉の情報であるゆえ、"说是"も"听说""据说"も使える。

(51) 而战后祖国的局势尤其令人揪心；据说 / 听说 / 说是 中国已是四强之一，可是又太不象一个强国；说是 /* 据说 /* 听说 我们在战争中打胜了，可是总让人觉得有点"惨胜"的味道；国民党 说是 / 据说 / 听说

要和平建国，可为何又磨刀霍霍。　　　　（CCL：报刊《读书》10)）
'戦後の祖国の情勢はとりわけ懸念される。中国は既に四強国の一つというが、あまり強国には見えない。私たちが戦争に勝ったとは言え、見るも無残な勝利の気が多少する。国民党は平和を守って国を建設するというが、なぜだかまたしゅっしゅっと刀を研ぎはじめた。'

　以上のことから分かるように、"听说""据说"は話し手が関与していないデキゴトについての情報にしか使えないのに対して、"说是"は異色であり、「条件付き」で話し手が関与しているデキゴトに関する情報にも使用可能である。その条件は、話し手の〈直接経験〉で得られた認識と"说是"でマークされた情報との間に多少のズレが存在する、ということである。
　このような相違は自立性の他に、"说是"を"听说""据说"と区別するもう一つの根拠となる。つまり、"说是"は単に動詞句の"听说""据说"より脱範疇化の度合いが高い副詞に分類されるのみならず、「伝聞」という意味すら希薄化し、文法化の特徴の一つとされる「汎化」が進んでいる。
　繰り返しになるが、情報源の言及ができない言語は存在しないだろうが、すべて文法範疇として「証拠性」を持っているわけではない。それを持っているか否かを認定する基準は、この言語における証拠素——特定の情報源を第一義として、文法化の度合いが高い形式——の有無にほかならない。ところが、特に中国語のような孤立語の場合、証拠素の認定自体も決して容易なことではない。なぜなら、形態変化や接辞のような、文法化の度合いが高いとすぐに分かる形式が極めて少ないからである。一方、一部の副詞が名詞や動詞ほど major category ではないから、特定の情報源を第一義とする副詞まで証拠素と見なすこともできる。ところが、そのように見なすと情報源の意味がある名詞・動詞をあえて証拠素と見なさない積極的な理由が必要となってくる。

---

10) 罫線で囲まれた3つの語句の中の冒頭のものが原文で用いられた語である。

そこで〈伝聞〉を表すが条件付きで〈直接経験〉にも使えるということには理論的に大きな意義がある。文法的性（gender）の場合を考えよう。生物学的性を表す形式はどんな言語にもあるだろうが、どんな言語も文法的性を持つわけではない。しかし、もしある言語において、生物学的性と一致しない「性」の形式があれば、この言語は文法的性を持っていると断言できる。例えば、文法的性を持つドイツ語では指小辞の -lein と -chen で終わる単語は中性であるが、その中に生物的性が女性のものもある。これは「逆接」の"说是"と類比できる現象である。

(52) a. Frä-lein
    女性 -diminutive.NEUTRAL
    '令嬢'
  b. Mäd-chen
    下女・処女・女の子 -diminutive.NEUTRAL
    '少女'
  c. 说是 - 我们在战争中打胜了，……
    '私たちが戦争に勝ったとは言え、……'

つまり、-lein と -chen が接続する名詞の生物学的性を問わずに接続可能であるように、"说是"が条件付きで、実際の情報源が〈直接経験〉であっても用いられるわけである。このことから"说是"が証拠素であり、"说是"の表す〈伝聞〉が文法的情報源であることが立証できる。

4.6　本章のまとめ

本章では共通語の〈伝聞〉の証拠素の"说是"について考察を行った。もともと伝達動詞の"说"が接尾辞的な"是"と結合した結果として、発信者主語が"说是"の直前の位置から排斥され、"说是"は動詞から脱範疇化するようになった。発信者主語の排斥に起因する発信者の不鮮明さ、ならびに

伝達行為の汎時間性の強まりにつれて、"说是"は発信者指向から受信者指向へ移行し、証拠素として定着してきたと結論付けた。

さらに、「逆接の"说是"」については「逆接」の読みが出る条件にフォーカスを当てて分析した。話し手が直接関与しているデキゴトに関する情報は本来〈直接経験〉として表出されるべきである。それがあえて〈伝聞〉のように表出されるのは、この情報が話し手の〈直接経験〉から知り得た情報と完全に一致しているわけではない、ということに帰結できる。

これまでの研究では、"说是"を〈伝聞〉を表すものだという記述・分析はもちろん存在する。ただ、ほかの情報源表出形式、とりわけ証拠構造に分類されるべきものと同じレベルで考えられてきた。これが問題点である。その結果として、従来の研究の多くは、結局、先験的な枠組みを批判せずに中国語に適用し、中国語には諸々の情報源を表す形式が存在しており、それに該当するものは中国語の証拠性だ、といった結論に辿り着いたわけである。しかし、そのような結論は結局のところ、中国語にも性・数・テンスなどの文法範疇が存在するという考え方とほぼ同様に誤っているとしか思えない。これに対して、本章は"说是"がより minor category に近い副詞であること、また〈直接経験〉など、〈伝聞〉以外の情報にも用いられることに重きを置き、"说是"のほうが証拠構造より、文法化の度合いが高い形式であり、この語だけを証拠素と認めることの妥当性を論じてきた。さらに、この"说是"によって表される〈伝聞〉は文法的情報源と位置づけられることを示した。

第5章 〈伝聞〉と意外性
——上海語の"伊讲"を中心に——

　本章では、前章でとりあげた"说是"に続き、上海語の「三人称単数代名詞＋伝達動詞」の"伊讲"を取り上げる。"伊讲"が文末に現れると、その前の情報の情報源を選ばず、単に意外性を表すという事実に注目し、〈伝聞〉の提示に関連付けてその原因を分析する。

　§5.1では文末に用いる"伊讲"の意味機能——意外性を表すこと——を確認する。そして§5.2でこれまでの先行研究で提案された"伊讲"が意外性を表す形式になったメカニズムを検討する。そこで提示された問題点を解決すべく、§5.3で筆者の考察・分析を述べる。§5.4は本章のまとめである。

5.1　問題提起

5.1.1　文末に用いる用法

　上海語の三人称単数を表す人称代名詞の"伊"［ɦi²³］と伝達動詞の"讲"［kã³⁴］からなる主述構造の"伊讲"は文末に現れる現象が観察されている。

(1)　［電話で、自分の声が（女の名前と思われる）エリレンという人に似ていると言われた男は電話を切って］
　　　辩　　个　　艾丽莲　发　　啥　　个　　声音　啦，　哦哟　　肯定
　　　この　CL　エリレン　放つ　何　　SP　　声　　FP　　INTERJ　きっと
　　　老　　难看个，辩　　个　　人。我　声音　像　　艾丽莲　伊讲。
　　　とても　醜い　FP　この　CL　人　　私　声　　似る　エリレン　REP
　　　　　　　　　　　　　　　　　　　　　　　　　　　　　（コント）
　　'エリレンって人、どんな声をしているだろう。うわっ、きっと不細

エに決まっている、その人は。オレの声がエリレンに似ているって、あいつは言っていた。'

(2) [初めて手に入れたスーツを大事に着ていたことを思い出して]

辦　个　辰光　剛剛　　　有　件　西裝,　不得了　噢。
這　CL　とき　したばかり　持つ　CL　スーツ　大変だ　PF
也　想　得出　个——現在　想想　　　真个　戇　啦
も　考え出せる　FP　いま　考えてみる　本当に　バカ　PF
——戴　　副　袖套　　　伊讲。
　　付ける　CL　アームカバー　REP　　　　　（コント）

'当時はスーツが手に入るなんて、とんでもないことだったよ。よくもそこまで考え出したもんだ——今はホントにバカみたいに思うけど——[スーツの袖に] アームカバーを付けるなんて。'

(1)(2)のような文末の"伊讲"は［ɦi³³kã²¹］と発音され、文頭に用いられ発話内容を目的語として後ろに取る"伊讲"より軽く短く発音され、強勢を受けず連続変調が起こる。なお、本章の「文末の"伊讲"」はすべてこの音声的特徴を持つものである。

5.1.2 "伊讲"の意味機能

5.1.2.1 文末の"伊讲"に伴う意味素性

文末の"伊讲"の意味機能を抽出すべく、"伊讲"が用いられた文に共通している意味素性を確認しておく。

まず話し手参与のデキゴトに関する情報から見る。このような情報に"伊讲"が後続した場合、①話し手が意図的に参与していないか、十分なコントロールができない、もしくは②動作行為の実行によって、予期せぬ結果が生じる、といったニュアンスが認められる。

(3) a. 我　昨日　迟到　　　了，我　存心　个。
　　　私　昨日　遅刻する　FP　私　故意に　FP

'私は昨日授業に遅刻した。私はわざとだ。'
　　　b. *我　昨日　迟到　了　伊讲，我　存心　个。
　　　　'??意外なことに、私は昨日授業に遅刻した。私はわざとだ。'
(4) a. 我　假装　　　　摔脱　　　　　　一　　跤。
　　　　私　フリをする　つまずく-完了する　一つ　転び
　　　　'私は転んだフリをした。'
　　　b. *我　假装　摔脱　一　跤　伊讲。
　　　　'??意外なことに、私は転んだフリをした。'

　(3) bでは「遅刻」が意図的に行った行動ではないと解釈される。これは直後に「わざと遅刻した」という意味の後続を付け加えると文がおかしくなることから窺える。また、(4) bにコントロールできることを示す"假装（フリをする）"が用いられるが、文が成立しない。そのようなことから、文末の"伊讲"はコントロールできるという意味素性とは相容れないことが分かる。

　また時には、動作行為自体は意図的に実行されたのであるが、そこで生じた結果は予想外なものであることも考えられる。例 (2) はその典型例である。スーツにアームカバーを着用することは自ら意図的に実行したのであるが、実行当時は、それが愚かに見えるという結果を招いてしまうのを見通せなかったというわけである。このような意味素性は"伊讲"に馴染みやすい。

　次に、話し手が参与していないデキゴトに関する情報の場合を考える。この場合においては、③その情報が表す状況には既に気づいているものの、その発生・成立が感情的にすぐには受け入れられない、という状況である。例えば次の (5) では、BがAの行動を目撃して、その行動自体が確実に発生したことについて疑う余地はないが、その行動の理由に対して納得が行かないというニュアンスが下降イントネーションの"伊讲"に伴って表出される。疑問文の上昇イントネーションに変えない限り、(5) B1の"伊讲"は削除しにくい。

(5) A：我　不　欢喜　伊　么就　　拿　伊　丢脱
　　　 私　NEG　好きだ　それ　FP　すると　を　それ　捨てる-完了する
　　　了　呀。
　　　FP　　FP
　　　'私はコイツが気に入らないから捨てたのだ。'
　　B1：丢脱　　　　　　　了　伊讲！伊　不是　　侬　　最
　　　 捨てる-完了する　FP　REP　それ　NEG　である　あなた　最も
　　　 重要　个　朋友　嘛！
　　　 大事だ　SP　友達　FP　　　　　　　　　　　（アニメ）
　　　 '捨てたなんて！コイツはあなたの最も重要な友達じゃないのか。'
　　B2：??丢脱　了！伊　不　是　侬　最　重要　个　朋友　嘛！
　　　 '捨てた！コイツはあなたの最も重要な友達じゃないのか。'

　既存の知識の領域を出るような状況に気づいていても、十分時間が経過しないと受け入れられないことがよくある。それで(6)のaとbとの対立が見られるわけである。(6)bの"就"は予想ほど時間がかからなかったことを意味し、"伊讲"が要求している状況の受け入れに要する長い時間と抵触するため、"伊讲"との共起が許容されないのである。

(6) a. 品种　有　　得　介　　　许多　　　　伊讲, 我　昨日
　　　　種類　存在する　SP　こんなに　たくさん　REP　私　昨日
　　　　才　　　晓得。
　　　　ようやく　知る
　　　　'こんなに種類がたくさんあるとはなあ。私は昨日ようやく知ったのだ。'
　　 b.*品种　有　得　介　许多　伊讲, 我　昨日　就　　　晓得　了。
　　　　　　　　　　　　　　　　　　　　　　　　とっくに
　　　　'こんなに種類がたくさんあるとはなあ。私は昨日とっくに知って

いたのだ.'

　以上の①〜③を合わせて考えれば、文末に"伊讲"が付いた文は話し手自身が参与しているデキゴトを表すものか、話し手が気づいたばかりのデキゴトを表すもののいずれかである。そこにおける"伊讲"は「第三者の伝達行為による情報の受け渡し」とのつながりが極めて希薄になり、単に意外性（mirativity）——デキゴトの成立は予測されておらず驚くべきこと——を表すと思われる。

5.1.2.2　文末の"伊讲"は伝達行為を超えている

　文末の"伊讲"の直前に現れた情報の中には、(1) のような〈伝聞〉からの情報と解釈できるケースもあれば、(2) のような〈直接経験〉からの情報のケースもある。ところが実際のところ (1) が〈伝聞〉に思えるのは、その文脈が〈伝聞〉としての解釈を許しているに過ぎず、文末の"伊讲"は基本的に〈伝聞〉を表すものではない。

　これは次の例 (7) と (8) との対照比較から裏付けられる。(7) a と (7) b は文の自然さにおいて差があることが確認できる。

(7) a. 伊　讲　　現在　　房价　　　老　　　高　个。
　　　 彼　言う　いま　不動産の値段　とても　高い　FP
　　　'彼は今の不動産の値段はとても高いと言っている。'
　　b.?? 伊　讲　　現在　房价　介　　　高。
　　　　　　　　　　　　　　　こんなに
　　　'彼は今の不動産の値段はこんなに高いと言っている。'

　その差は程度表現と文頭の"伊讲"との共起に起因すると思われる。一見したところ、"老〜（个）"と"介"は両方とも性質・属性の程度に関する副詞的な表現である。しかし、"老"は「程度が高いレベルに達している」という意味を表す程度副詞であるのに対し、"介"は直示的な表現であり、あく

まで「指差し」だけで、問題にする程度の達したレベルの高低までは立ち入っていない。つまり文脈によって、高いと主張している場合もあれば、それに相反する場合もある。従って、歴とした〈伝聞〉、即ち第三者の発話内容の「伝言」をする場合、ジェスチャーを含め指示表現の先行詞的なものがない限り、(7) b は極めて自立性が低い。一方 (7) a は問題なく言える。

仮に文末の"伊讲"も、文頭に現れた場合と同じように情報が〈伝聞〉から入手したことを表せるとする。そうであれば、(8) a、b の自然さはそれぞれ (7) a、b と全く同様のはずである。しかし、実際のところ、(8) a、b はともに自然な文である。

(8) a. 现在　房价　老　高　个　<u>伊讲</u>。
　　　　　　　　　　　　　　　REP
'まさか今の不動産の値段はとても高い（という）なんて。'
b. 现在　房价　介　高　<u>伊讲</u>。
'まさか今の不動産の値段はこんなに高いなんて。'

さらに、(8) a は (7) a と違う意味を表し、単に誰かが不動産の値段がとても高いと言っていることを伝達しようとするものではなく、「値段が高い」という主張自体に対して驚きを感じたという話者の心的態度を表出する。これは (9) に示すように、(8) a の後ろに、驚きの心的態度を取り消すような後続部を許さないことから窺える。

(9) *现在　房价　老　高　个　<u>伊讲</u>, 我　也　辫恁　　　认为。
　　　　　　　　　　　　　　　　　　　　私　も　このように　思う
'まさか今の不動産の値段はとても高い（という）なんて、私もそう思う。'

(7) a と比べ、(8) a に観察されたこの意味の変化は"伊讲"が文末に置かれたことによって引き起こされたものである。また (8) b が言えるのは、

106

第 5 章 〈伝聞〉と意外性

値段がどれくらい高いのかを伝えるのではなく、値段が当該のレベルにあることに対する驚きを示すことに文全体の発話意図があるからである。

要するに、"伊讲＋情報"は「誰が何と言っているのか」を伝達するのに対して、"情報＋伊讲"はそれを超えて、「話し手が何に対して意外と感じているのか」を表出する構文である。

5.1.3　研究目的

本章は文末の"伊讲"になぜ意外性の読みが出るかを明らかにすることを目的とする。それから、意外性と〈伝聞〉の情報源との間に必然的な関係がどこまであるのかについても探りたい。

意外性の"伊讲"について、これまでの先行研究は寡聞にしてあまり知らず五指に足りないほどしか把握していない。钱乃荣ほか 2007：312 は文末の"伊讲"を上海語の「助詞・間投詞・オノマトペ」として『上海語大詞典』（上海辞書出版社）に記載しているが、「実質的な意味を持たない」といった記述に留まっている。研究論文としては、陶寰・李佳樑 2009 と王健瑶（未刊）[1] があるが、いずれも問題点が残っている。

なお王健瑶（未刊）によると、話し手が上海語から共通語に切り替えるときに、しばしば次の 2 例のような"伊讲"yījiǎng が用いられ、単に文を完結させて語気を和らげるという。

（10）他说天下老师都是猫，我说广告系的老师都是加菲猫伊讲。

（王健瑶（未刊））

'彼は世の中の先生はみな猫だと言ったが。私が言うならば、広告学科の先生はみなガーフィールド（Garfield）だ。'

（11）我知道明天一定会下雨伊讲，所以带着伞。　　（王健瑶（未刊））

'私は明日はきっと雨が降ると知っているから、傘を持っている。'

---

[1] 張誼生教授のご好意により王健瑶（未刊）のコピーをご寄贈頂いた。ここで感謝の意を表する。

以上の 2 例はいずれも王の文献から引用したもので、もとの出典は不明である。王は、(10)(11) のような"伊讲"は本来意外性を表すはずであったが、共通語の影響を受けるのに従い、(12) のように、命題の内容に対する意外性が"伊讲"の代わりに、共通語の副詞の"居然"などに表出されるようになったゆえに、"伊讲"自体の意外性を表す意味機能が次第に稀薄になった結果ではないか、と分析している。

(12) 这种人<u>居然</u>还是被学校聘请回来当老师的<u>伊讲</u>，这都叫啥素质啊！

(王健瑶（未刊）)

'こんなヤツがまさか学校に採用されて、先生として戻ってきたなんて。これはいったいどんな素質だというのか。'

しかし、インフォーマント（上海語と共通語のバイリンガル）によると、(10)(11) のような用例は上海出身の人が話す共通語としては決して許容できるものではないという。王自身も、このような用例は非常に稀で、誤用と見ても良いとしている。これが実在している現象だとしても、その"伊讲"を「上海人キャラ」の役割語もしくはキャラ語尾（金水 2003 と定延ほか 2007 を参照）と位置付けて良いだろう。従って筆者は (10)(11) のような"伊讲"を考察の範囲外に置く。

5.2　先行研究

これまでの先行研究は、すべて意外性を表す"伊讲"が伝達行為を表す"伊讲"の延長線上にあるものと考えている。一致しないところといえば、"伊讲"が文末に用いられた場合に〈伝聞〉という情報源を示す機能があるかどうかというところである。

5.2.1　擬似的な伝達行為による効果

王健瑶（未刊）は、"伊讲"が文末に用いられた場合に〈伝聞〉の情報源

を示す機能があるという立場である。王の説明によると、強い語気で主観的な評価を述べることによって聞き手の面子を脅かせることを回避すべく、話者が"伊讲"を付けて、第三者が実在しないにもかかわらず、あたかも第三者の評価を引用しただけのように見せかけるという。王は文末の"伊讲"の意外性の読みを、擬似的な伝達行為を表すと同時に生じた副次的な効果だと考えているようである。

それに対する疑問点は少なくとも以下の3つがある。①「ある情報が自分の予測を超えている」ということを認めることが聞き手の面子を潰すとは限らない。②第三者の評価であるかのように見せかけるなら、文末に現れても文頭に現れてもさほど差がないはずであるが、意外性の読みは現に"伊讲"が文末に現れた場合のみに出る。③ §5.1.2.2 で分析したように、文末に現れた"伊讲"が〈伝聞〉を示すことは文脈から切り離された場合では確認できない。王の分析では、これらについて説明できない。

5.2.2　語用論的な効果

陶寰・李佳樑 2009 は"伊讲"が文末に用いられた時点で、もはや〈伝聞〉の情報源を明示する機能を発揮できず、専ら意外性を表すようになっていると述べている。なぜ〈伝聞〉の明示から意外性の表出へシフトしたかというと、そもそも必要ではない情報源の提示がわざわざ後から追加される狙いは、情報源の提示ではなく、情報に対する態度——意外であること——を示すことにあると考えたからである。

しかし、それが意外性につながっているという分析は一般性に欠ける。第3章で既に指摘したように、中国語（共通語）の場合、〈伝聞〉以外の情報源の提示が文法的に義務付けられておらず、通常は〈直接経験〉に由来した情報または一般的な知識・真理と話し手が思っている情報には情報源を付けない。ところが、情報源を明示しているからと言って、話し手がその情報の真実らしさを疑っているということは必ずしも導けない。〈伝聞〉という情報源は、単に話し手が情報の形成に積極的に参与していないことを表明し、話し手と情報の間に距離を置くだけである。その結果として、情報自体が怪

しいという可能性もあれば、逆に話し手自身の主観的判断を最小限に抑え、情報の真実らしさをより客観的な立場から主張する、という捉え方もできる。

　また百歩譲って、〈伝聞〉の情報源を付けて話し手が情報の真実らしさを確信していないといった前提を受け止めるとしても、そこに意外性が生じる保証は存在しない。意外性はむしろ当該情報が真であることを確認してから初めて生じる心的態度である。そもそも真であることを確認していないのに、「これは意外だ」と評価するのは合理的な発話とは考え難い。現に"听说"は〈伝聞〉の証拠表現であり、それが付いた情報に対して話し手が確信していないケースも存在するにもかかわらず、別に意外性を表すことはない。例えば次の共通語の例では、"听说"が付いているが、それに導入された情報の真偽に対して話し手は評価していない。これと関係なく、逆に「予想通り」という意味を表す副詞"果然"が用いられることから、情報に意外性がないことが分かるであろう。

（13）派人到嘉兴火车站打探，果然听说已经有日本便衣警察到车站寻查金九。　　　　　　（CCL：万润龙ほか《金九嘉兴避难记》）
　　　'人を嘉興駅に調べに行かせたら、予想通り、日本の私服警官が既に駅で金九を捜査していたらしい。'

　以上から分かるように、やはり文末の"伊讲"に意外性が生じる原因は〈伝聞〉という情報源や情報源の提示に直結できるものではなく、"伊讲"の個性に起因する面が大きいのではないかと思われる。

5.3　文末の"伊讲"が意外性を表す原因

5.3.1　意外性の表出に関する語順調整
　既に述べたように、情報が〈伝聞〉に由来したことを示すからと言って、意外性の読みが必ずしも出るわけではない。"伊讲"が文頭に現れた場合は

第 5 章　〈伝聞〉と意外性

意外性の読みが出てこないのである。そこから分かるように、"伊讲"の意外性はまず文末に現れることに深い関係がある。

　情報伝達を遂行させるという大きな目的から考えれば、情報そのものと比べると、情報源は言うまでもなく二次的なものであり、言わば「本体」としての情報の「付属品」と考えて良い。文のレベルにおいて、「付属品」が「本体」より先に表出されるかどうかは、統語的・意味的な規則による部分が多い。例えば〈伝聞〉の情報源を表す"(我)听(～)说"は「付属品」でありながら、統語的な規則によって節を目的語に取ると規定されているため、通常「本体」より先に出ている。§3.2 からも分かるように、中国語の証拠表現には、知覚動詞・思考動詞・伝達動詞などの動詞に由来したものが多い。動詞の「名残」として、こういった証拠表現は多くの場合に目的語節を取り、文頭に現れる。しかし、张伯江・方梅 1994 が指摘するように、口語の場合、語順は決して文の統語的・意味的な構造を直接に反映するものではない。日常的な経験からも裏付けられるが、情報を先に提示してから情報源を添付するケースも決して少なくない。実際の会話において、時間の切迫性もあって、重要な情報を迅速かつ有効に伝えていくように、その場で表出の順番を臨時的に調整することもあり得る。なお、ここで言う「重要な情報であるほど先に表出される」ということは、一般的に"尾焦原則"と呼ばれる「中国語のデフォルトのフォーカスが文末に置かれる」という原則とは異なるレベルの話である。赵元任 1968：§2.14 が既に指摘しているように、実際のコミュニケーションにおいては熟慮してからの発話（"想好的句子"）とそうでない発話（"没想好的句子"）がある。重要な情報を先に言う現象はまさに熟慮していない発話に見られるものである。一方"尾焦原則"は熟慮したあとの発話に適用されるものだと思われる。

　では、統語的・意味的な規則を破っても情報源を後回しにするほど重要な情報は、どんなものが考えられるのか。それは高い伝達価値を持っていると話し手に判断された情報にほかならない。伝達価値が高ければ高いほど、その情報が付属品としての情報源より先に表出される可能性が高いわけである。

高い伝達価値を持っている情報には、大別して次の2種類がある。一つは、迅速な対応が求められる状況に関する情報である。例えば「火事だ！」の類である。もう一つは、既存の知識と異なったり、既存の知識から推測できなかったりする情報、つまり意外性のある情報である。「犬が人間を噛んでもニュースにはならないが、人間が犬を噛めばニュースになる」という言葉があるように、「常識」を覆すような情報こそに伝達価値がある。なるべく先に表出したほうがいい情報は、この2種類である。
　ところが、1番目の情報は文法が許す限りにおいて、そもそも情報源の添付が不要である。むしろ情報源を付けずに、〈直接経験〉や一般的な知識・真理のように表出したほうが、臨場感と切迫感が伝わりやすく、迅速な対応がより期待できるであろう。これに対して、これまでの知識から逸脱しているからこそ、意外性のある情報に情報源が求められるのが自然なことである。そこで、次のような一連の因果関係が考えられる（矢印の先は結果であることを示す）。

　　意外な情報　↗　伝達価値を有する→情報が先に　↘　情報が先に、情報源が後
　　　　　　　　↘　情報源が求められる　　　　　　↗

〈図5-1〉　意外な情報の伝達に際して

　つまり、話し手としては、意外だと判断している情報を情報源より先に表出して、その直後に情報源を付け加える、という方策を講じるわけである。聞き手の方では話し手が通常の「情報源＋情報」の語順を使わず、「情報＋情報源」にした理由を推し量って、遡求的推論が働き、〈図5-1〉に示した因果関係を「逆読み」する。そこで、情報自体に意外性があるということが読み取れる。
　以上、文末の"伊讲"が意外性の読みを帯びる原因を、伝達価値および語順に関連付けて解明を試みた。ところが、臨時的な語順調整であれば、"听说"ないし〈推論〉や〈直接経験〉を表す証拠表現も文末に現れることが許されている。にもかかわらず"伊讲"だけに意外性が定着する、ということについてはまだ十分な説明がなされていない。以下、それについて述べる。

第 5 章 〈伝聞〉と意外性

　"伊讲"だけに意外性が定着する理由は2つ考えられる。1つ目として、特定の情報に対して、「これは意外だ」という評価を聞き手に伝えるためには、聞き手に情報が真であることを信じてもらわねばならない。そこで、聞き手からも共有できる情報源を添付するのは効果的な措置となる。聞き手が共有できない情報源が提示されても、しょせん特定個人の直接経験であり検証不可能と思われてしまうため、情報自体を信じてもらえないし、それに依存する意外性も当然伝わるはずがない。Aikhenvald 2004:210 においても言及された「〈視覚〉や〈直接経験〉を表す証拠素には意外性の拡張が見られない」という現象はまさにここに起因するのではないかと考えられる。つまり、〈視覚〉や〈直接経験〉などは共有が困難な情報源である（§4.5.1を参照）ため、話し手はそこから意外性のある情報を入手することが十分あり得るが、意外性の分かち合いの前提として、情報に対する聞き手の納得を得ることは難しいわけである。同様に〈推論〉はある程度共有可能であるが、〈推論〉が基づいた観察の結果は特定個人にしか共有できないものであるため、〈伝聞〉ほど共有しやすい情報源ではない。

　2つ目として、"伊讲"における意外性の解釈はあくまでも、情報を表す命題pと情報源を表す形式qが「p + q」という語順パターンで現れた結果であり、qがあるから意外性だというわけではない。これは、「p + q」即ちq後置の場合（例えば"他来了听说"）に生じる意外性の読みが、「q + p」即ちq前置の場合（例えば"听说他来了"）にはないということから窺える。しかし、もし情報源を表すqに関してそもそも「q + p」という語順が存在しない——たとえ「q + p」が文法的であっても、そこのqが情報源を表す形式ではない——のであれば、状況が変わる。つまり「p + q」のみが唯一可能な語順となり、qを削除した場合、「p + q」というパターン自体が崩れて意外性の読みが消える。そうすると結局、意外性の読みはqによってもたらされたものと再分析される。次の分析から分かるように、"伊讲"はまさにこのケースである。

5.3.2 "伊讲"が文頭から離れる内在的動機

共通語の〈伝聞〉の証拠素である"说是"の成立について分析したときに述べたように、伝達動詞の"说"が"是"と結合することによって、発信者を表す名詞句を主語に取ることができなくなり、そこから脱範疇化の第一歩を歩みだしたのである。発信者指向から受信者指向へと移行するとともに、現れた位置が命題の先頭から命題の内部に割り込み主語と述語の間に現れる、という副詞と同様の振舞いをするようになった。これに類似することは、"伊讲"についても言える。ただし"伊讲"のケースでは脱範疇化の結果は副詞化ではなく、語気助詞化である。

聞き手が三人称代名詞の指示対象を同定できない場合は、ふつう話し手は三人称代名詞の使用を避ける。それをあえて使うなら、三人称代名詞の指示対象を明らかにする必要がないと話し手が思っていると判断できる。つまり、「誰がこう言っているのか」より「何と言われているのか」のほうが伝達されるべき内容であると話し手が判断しているのである。言い換えれば、話し手が"伊"の指示対象をはっきりしない場合、その"伊讲"は発信者指向ではなく、受信者指向だと考えられる。

しかし、文頭という統語的な位置は発信者指向から逸脱することを妨げる。"伊讲"が文頭に現れた以上、聞き手としては必ず"伊"の指示対象を同定しようとするからである。これは決して話し手の本意ではなく、聞き手に無駄な労力をかけさせるため好ましくない。また一旦、聞き手がその"伊"は誰を指しているのかを聞き出したら、話し手は当然のことながら「分からない」と答えるわけにはいかない。従って"伊讲"を文頭に置けば、話し手としては発信者を明白に触れずに情報だけを伝達するという目標が達成できないのである。そこで聞き手に"伊"の指示対象を特定させないように、ヒントを出さなければならない。あるいは"伊"が誰のことなのかを考える余裕をなくさなければならない。"伊讲"を文頭の位置から離れさせ、文末に追加された形で付け加えるのはそのためである[2]。

---

[2] ここで言う「後から追加」は倒置であり、情報の直後に「誰がこれを言ったのか」を付け加え、ポーズ無しで音声的に強勢を持たないものに限る。赵元任 1968:§2.14.2

第 5 章 〈伝聞〉と意外性

　文頭に現れる「三人称＋伝達動詞」はより発信者指向で、文末に追加された「三人称＋伝達動詞」はより受信者指向であるということは、次の比較からも窺える。

(14) a. 小王　讲　　小张　辣海　住　医院。
　　　　王くん 言う 張くん PROG 住む 病院
　　　'王くんは、張くんが入院中だと言っている。'
　　b. 小王　讲　个，小张　辣海　住　医院。
　　　　　　　　 FP
　　　'王くんは言っているのだ。張くんが入院中だと。'
　　c. 小张　辣海　住　医院　小王　讲。
　　　'張くんが入院中だと王くんは言っている。'
　　d.＊小张　辣海　住　医院　小王讲个。
　　　'張くんが入院中だという。王くんが言ったのだ。'

(14)から分かるように、発信者を取り立てられるのは、文頭に置かれた場合である。後から追加された「三人称＋伝達動詞」の中の「三人称」で表される発信者を取り立てることができない 3)。また、発信者指向の文脈である場合に、「三人称＋伝達動詞」を後から追加するのは非常に不自然である。

(15) a. <u>小王　讲</u>　　小张　辣海　住　医院，
　　　　但是　<u>小李　讲</u>　小张　辣海　出差。
　　　　　　しかし 李くん
　　　'王くんは、張くんが入院中だと言っている。しかし李くんは、張くんは出張中だと言っている。'
　　b.＊小张　辣海　住　　医院　<u>小王　讲</u>，
　　　　但是　小张　辣海　出差　<u>小李　讲</u>。

を参照。
3) 取り立てる機能において、上海語の"个"は普通話の"的"と同様である。

(15)は異なる発信者を対比項として取り上げる文脈である。「三人称＋伝達動詞」が文頭に現れた場合は問題なく対比できるのに対して、それが文末に移動すると文が不適格となる。そこからもやはり文末という統語的位置は発信者指向に向いていないと言える。

　ではなぜ文末という統語的位置が発信者指向に向いていないのか。根本的に言うと、VOを基本語順とする中国語において文末に生起するのに最も相応しいのは目的語にあたる名詞句か動作の結果（状態の変化を含む）である。言い換えれば、文末の位置に現れるものは述語動詞と認識されにくい。それゆえ、「三人称＋伝達動詞」がそこに現れると発信者指向を含め、伝達動詞に内在する「発信」という意味が弱化する。

　以上のことから次のように結論づけられる。「三人称＋伝達動詞」が文頭に現れた場合は発信者指向であるが、文末に追加された場合は受信者指向にシフトする。また、文頭に現れた場合は目的語節を取る主節であるが、文末に現れた場合は語気助詞またはいわゆる挿入語句的な要素となり、脱範疇化しているわけである。話し手が「誰が言っているのか」を知られたくない――つまり受信者指向である――前提で"伊讲"を使うなら、当然"伊讲"を文末に移動させるしかない。"伊"の指示対象が不明瞭であっても良いことを許容した以上は、"伊讲"自体に文頭から離れる動機が内在していると考えても良い。

　まとめると、統語的位置と関係なく、「三人称＋伝達動詞」という言語形式から情報が〈伝聞〉から知り得たことを了解できるが、文頭の場合と文末の場合は発信者指向と受信者指向の違いがある。これと対照的な振る舞いを呈する"听说"は、普通文頭または主語と述語の間に現れるが、現れる位置を問わず、常に受信者指向である。"听说＋情報"でも"情報＋听说"でも受信者指向という点において変わりはない。従って、"情報＋听说"から感じ取った意外性は容易に変わった語順に帰結できる。これに対して、"伊讲＋情報"と"情報＋伊讲"は意外性の有無ということを除いても、発信者指向と受信者指向という意味的な違い、ならびに主節と挿入語句という統語的な違いがあるため、"情報＋伊讲"に感じ取った意外性を語順に帰結でき

ず、結局文末の"伊讲"に意外性の読みが生じる原因であると分析されるのである。

5.3.3 文末の"伊讲"が〈伝聞〉を表さない原因

以上から分かるように、"伊讲"が文末に現れるのには外的な動機付けと内的な動機付けがある。外的な動機づけは、意外性のある情報が高い伝達価値を持ち、なるべく先に表出されるべく、情報源を後回しにするということである。内的な動機付けとは、不特定の指示対象を指している"伊"が"讲"と結合すると受信者指向にシフトするため、受信者指向に向いていない文頭の位置から離れ文末に移動する、ということである。

一見したところ皮肉なことに、"伊讲"が文末に移動するのには、受信者指向にシフトし、純粋に〈伝聞〉という情報源を表出するという内的な動機付けがあるためだが、移動が実現したとたん、本来の内在目的が達成されず、〈伝聞〉の意味がかえって意外性の読みに凌駕される。次第に文末"伊讲"の情報源を示す機能が極めて弱化し、専ら意外性を示すマーカーとなってきた。

これは、上海語において〈伝聞〉の情報源を示す証拠表現として既に"听说"[$tʰiŋ^{55}$$sə\text{ʔ}^{21}$]があり、文末の"伊讲"がそれに取って代わることができなかったからだと考えられる。上海語の"听说"は共通語の"听说"と異なり、"听"と"说"[$sə\text{ʔ}^{55}$]の間に発信者を補うことができない。なぜなら、上海語の"说"が"讲"ほど、伝達動詞として生産的に用いられないからである。例えば、共通語の"听张三说"に対応する上海語は"听张三说"ではなく"听张三讲"なのである。その結果、上海語の"听说"は共通語の"听说"よりも〈伝聞〉の証拠素に近いと言える[4]。このような"听说"を放置し、わざわざ文末の"伊讲"を〈伝聞〉の証拠表現として起用するまでの強い理由は"伊讲"の用法からは求められない。従って、文末に移動された"伊讲"に残された選択肢は一つしかなくなる。即ち意外性を表すという

---

[4] ただし、上海語の"听说"もその前に"我"などの受信者を補うことができるため、その意味で完全に動詞から脱範疇化してはいない。

マーカーである。

5.4 本章のまとめ

本章は上海語における意外性を表す文末の"伊讲"を取り上げ、先行研究の疑問点を指摘した上で、伝達行為を意味するはずの「三人称単数代名詞＋伝達動詞」という主述構造がなぜ意外性を表すマーカーになってきたのかについて説明を試みた。

結論として、"伊讲"が意外性を表す形式になったのは情報に後置されたからである。しかし後置の動機付けには意外性の表出という目的もあれば、"伊讲"に内在する受信者指向に相応しい統語的位置を求めることにもある。後者は"伊讲"が受信者指向であるときに、常に意外性の読みが出ることを保障する。

一方、他の受信者指向の証拠表現は、現れた位置によって意外性が出たり出なかったりして、常に意外性の読みがあるわけではないため、意外性を表す機能を獲得していない。また、"伊讲"が受信者指向に相応しい文末に現れても、受信者指向の〈伝聞〉を表すことにならなかったのは、上海語には〈伝聞〉を表す"听说"があり、"伊讲"はそれに取って代わることができないからである。その結果、文末の"伊讲"は〈伝聞〉ではなく、意外性を表す形式になったのである。

以上の分析から分かるように、"伊讲"が意外性を表すマーカーとなったことには確かに〈伝聞〉の証拠素への移行があったが、〈伝聞〉だからと言って必ずしも意外性への派生義があるとは限らない。意外性を表す要因は、それ以外のところに存在するのである。

第6章 〈伝聞〉と注意喚起
――台湾語の文末の"讲"を中心に――

上海語における意外性を表す文末の"伊讲"を取り上げた第5章に引き続き、第6章では同様に文末に用いられ、伝達動詞に由来したモーダル形式と思われる台湾語の"讲"について考察を行う。

以下ではまず異なる統語的位置に現れる"讲"(伝達動詞と補文標識の用法を除く)の使用を確認する。そうして文末の"讲"に絞り込み、§6.2ではその意味機能についての先行研究を検討する。§6.3では文タイプごとに"讲"の使用を記述し、そこから「注意喚起」という意味機能を抽出する。§6.4で、抽出された意味機能をなぜ文末の"讲"が持つようになったのか、そのメカニズムと過程について仮説を立てて検証する。最後は本章のまとめである。

本章における台湾語の用例はすべて複数名のネイティブスピーカーによるチェックを受けている。特に台北出身の陳姿因氏(20代女性、調査当時)と高雄出身の張佩茹氏(30代女性、調査当時)から多くのご助言を頂いた。改めて感謝の意を表したい。

6.1 文頭・文中・文末に現れる"讲"

伝達動詞と補文標識(complimentizer)以外に、"讲"[kɔŋ^{51}]は副詞として文頭および主語と述語の間に現れる。例(1)のように文頭に現れた場合は、〈伝聞〉が情報源であることを示すという。Tseng 2008:41はこの"讲"を"听讲"(hearsay)の短縮形だと認定している。

(1) 讲　　古早　啊,　有　一　个　真　　好額　　的　員外　啦,
　　 REP　昔　　FP　いる　一つ　CL　とても　金持ち　SP　豪族　FP

　　　　[……]　　　　　　　　　　　　　　　　（Tseng 2008）
　　'昔々、一人のとても金持ちの豪族がいたという。'

　主語と述語（もしくは主題と述題）に挟まれた"讲"は、情報源の〈伝聞〉を示す場合もあれば、上海語の文末の"伊讲"のような意外性――或いは「反予期（counter-expectation）」――を表す場合もあると観察されている（Chang 1998, Tseng 2008 など）。例（2）は〈伝聞〉と意外性の両方が表出される例である。

(2) 黒人　伮　讲　两翁仔某　拢　　斗阵　来　买　菜　hoN,
　　黒人　彼達 REP 夫婦　　いつも 一緒に 来る 買う 食材 FP
　　　　　　　　　　　　　　　　　　　　　　　（Chang 1998）
　　'黒人たちはいつも夫婦揃って食材を買いに来たという／意外なことに、黒人たちはいつも夫婦揃って食材を買いに来た。'

Chang 1998 によると、第三者に報道（report）されたことは、しばしば話し手の知識を超えるため、〈伝聞〉という情報源の提示に伴い、語用論的推論として反予期という意味が生じるのだという。この副次的な意味は、例（3）のような話し手が参与していたデキゴトについての叙述においてより顕在化する。

(3) [凶暴な犬について話している]
　　∅i 行过　　∅j 讲　欲　　　　给　我i 咬　　la
　　　通過する　　 REP しようとする を　私　噛む　FP
　　　　　　　　　　　　　　　　　　　　　　　（Chang 1998）
　　'（私が）通過すると、意外なことに（犬は）私を噛もうとした。'

　また、"讲"は文末にも現れる。次の例に示すように、平叙文の文末はもちろん、命令文と疑問文の文末にも使える。なお、このような"讲"の意味

第 6 章 〈伝聞〉と注意喚起

機能は後に明らかになるが、便宜上、以下のグロスとしては「KONG」と記すことにする。

(4) 【平叙文】阮　　翁　　仸　路里　抾着　　　两万箍　讲。
　　　　　　私たち 主人　に　道-LOC 拾う-つく　二万元　KONG
　　　　　'私の主人は道で二万元を拾ったよ。'

(5) [夫と大喧嘩をするたびに息子に荷物を持って来させて実家に帰る妻は、今回の夫婦喧嘩をそばから見ていて動かないでいた息子に]
　　【命令文】共　　我　个　包仔　　提过来　　　　　讲！
　　　　　　を　　私　SP　カバン　持つ-越える-来る　KONG
　　　　　　阁　柴　　　　仸　迌　创　啥？
　　　　　　まだ　ボンヤリする　に　そこ　やる　何
　　　　　'私のカバンを持ってきなさい！何をぼんやりしているのよ？'

(6) 【疑問文】这个　物件　成本　佫济　钱　讲？
　　　　　　この　品物　元　　いくら　金　KONG
　　　　　　你　　卖　　遮　　　贵！
　　　　　　あなた　売る　そんなに　高い
　　　　　'その品物はコストがいくらなの？そんなに高く売りやがって！'

伝達動詞が文末に現れ、何らかの「語気」を表すことは、漢語系において通時的にも共時的にも広く確認されている。例えば、上古漢語の"云"（谷峰 2007）、粤語に属する廉江方言の"讲"（林华勇・马喆 2007）、西南官話に属する成都方言の"说"に由来した"嗦"（熊進 2006）および本書第 5 章で考察した上海語の"伊讲"などはその例である。しかしながら、台湾語の"讲"のように、文タイプを問わず文末に生起可能なケースは比較的少ない。この"讲"がそれぞれのタイプの文において、どのような意味機能を有しているのか、また、それらに対して統一的な説明が可能かどうかという問

題が、本章の関心の所在である。次節に示すように、これまでの先行研究には、文末の"讲"の意味機能について諸説が見られるが、いずれも反例があり十全とは言い難い。

6.2 先行研究

　管見の限りでは、これまでの先行研究には"讲"が疑問文の文末にも用いられることを指摘したものは見当たらないし、平叙文と命令文の文末の用法に関しても、より精密な記述と分析を行う余地が残されている。

　Chang 1998 は、文末に現れた"讲"は実際には文頭の"讲"であるが、本来その後に続くべき文が省略されたことによって、直前の文の文末にくっついたものと再分析されると分析し、省略されたものは話し手の信念や予期に反する状況を表すものであり、"讲"の使用はこういった状況が想定されていることを暗示する、と述べている。

　しかし、"讲"の後には「省略」された内容を補えないものが少なくない。例えば次の（7）は、Chang 1998 の分析に従うと、ここにおいて、"讲"の後に「私は日本語を学びたいと思っていない」といった状況が想定されており、省略されたはずである。ところが、話し手のことを全く知らない聞き手に対して（7）を発話することも可能である。例えば、初対面の外国語学習アドバイザーが聞き手の場合。そのような聞き手にとって、話し手が日本語を学ぼうと思っていないということを想定する動機付けがどこにあるのであろうか。

（7）我　　想欲　　学　　　日本话　　讲。
　　　私　　したい　学ぶ　　日本語　　KONG
　　　佗　　一　　間　　学校　　較　　　　好　　无？
　　　どの　一つ　CL　 学校　　比較的に　良い　NEG
　　　'私は日本語を習いたい。あなたはどの学校がいいかを知っているか？'

122

高琇玫 2006 では、"讲"が「想起（remind）」機能を有すると主張している。周知のように、リマインドされた側がその内容を事前に了解していることがリマインドの前提である。ところが"讲"がついた平叙文に伝達される情報は、必ずしもこの前提を満たしていない。例えば、前掲の（7）の「日本語を学びたい」という情報は初出であり、聞き手が事前に知っているものではない。また次の例から分かるように、聞き手にとって既知の情報であっても、必ずしも"讲"を用いてリマインドできるわけではない。

(8) ＊你　　一定　　知影,　阿英　　細漢　足　　穤　　　个　讲。
　　 あなた　きっと　分かる　アイン　幼い　凄く　不細工　FP　KONG
　　'あなたはきっと知っているだろう。アインは子供の頃すごく不細工だった。'

　Tseng 2008:45-46 は、文末の"讲"が、話し手にとっての意外性もしくはデキゴトの非現実性を示すのに用いられると述べている。しかし、次の例における"讲"が付いた、「アインは小さい時に不細工だった」というデキゴトは、決してアインの幼馴染みである話し手にとって意外性のあるものでもなければ、非現実的デキゴトでもない。

(9) 我　共　阿英　　做伙　　　大漢,
　　 私　と　アイン　一緒に　おとなになる
　　 伊　　細漢　足　　穤　　　个　讲。
　　 彼女　幼い　すごく　不細工　FP　KONG
　　'私はアインと一緒に大人になってきた。彼女は子供のころとても不細工だった。'

Tseng 2008 に挙げられた非現実性を表す"讲"の用例は、条件文における結果・結論を示す主節と命令文に用いられたものである。確かにこの2種類の節には非現実性が成立する。ところが、これらの文法的環境においては、

"讲"が文末に用いられなくても、非現実性は依然として保たれている。つまり、非現実性は条件文そのものや命令文によって保証されるものであり、"讲"の有無とは直接関係しないのである。

その他、Chapell 2008 は文末の"讲"を断言と警告に用いられる「モダリティ辞（modality particle）」と認定している。また Huang 2010 は、「感情を表現する機能」を文末の"讲"が有していると分析する。Chapell 2008 の主張では、"讲"が付いた文と付いていない文の相違を説明することが難しい。なぜなら、断言や警告といった発話行為の識別はそもそも文末の"讲"に依存するわけではないからである。"讲"が付かなくても、断言や警告のニュアンスは十分読み取れるわけである。一方、Huang 2010 では「感情を表現する機能」を命題の内容に対する話し手の態度や感情だと定義しているが、この定義はあまりにも抽象的で理解に苦しむものである。実例として、Huang 2010 はこういった態度や感情に位置づけられる「羨ましい気持ち」を"讲"で示した次の例を挙げている。

(10) 伊　　实在　　对　　你　　真　　好　　讲。
　　　彼　本当に　に対して　あなた　とても　良い　KONG（Huang 2010）
　　　'彼はあなたをとても大切にしている。'

ところが、このような「羨ましい気持ち」は仮に存在しても、Chappell 2008 で述べられた断言と警告のムードと同様に、それが"讲"によってもたらされたものとは考えられない。

なお、"讲"が命令文の文末に用いられた場合の効果として、高琇玫 2006 は「催促（urge）」を、Tseng 2008 は「催促」や「脅かし」を挙げた。それぞれ平叙文の場合の「想起」と「非現実性の明示」に関連付けようとしている。これらの効果自体には、首肯できる部分が多い。ところが、既に述べたように「想起」にせよ「非現実性の明示」にせよ、これらの意味機能がそもそも"讲"によるものとは考えにくいため、「催促」といった効果が命令文に用いられた場合に生じた理由は"讲"以外の要素に求めるべきであろう。

6.3 "讲"の文末用法の再確認

先行研究についての以上のレビューから分かるように、"讲"の文末の用法に関して、疑問文はもとより、平叙文と命令文に関しても記述の精度をさらに高める必要がある。それによって初めて"讲"の意味機能を正確に把握することが可能になる。

6.3.1 平叙文における生起

平叙文の文末に"讲"が用いられるのは次の2つの場合である。

6.3.1.1 話し手側の新発見を提示する

話し手が気づいたばかりの（つまり「新たに発見」した）情報に文末の"讲"が付く。ただし聞き手がいる場合、その情報を聞き手が恐らく知っているだろうという想定の下では用いられない。具体例を見よう。

例（11）と（12）の"讲"が共起する文は両方とも話し手の〈知覚〉によって気づいたばかりの状況に関する叙述である。そこにおける"讲"の働きは話し手にとって意外性のあるデキゴトであることを示すことである。

(11) 目镜　仁　遮　讲！　我　阁　揣　遮　　　久！
　　 メガネ　に　ここ　KONG　私　また　探す　こんなに　長い
　　 'メガネはここにあった！ずっと探していたんだ！'

(12) ［子供の一文字も書いていない宿題を見た母親が父親に］
　　 作业　明仔载　就　　　欲　　　交　　　矣,
　　 宿題　明日　　もうすぐ　必要がある　提出する　FP
　　 伊　一　字　拢　　　无　写　讲！
　　 彼　一つ　文字　すべて　NEG　書く　KONG
　　 '明日までにもう提出しないといけない宿題なのに、彼はなんと一文字も書いていない！'

しかし、聞き手がすでに知っているだろうと思われる場合は、文末の"讲"が用いられない。例（13）のような情報は話し手にとって新発見であるが、聞き手が言われるまで知らなかったということは普通あり得ない。

(13) *乎！　你　　嫁　予　日本人　讲。
　　　INTERJ　あなた　嫁ぐ　に　日本人　KONG
　　　'なんだ！あなたは日本人の嫁になった。'

ところで上海語の"伊讲"は、(11)(12)はもちろん、(13)のような文脈にも用いられる。

(14) 啊？　侬　　嫁拨了　　　日本人　伊讲！
　　　INTERJ　あなた　嫁ぐ‐に‐PERF　日本人　REP
　　　'はっ？あなたは日本人の嫁になったって！'

この対比から分かるように、上海語の文末の"伊讲"は当該情報が話し手側の新発見でさえあれば使えるのに対して、台湾語の文末の"讲"は、話し手側の新情報であっても聞き手にとって既知の場合には用いられない。

6.3.1.2　聞き手の認識を是正する

　話し手が前から把握している情報である場合、"讲"を使用できる条件は、聞き手がそれに相反する状況を思い込んでいるという想定が成立することである。
　その典型的な例である（9）が最も自然な文脈は、今は美人であるアインを幼いころからずっと綺麗だと思い込んでいる聞き手に、異なる情報――つまり子供頃のアインは不細工だったということ――に気付かせるような文脈である。
　次の例（15）の"讲"が共起する文は話し手自身の意志・願望であるため、前から把握している情報だと思われる。また、その文に先行する文脈か

第 6 章 〈伝聞〉と注意喚起

ら、話し手がこのような意志・願望を持ってはいないと聞き手が思っていたことも推測できる。そうでなければ、聞き手は離れようとした「彼」を引き止めたはずなのである。話し手が把握している情報と聞き手が思い込んでいる（と話し手が思っている）状況はそれぞれ（16）のa、bに示す。

(15) 伊　已经　走　　矣　啦？
　　　彼　すでに　出発する　FP　FP
　　　我　阁　想　欲　佮　伊　讲　几　句　仔話　进。
　　　私　まだ　思う　したい　と　彼　話す　幾つ　CL　話　KONG
　　　'彼はもう行ったの？私はまだ彼に話したいことがあるのに。'
(16) a. 話し手が把握している情報：話し手はまだ彼に話したいことがある。
　　 b. 聞き手が思い込んでいる状況：話し手はもう彼に話したいことがない。

次の（17）に関しては、"讲"がついたA1のほうがより自然であるとインフォーマントは判断する。まだ着替えていないことから、先生がすぐには帰って来ないと聞き手のBが思っていることを話し手のAが推測し、それが話し手が把握している情報である、単に「先生がもうすぐ帰ってくる」ということを表明することとは異なるのである[1]。

(17) A：你　　哪会　　穿　甲　　按呢？
　　　　あなた　どうして　着る　に至る　こう
　　　　犹　未　換衫？
　　　　まだ　NEG　着替える
　　　　'あなたはどうしてまだそういう格好なんだ？まだ着替えない

---

[1] 実際にBがそういうふうに予測をしているかどうかは別の問題である。ここで重要なのは、話し手が思っている聞き手の予測があるのかどうか、あればどんなものなのか、ということである。

127

の？
A1：老师　连鞭　欲　　　入来　　矣 <u>讲</u>！
　　先生　すぐさま　するものだ　入ってくる　FP　KONG
　　'先生はもうすぐ入ってくるから！'
A2：#老师　连鞭　欲　入来　　矣！
　　'先生はもうすぐ入ってくる！'
B：害　　　矣，我　毋　知　　呢！
　　大変だ　KONG　私　NEG　知る　FP
　　'しまった。私は知らなかったよ！'

　一方、例（17）の場合"讲"の付いたほうが好ましいことに対し、（18）の場合は、"讲"が付いていないB2のほうがより自然な発話となる。なぜなら、Aの質問の内容から、Aはアインが来るかどうかに対して何の予測もしていないことが明らかであり、聞き手のAが「アインは来ないだろう」と思っているという"讲"を使う前提が満たされていないからである。

（18）A：阿英　会　来　袂？
　　　　アイン　AUX　来る　NEG.AUX
　　　　'アインは来るか、来ないか。'
　　B1：#伊　会　来　<u>讲</u>。　B2：伊　会　来。
　　　　彼女
　　　　'彼女は来る。'

　次の2例における"讲"がついた文は、一見両方とも話し手と聞き手にとって既知の情報を語っているように見える。なぜなら、聞き手が「自分の家はお金持ちだ」「自分は市街地でマンション2軒を購入した」ということを知らないはずがないからである。このことから、聞き手がこれらの情報に相反する状況を思い込んでいることは想定しにくい。ところが、例（19）（20）は聞き手の認識を是正する"讲"の反例だと考えられず、むしろ裏付

けるものである。

(19) 阮　　兜　袂当　　俹　恁　　　兜　比,
　　　私の　家　できない　と　あなたの　家　比べる
　　　恁　　　兜　遐　　好額　讲。
　　　あなたの　家　あんなに　金持ち　KONG
　　　'ウチはお宅に比べられない。お宅はあんなにお金を持っているのだから。'
(20) 你　　無　　銭？
　　　あなた　ない　金
　　　你　仝　市内　拢　　買　両　間　厝　矣　讲。
　　　あなた　に　市街地　すべて　買う　二つ　CL　宅　PF　KONG
　　　'あなたはお金がない？あなたは市街地でマンションを2軒も買ったのだから。'

(19)と(20)のような例では、話し手がまず何らかの発話行為を行う。その発話内容をpと記す。その後なぜ自分がpと発話したのかについて、原因や理由としてqを提示している。このpとqの間に成り立つ因果関係こそが聞き手にとって予想されていないものである。(21)のように示すことができる。

(21) p, q 讲。
　　a. 話し手が把握している情報：話し手がpと思う／そのように言うのはqからだ。
　　b. 聞き手が思い込んでいる状況：話し手がpと思う／そのように言うのはq以外の状況からだ。

換言すれば、(19)(20)の"讲"の作用域はqではなく、「qだからだ」であり、因果関係を明示する接続詞の意味が作用域に含まれている。(19)で

説明すると、「ウチはあなたの家と比べられるものではない」（= p）と「あなたの家はとてもお金持ちだ」（= q）という 2 つの情報が提示され、話し手が p という判断をした理由或いは根拠は q である。それこそが話し手が前から把握しており、聞き手がそれに相反する状況を思い込んでいるように思われる情報である。

　ただし注意すべきなのは、p と q の間の因果関係は内容領域（content domain）におけるものではなく、認識領域（epistemic domain）もしくは発話行為領域（speech-act domain）に属するということである[2]。(19) の場合は認識領域の例として、(20) は発話行為領域の例として考えられる。

　なお、話し手が前から把握している情報に後続する"讲"は、上海語に訳す場合に"伊讲"には訳せない。話し手側の新発見を表す場合と合わせて見ると、話し手側の意外性を表す上海語の"伊讲"に対して、台湾語の"讲"の使用可否においては、伝達される情報に対する（話し手の思っている）聞き手の「事前認識」が先決条件だと考えられる。情報と聞き手の事前認識と一致しない場合のみ、"讲"の使用が許される。例 (13) のように一致したり、例 (18) のように全く無認識だったりする場合は、"讲"が使えないのである。

6.3.2　命令文における生起

　既に述べたように、"讲"は命令文の文末にも付く。例えば例 (5) と次の (22) などがその実例である。言うまでもないが、"讲"がなくても命令文は依然として成立する。しかし"讲"が付いていない場合と比べて、付いた場合は聞き手への不満が表されている。

(22)　緊　　　做　　　讲。
　　　急いで　やる　　KONG　　　　　　　　　　　（Tseng 2008:46）
　　　'急いでやれ。'

---

[2]　この 3 領域については、Sweetser 1990 を参照。

例（22）について、Tseng 2008:46 は、その表現から怠けている労働者としての聞き手が話し手に催促されているような文脈が想起されると述べている。また、例（5）においても、もし聞き手——カバンを持ってくれるだろうと期待されているものの未だに持って来ていない息子——への不満があるような文脈ではなく、単にカバンを持って来てほしく、聞き手に依頼するだけの表現であれば"讲"が付かない。

では、この「不満」はどこから来るのであろうか。実施が希望される動作行為が実施されていないため不満が生じるのだとすれば、"讲"の有無にかかわりなく常に不満が表されるはずである。命令文によって求められている動作行為はすべて実施すべきであるのにまだ実施されていないものだからである。しかし、命令文だからと言ってすべてが不満のニュアンスを帯びているわけではない。ということから、"讲"の不満は、動作行為の未実現に由来するものではないことが分かる。

§3.1.1 で述べたように、命令文に内在する情報は：①発話者が「xがyをする・しない」ことを求めていること（xは通常聞き手である）以外に、②発話者はこの求めを妥当なものであると信じていることも含めている。後者をさらに具体化すると、

（ⅰ）「xがyをする・しない」に実現の必要性があること
（ⅱ）xに「yをする・しない」能力があること
（ⅲ）発話者に「xがyをする・しない」を要求する権限が十分にあること

などが挙げられる。"讲"の不満は上記の（ⅰ）〜（ⅲ）から来ていると考えられる。

（5）を例に取って説明すると、"讲"が付いていない（23）はa以降の情報が読み取れる。その中にaは当該の命令文の文字通りの情報であるのに対して、b1〜b3はこの命令文が適切な発話行為として認められる前提である。

(23) 共 我 个 包仔 提过来！
    a. 話し手は聞き手がカバンを持って来ることを求めている。
    b1. 聞き手がカバンを持って来ることを実現する必要がある。
    b2. 聞き手にカバンを持って来ることが実現できる。
    b3. 話し手に聞き手がカバンを持って来ることを求める権限がある。

(5)の文脈としては、話し手の女性は夫と大喧嘩をするたびに息子に荷物を持って来させて実家に帰るということである。今回も夫婦喧嘩をしていたため、息子としては母親のカバンを持って来てあげる必要があるであろう。それなのに、息子はひたすらそばから見ているだけで動かないでいた。この行動から、話し手は聞き手の息子がカバンを持って来る必要がないだろうと思い込んでいるのではないかと推測する。次の(24)に示すように、話し手の推測に基づく聞き手が思い込んでいる状況は、話し手が把握している状況に相反している。両者のこの相違が"讲"を用いる動機付けとなり、不満というニュアンスもそこから生じるのである。

(24) 共 我 个 包仔 提过来 讲！
    a. 話し手が把握している情報：
       聞き手がカバンを持って来ることを実現する必要がある。
    b. 聞き手が思い込んでいる（と話し手が推測する）状況：
       聞き手はカバンを持って来ることを実現する必要がない。

ところで、「不満」というネガティブな態度を遠慮無く示せる相手は、普通は自分より目下の人や親しい人に限られる。その効果を利用して、命令文の文末に"讲"をあえて使って、そこに潜む「不満」を利用し、相手に親近感を感じさせることも予測できる。

第 6 章 〈伝聞〉と注意喚起

(25) ［病気の同僚を見舞って励まして］
　　　逐家　　拢　　　 伫　　　等　你　　 转来,
　　　皆　　すべて　　PROG　待つ　あなた　戻ってくる
　　　你　　 着　　　　　　　　赶紧　好起来　　讲！
　　　あなた　しなくてはならない　速く　快復する　KONG
　　　'みんなはあなたが帰ってくるのを待っている。はやく治るのだ。'

上の例は一見したところ不満と解釈しにくいが、"讲"を用いることで聞き手に「私たちは不満などの本音を明かしてもいい仲間だよ」という含意が伝わってくる。

まとめると、「命令文＋"讲"」は次のように分析できる。

(26) 命令文 P ＋讲
　　　a. 話し手が把握している情報：
　　　　話し手が P と求めたのは P' だからだ。
　　　b. 聞き手が思い込んでいる（と話し手が推測する）状況：
　　　　話し手が P と求めたのは P' 以外の状況からだ。
　　　　P' ＝命令文 P が適切な発話行為として認められる前提

§6.3.1 で明らかにしたように、平叙文の文末に用いる "讲" は話し手が提供しようとする情報と聞き手の事前認識とが一致しないことを示す。その延長線上にあるのが、命令文の文末に現れ、不満のニュアンスを帯びる "讲" である。聞き手との認識上のギャップをクローズアップするという機能を有することが、命令文の文末表現としても "讲" が選ばれる理由となるわけである[3]。

---

[3] 一見したところ、日本語の命令文の文末にも現れる「ってば」も、この "讲" に類似する機能を持つようである。聞き手との認識上のギャップをクローズアップするという点においては、確かに「ってば」と "讲" とが共通しているようにも思われる。しかし「ってば」の場合、前の発話内容を繰り返すこと即ち〈引用〉（擬似的で

なお高琇玟 2006 や Tseng 2008 などの先行研究では、命令文の文末に"讲"が付くと、催促のニュアンスが生じると述べられているが、それは、動作行為の要請に不満が加えられた副次的な意味だと思われる。実施すべきなのにまだ実施していないことからの不満を帯びながら人に動作行為を求めているのが、動作行為を早急に実施せよという促しのように聞こえるのは言うまでもないことである。

6.3.3　疑問文における生起

結論から先に言うと、疑問文の文末に"讲"を付けるのは、聞き手に答えを求めるのではなく、話し手の発話意図を聞き手に推測させるためだと考えられる。以下、疑問文のタイプごとに"讲"をつけたことによって生じた意味機能の変化を考察していく。

6.3.3.1　諾否疑問文における生起

ここでの「諾否疑問文」とは polar question を指し、頷いたり首を振ったりすることで答えることができる疑問文である。従って、中国語学で一般に言う「反復疑問文」もそこに含まれている[4]。

①敢～讲？

台湾語の"敢 VP"型疑問文は共通語の"可 VP"型疑問文に近いものとされている（陈曼君 2011）。例えば、アインに車の運転ができるかどうかを

も構わないが）によって聞き手にギャップに対して注意を払わせるのに対し、平叙文の"讲"が「ってば」に訳せないことからも分かるように、命令文の"讲"は、必ずしも平叙文の"讲"の連続として、「ってば」のような〈引用〉の過程を経ているわけではない。

[4]　刘丹青 2008：10 に従う。閩南語には共通語のような yes-no question が存在するか否かについてはまだ意見が分かれている。例えば"敢 VP"型疑問文に関して、yes-no question と考えている研究者もいれば、反復疑問文の見方もある（詳しくは陈曼君 2011 を参照）。ただ、このことは本章とあまり関係しないため、ここでは疑問詞疑問文と選択疑問文以外の疑問文という意味で「諾否疑問文」という用語を使うことにする。

確認する場合は（27）のような疑問文を用いるが、肯定か否定のどちらかの答えに傾くような意図は存在しない。

(27) 阿英　　敢　会晓　　开　　　车？
　　 アイン　Q　分かる　運転する　車
　　 'アインは車の運転ができるか。'

次の（28）に示すように、(27)のような、"敢 VP"型疑問文の文末に"讲"を付けることがある。しかし"讲"が付いた場合は、話し手が疑念を持って質問するのではなく、修辞疑問文（rhetorical question）の形を作り、話し手が意図している答えを了解しているはずの聞き手にその答えを再認識させるのである。聞き手の行動がその意図している答えに相応しくないと話し手が思い、その行動を正した上で相応しい行動を取ることを促すべく、聞き手に再認識させる必要があるということが読み取れる。

(28) 拜托,　　　阿英　　敢　会晓　　开　　　车　讲？
　　 お願いする　アイン　Q　分かる　運転する　車　KONG
　　 你　　　竟然　　　　　叫　　伊　　开！
　　 あなた　意外なことに　CAUS　彼女　運転する
　　 '勘弁してよ。アインは車の運転ができるか。まさかあなたは彼女に運転させるなんて。'
　 a. 話し手が把握している情報（＝意図している答え）:
　　　アインには車の運転が<u>できない</u>。
　 b. 聞き手が思い込んでいる（と話し手が推測する）状況（＝聞き手の行動から推測できること）:
　　　アインは車の運転が<u>できる</u>。

(28)の発話を通じて、話し手は聞き手に「アインが運転できない」ことを再認識させ、彼女に運転させることをやめてもらうように働きかけているので

ある。

　以上をまとめると、"敢VP讲？"における"讲"は次の3つの機能を有していると言える：①修辞疑問文を作る。②話し手が伝えようとする情報が聞き手の認識に一致しないことを表明する。③聞き手の間違えた認識を是正し、話し手の把握している情報に相応しい行動を取ることを促す。命令文と同様に多くの場合、「不満」のニュアンスを帯びている。

②是〜 NEG 讲？

　"敢VP"型疑問文と同様に、"是〜 NEG"型疑問文も"讲"を文末に付けることができる。また付いていない場合と付いた場合の差も"敢VP"と"敢VP讲"の場合と平行している。

（29）你　　　饭　　是　　　煮好　　　　矣　未？
　　　あなた　ご飯　である　作り終える　FP　NEG
　　　'あなたはご飯を作り終えたか？'
（30）你　饭　是　煮好　矣　未　讲？
　　　'あなたはご飯を作り終えたか？'
　　a. 話し手が把握している情報（＝意図している答え）：
　　　ご飯はまだ作り終えて<u>いない</u>。
　　b. 聞き手が思い込んでいる（と話し手が推測する）状況（＝聞き手の行動から推測できること）：
　　　ご飯はもう作り終えて<u>いる</u>。

（30）は、ご飯を作り終えたかどうかを知っていないなら用いることができない。もうすぐ食事の時間になるのに、まるでご飯の支度が既に済んでいるかのように、聞き手がおしゃべりに夢中で食事を出すのが遅れるのではないかと話し手が判断しているなどの場合において、（30）は最も活躍する。従って、（30）の後に「食事までまだ時間がある」や「ゆっくりしていいよ」など、食事を出すのが遅れても構わないような内容が来ると不自然になる。

(31) 你　饭　是　煮好　矣　未　讲？
　　　#离　　食　饭　阁　早。/
　　　まで　食べる　ご飯　まだ　早い
　　　#免　　急,　慢慢仔　来。
　　　PROH　急ぐ　ゆっくり　する
　　　'食事までまだ早い。/急がなくてもよい。ゆっくりして。'

③毋是～讲？
聞き手にある情報について確かめるときに"毋是～？"を使う。例えば、

(32)　你　　　毋　是　　　讲
　　　あなた　NEG　である　言う
　　　进前　有　人　仁　路里　　访问　　　你？
　　　この前　いる　人　に　街-LOC　取材する　あなた
　　　'あなたはこの前、街でインタビューされたと言ったのではなかったか？'

(32)は話し手が「あなたが先日街でインタビューを受けたと言ったのではなかった」かどうかについて、聞き手に確認しているところである。これに対して、"毋是～？"の文末に"讲"を付けると、「あなたが先日街でインタビューを受けた」ということを聞き手に思い出させることになる。

(33)　你　毋　是　讲　进前　有　人　仁　路里　访问　你　讲？
　　　我　柱才　仁　电视　有　　看着　　　你　　呢！
　　　私　さっき　に　テレビ　ある　見る-つく　あなた　FP
　　　'あなたはこの前、街でインタビューされたと言ったのではないか。
　　　私はさっきテレビであなたを見かけたのよ。'

以上のように、談話において、"毋是～讲？"は主要な機能として会話の

137

テーマもしくは「(談話の)起点」を導入する。よって"讲"で発話が終わることは通常できず、発言権を保持するための方略(turn-holding device)とも考えられる。一方、(32)は聞き手が話し手の確かめている事項について返答を求めているため、自然に発言権を聞き手に渡す。そして、聞き手が返事さえすれば十分であり、後続の発話を必要としない。

　ところで、談話のテーマを導入する機能の実現という点における"毋是～?"と"毋是～讲?"の相違はどこに由来するのであろうか。これも"讲"に答えを求めざるを得ない。"毋是～讲?"で導入される事項は話し手と聞き手が二人とも知っているが、直近の会話には現れていない。従って、聞き手の中でそれを忘れている可能性が高いことが予測される。(33)を例に取れば次のように説明できる。

(34) 你　毋　是　讲　进前　有　人　仁路里　访问　你　讲?
　　'あなたはこの前、街でインタビューされたと言ったのではないか。'
　　a. 話し手が把握している情報(＝意図している答え):
　　　 聞き手はこの前、街でインタビューされたと<u>言った</u>。
　　b. 聞き手が思い込んでいる(と話し手が推測する)状況(＝聞き手
　　　 の行動から推測できること):
　　　 聞き手はこの前、街でインタビューされたと<u>言っていない</u>。

話し手は"讲"を用い、聞き手が忘れかけている(と思われる)事項を聞き手に気付かせることによって共有している情報を活性化し、談話の場に取り上げる。この場合の"讲"は確かに高琇玫2006の主張する「リマインド」の機能を持っている。電子掲示板で喩えてみよう。談話のテーマとして取り上げ可能な事項はこの電子掲示板のすべての書き込みである。話し手は聞き手と同様にこの電子掲示板のユーザーであると同時に、管理者でもある。古い書き込みは新規の書き込みの増加につれてページの下部に沈んでいくが、"讲"の付いた書き込みはページの最上部までに持ち上げられ、管理者(＝話し手)が最も話したいテーマになる。特定のテーマを持ち出すことを"讲"

で明示する以上、そのテーマをめぐる後続部分がなければならない。さもなければ、テーマにならず、自己矛盾が生じる。それゆえ、"讲"が"毋是～？"に潜在するテーマ導入機能を実現させるのである。

④是毋是～讲？

"是毋是～？"の文末に"讲"を付けた場合も、(35) に示すように、やはり修辞疑問文に転じる。

(35) 你　　　昨暗　是　　　毋　是
　　　あなた　昨夜　である　NEG　ある
　　　阁　走　去　跋筊　　　　矣　讲？
　　　また　歩く　行く　ギャンブル　FP　KONG
　　'あなたは昨夜またギャンブルをしに行ったね。'
　　a. 話し手が把握している情報：
　　　話し手は聞き手が昨夜にギャンブルをしに行ったことを<u>知っている</u>。
　　b. 聞き手が思い込んでいる（と話し手が推測する）状況：
　　　話し手は聞き手が昨夜にギャンブルをしに行ったことを<u>知っていない</u>。

(35) は聞き手が昨夜ギャンブルをしに行ったかどうかを聞いているものではない。話し手はむしろ聞き手が昨夜ギャンブルをしに行ったに違いないと確信している。(35) の発話の意図は、話し手が事実を知っていることを聞き手に気付かせることにある。

同様の分析であるが、(35) の"讲"の直前まで聞いた聞き手は、自分の昨夜の行動について話し手が知らないだろうと推測している。しかし話し手が把握している情報としては、話し手は聞き手の昨夜の行動を知っているということである。"讲"は両者が食い違っていることを言語化するのである。

話し手が本当に疑問に思っている場合は、文末に"讲"が付かない。例え

ば、話し手は聞き手の名前の字が分からない場合、疑問文に"讲"を付けると不自然である。(36) の後半の依頼行為から分かるように、話し手が把握している情報と聞き手が思い込んでいる状況とは一致しており、両方とも「話し手は聞き手の名前の字が分からない」と認識している。それが (36) の不自然さの原因である。

(36) #你　　　的　　名　　是　　　毋是
　　　あなた SP 名前　である NEG である
　　　按呢　　　　写　　的　讲？
　　　このように　書く　FP KONG
　　　你　　共　我　教　　　一下！
　　　あなた に　私　教える　ちょっと
　　　'あなたの名前はこう書くのか？ちょっと教えてくれ！'

6.3.3.2　選択疑問文における生起

文末に"讲"を付けた選択疑問文も修辞疑問文になる。特定の文脈から切り離せば、(37) と (38) は文末に"讲"がない場合、疑念を感じて質問する疑問文にも成りうる。このことから、"讲"は選択疑問文を修辞疑問文に解釈させることを形式で保証するものだと思われる。

(37)　遮　　的　钱　是　　　欲　　　来　买　菜
　　　それ SP 金　である　したい　来る　買う　食材
　　　抑是　　　买　米　的　讲？
　　　それとも　買う　米 SP KONG
　　　'そのお金は食材を買うためのものか？それともお米を買うためのものか？'

(38)　你　　　是　　　来　读书　　　抑是　　　来　耍　　的　讲？
　　　あなた　である　来る　勉強する　それとも　来る　遊ぶ SP KONG
　　　'あなたは勉強しに来たのか？それとも遊びに来たのか？'

a. 話し手が把握している情報：
　　　　話し手は聞き手がここに来た目的を知っている。
　　　b. 聞き手が思い込んでいる（と話し手が推測する）状況：
　　　　話し手は聞き手がここに来た目的を知っていない。

　ところで、(36) と同様に、実際の状況に対して本当に疑問に思っている場合は、選択疑問文にも"讲"が付かない。例えば、お茶碗を壊したのは誰なのかを知らない場合は、次のように文末に"讲"を付けると状況的に不自然になる。

(39)　碗　　无代无志　　哪会　　破去？
　　　茶碗　いわれがない　どうして　割れる
　　　#碗　是　　你　　損破　　　的,
　　　茶碗　である　あなた　打つ-割れる　FP
　　　抑是　　小弟　損破　　　的　讲？
　　　それとも　弟　打つ-割れる　FP　KONG
　　　'なんとも無かったのに、どうしてお茶碗が割れたんだろう？お茶碗はあなたが壊したのか、それとも弟が壊したのか？'

6.3.3.3　疑問詞疑問文における生起

　疑問詞疑問文においては、"讲"が付加される前の形が原因・理由について訊ねたものであるか否かによって、"讲"が付けられた後の意味機能の変化が異なるようである。従って、とりあえず原因・理由についての疑問であるかどうかで分けて述べていきたい。

①原因・理由についての疑問以外の疑問の場合
　(40) のような原因・理由についての疑問以外の疑問文に"讲"が付くと、これまでと同様に修辞疑問文になる。

(40) 这　个　物件　成本　偌济　钱？
　　　この　CL　もの　コスト　いくら　金
　　　毋　知　　卖　有　利纯　无？
　　　NEG　分かる　売る　ある　利潤　NEG
　　　'このものはコストがいくらなのか？売れば利潤があるのか？'
(41) 这　个　物件　成本　偌济　钱　讲？
　　　你　　卖　遮　　　贵！
　　　あなた　売る　こんなに　高い
　　　'このものはコストがいくらなのか？そんなに高く売るなんて！'
　　a. 話し手が把握している情報：
　　　話し手はこの品物のコストを<u>知っている</u>。
　　b. 聞き手が思い込んでいる（と話し手が推測する）状況：
　　　話し手はこの品物のコストを<u>知っていない</u>（そのため、高く定価を付けても良い）。

（40）の前半は単にコストが分からないので聞いたものである。それに対して、（41）は修辞疑問文であり、話し手が把握しているコストに相応しい値段はより安いものであると聞き手に指摘するのがその発話の意図である。話し手は、聞き手が実際より高く値段を付けていることから、聞き手が「この人（＝話し手）は品物のコストを知らないだろう」と思い込んでいると推測している。聞き手のその状況は決して話し手の把握している情報と一致しない。"讲"はそのギャップを明示するものだと考えられる。「話し手はコストを知っている」ことを聞き手に認識させるとともに、この情報に相応しい行動——値段をより安くすること——を促すように働きかけるわけである。また例（42）についても、同様の分析ができる。

(42) 子供：妈,　　　你　　　昨昏　哪会
　　　　　お母さん　あなた　昨日　どうして

　　　　　无　共　我　留　菜？
　　　　　NEG　に　私　残す　おかず
　　　　'お母さん、昨日どうしておかずを残してくれなかったの？'
　母親：你　　　昨昏　几点　转来　　　个　讲？
　　　　あなた　昨日　何時　帰ってくる　PF　KONG
　　　　耍　　甲　　毋　　知影　　人　去！
　　　　遊ぶ　に至る　NEG　分かる　人　行く
　　　　'あなたは何時に帰ってきたのか？ぜんぜん姿を見せないほど
　　　　遊んでいたのに！'
　a. 話し手が把握している情報：
　　　話し手が聞き手の遅い帰宅時間を<u>知っている</u>。
　b. 聞き手が思い込んでいる状況：
　　　話し手が聞き手の遅い帰宅時間を<u>知っていない</u>（そのため、聞き
　　　手はおかずを残してくれていても良かったことを指摘した）。

子供の帰宅時間からすると、おかずを残す必要がないと母親が判断していた。ところが子供の発話から、おかずを残してくれるべきだったと子供が思っていることがわかる。そこで"讲"を用い、話し手が把握している情報と聞き手の認識と異なっていることを表す。
　ここまでの疑問文の文末に現れる"讲"の使用条件は、次のようにまとめられる。

（43）疑問文 Q ＋讲
　　a. 話し手が把握している情報：
　　　話し手が Q と尋ねたのは Q' <u>からだ</u>。
　　b. 聞き手が思い込んでいる状況：
　　　話し手が Q と尋ねたのは Q' <u>以外の状況からだ</u>。
　　　Q' ＝疑問文 Q が修辞疑問文と解釈される前提

②原因・理由についての疑問の場合

　原因・理由についての疑問文において、"讲"が文末に付くと、高い程度に対する感嘆になる。例えば、例（44）はラーメンがまずい原因を知りたいわけではなく、単にそのまずさ（の程度）が予想を超えたことを表出する。

(44) 这　　面　　　哪会　　遮　　　歹食　　讲？
　　 この　ラーメン　どうして　こんなに　まずい　KONG
　　'このラーメンはなんとまずいのだろう！'

ここで注意を要するのは、述語に程度表現がなければ、文末に"讲"を付けることができないということである。

(45) a.*伊　哪会　　抑　未　　転来　　　讲？
　　　 彼　どうして　まだ　NEG　帰ってくる　KONG
　　　'彼はどうしてまだ帰ってこないのか？'
　　 b. 伊　哪会　遮　　　暗　抑　未　　転来　　讲？
　　　　　　　こんなに　遅い
　　　'もうこんなに遅いのに、彼はまだ帰ってこない！'

　（44）と（45）bにおける"讲"の機能は2つある。1つ目は、"讲"がついた疑問文を修辞疑問文として解釈されるのを形式で保証する機能である。2つ目は、性質・属性の程度に意外性があることを表す機能である。
　一見したところ、（44）と（45）bにおける"讲"の2番目の機能は（43）の記述から逸脱しているように思われるかもしれない。ところが、その2番目の機能は、§6.3.1.1で述べた話し手側の新発見と極めて接近している。つまり、ある性質・属性に関してある程度に達している原因・理由を問う疑問文の文末に付いた"讲"は、平叙文と疑問文の中間地域に位置づけられるのである。平叙文の文末に現れた場合の話し手側の新発見を表す効果と、原因・理由を問う以外の疑問文の文末に現れた場合、その疑問文を修辞疑問文

に解釈するように「合図」を出す機能を、両方とも持っているわけである。この意味で、より典型的な疑問文の文末に"讲"が付けられた効果についても、(43)の記述は依然として有効であろう。(45) a に示したように、「ある性質・属性に関してある程度に達している原因・理由」以外の原因・理由についての疑問文には文末の"讲"がそもそも付けられない。

6.3.4　まとめ：聞き手目当ての「注意喚起」

　以上の記述と分析から分かるように、発話の環境において聞き手の思い込んでいる状況に一致しない事態が存在しており、なお且つその存在を聞き手に気づいてもらうことが、平叙文・命令文・疑問文の文末に現れた"讲"に共通している機能である。つまり、

　　①平叙文＋"讲"：当該命題に語られるデキゴトの存在に気づかせる
　　②命令文＋"讲"：聞き手が当該の動作行為を行わねばならないことに
　　　気づかせる
　　③疑問文＋"讲"：聞き手が当該の質問の答えを知っていることに気づ
　　　かせる

ということである。気づかせる対象はいずれも平叙文・命令文・疑問文に含まれる情報である（§3.1.1を参照）。それこそが異なる発話意図を有する発話行為タイプにおける"讲"の使用を可能にするのである。したがって、文末助詞の"讲"の中核的な機能は、ある事態を聞き手の思い込みに一致しない事態として提示し、聞き手に注意を払ってもらうことと考えられる。このような聞き手目当ての働きかけを「注意喚起」と呼ぶことができる。
　特に注意が必要なのは次の2点である。1つ目は、これまでの先行研究における「話し手の予想を超えること（out of speaker's expectation）」や「予想外（counter-expectation）」の結論と異なり、"讲"の使用は聞き手の思い込みから逸脱している状況の成立が前提とされていることである。話し手にとって意外性の有無は"讲"の生起にかかわらないのである。これと対照になっ

ているのは"讲"が主語と述語の間に現れた場合である。例（2）と（3）に示したように、文中に現れたときは命題が表しているイベント（文脈）によって意外性の読みが強かったり弱かったりする。ただ、そうであっても、その意外性は話し手にとって驚くべきかどうかのことであり、聞き手側が考慮に入っていない。確かに§6.3.1.1では話し手側の新発見においても"讲"が用いられるが、それが聞き手にとっても恐らく思いがけないことだろうという話し手の予測が成り立った場合に限っている。2つ目は、命題内容のみならず、命題の間や発話行為と命題内容との論理関係（主に因果関係）が聞き手の思い込みから逸脱した場合においても、"讲"でその逸脱を明示することができるということである。この2点が上海語の文末の"伊讲"との大きな相違点である。

6.4　なぜ"讲"で「注意喚起」できるか

　伝達動詞が情報源の〈伝聞〉をマークする現象に、通言語的に観察されている。例（1）に示したように"讲"が文頭に現れた場合にもこういった用法がある。それと同時に、日本語の古文、トルコ語、ブルガリア語、マケドニア語（以上は赤塚・坪本1998:32による）、チリのMapudungun語（Aikhenvald 2004:200）、現代日本語などにすでに確認されているように、〈伝聞〉の証拠素を借りて意外性（mirativity）といった心的態度を表すのも決して珍しいことではない。このことから、〈伝聞〉の証拠素はしばしば意外性を表現するものになることが分かる。意外性からさらに聞き手目当ての働きかけとして「注意喚起」の機能が発達してきても不思議なことではない。

6.4.1　「省略」説と「移動」説

　ところが、発話動詞の"讲"は例（1）のようにもともと節を目的語に取って文頭に現れたのであるが、〈伝聞〉および話し手側の意外性の意味に移行した後も主語と述語の間に挟まれ、文末には現れない。一方、文末に現れた"讲"は、発話動詞としての機能はもとより、〈伝聞〉の情報源を表す

第 6 章 〈伝聞〉と注意喚起

ことすらないのである。文末の"讲"のみが聞き手側の意外性もしくは「注意喚起」を表す機能を持つことについては、説明が必要であろう。

§6.2 でも紹介したように、Chang 1998 では、文頭の"讲"に後続する内容が会話で省略されることによって"讲"が直前の文に後続する文末助詞のように見えて、再分析が起きたと分析されている。それは〈図 6-1〉のように図式化できる（S は話し手を表す）。この分析により、"讲"が命令文と疑問文の文末にも用いられることについて説明できる。つまり、文末に現れる"讲"は本当なら後続して、話し手の「信念」と異なる内容を表す文の文頭に立つものであり、"讲"の前の文の直接的成分ではないため、前の文についての文タイプの制限を受けないのである。

X（S の信念を暗示するもの）。讲 Y（S の信念に相反するもの）。
↓ Y が省略され、再分析
X（S の信念を暗示するもの）讲。

〈図 6-1〉Chang 1998 に主張された文末の"讲"の形成

ところが、既に指摘した"讲"の意味機能についての問題点のほかに、以上の文末の"讲"の成立に関する分析にも疑問点が残されている。即ち、"讲"が（省略された）後続文のみにかかわっているため、"讲"の前の文は話し手の信念さえ表せば、常に文末に"讲"が使用できると予測してしまう。しかし (18) B1 は A の返事としてきわめて不自然である。

(46) ＝ (18) A：阿英　会　来　袂？
　　　　　 'アインは来るか、来ないか？'
　　　　　B1：#伊　会　来　讲。　　B2：伊　会　来。
　　　　　 '彼女は来る。'

また (45) a の場合、"伊哪会抑未转来"を反語文として解釈できるような文脈を想定しても、文末に"讲"を付けることが難しい。

147

(47)［玄関に置かれているその人の靴を指さしながら言う］
　　＝（45）a.＊伊　哪会　抑　未　转来　讲？
　　　　'彼はどうしてまだ帰ってこないのか？'

つまり、"讲"に接続する文は話し手の信念を表すだけでは、"讲"の使用を許す十分条件にはならない。そのことよりも、聞き手の思い込みを超えたことこそが要求されているのである。

　そこで、筆者はChang 1998の提案と別に、注意喚起の"讲"は上海語の"伊讲"と同様に"讲X。"から"X讲。"へと、主として語用論的な要因によって文末に現れるようになったものと考えている。この語用論的な要因は、限られた時間の中で最も重要で価値のある情報の伝達を保障すべく、それをなるべく先に伝えよう、そして時間の余裕を見て、それほど重要ではない情報を追加していく、という情報提供にあたってのストラテジーである。情報源と比べると、情報内容自体のほうがより重要であることは言うまでもない。そのため、限られた時間において情報内容を先に発話し、情報源の提示が後回しになるのである。このように、日常の会話でしばしばXと"讲"とが逆転した順番で現れ、次第に"X讲"という形式が定着してきたのだと考えられる。更に、中国語において文末という統語的位置には語気助詞が現れるのが一般的である。その結果、この位置に回された"讲"が文頭に置かれた場合のように、依然として〈伝聞〉という情報源を提示するという具体的な意味機能を維持することが困難になる。文法化或いは機能語化の進度につれて、「意外」に感じうる対象は命題内容に限らなくなり、例（19）（20）のように、命題同士の関連や発話行為の前提などにまで拡張し、遂に平叙文のみに後続するという制限を破って、命令文と疑問文にも用いられるようになった。

第 6 章 〈伝聞〉と注意喚起

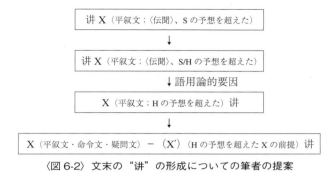

〈図 6-2〉文末の"讲"の形成についての筆者の提案

このことは〈図 6-2〉のように図式化できる（S は話し手、H は聞き手を表す）。

6.4.2 聞き手側の意外性

その次に答えなければならないのは、話し手の予想を超えたという意味の意外性を表す"伊讲"と同様に、伝達動詞から〈伝聞〉を経て拡張してきた"讲"は、なぜ話し手側の「驚き」ではなく、聞き手の思い込みを超えたことを表し、「注意喚起」の機能を持つようになったのか、という疑問である。

ここで上海語の"伊讲"と台湾語の"讲"の次の統語的な相違点に注意されたい。それは、"伊讲"は文頭と文末という 2 つの位置にしか現れないのに対して、"讲"はこの 2 つの位置のほか、文中にも現れるという点である。なお且つ文中に現れた"讲"は既に話し手にとっての「意外性」を表せる。文頭と文中以外の 3 つ目の位置に現れることができるようになるからには、そこに現れることによって新たな機能を発揮しなければならない。そこで「話し手にとっての意外性」から「聞き手にとっての意外性」へというシフトの候補が出現する。一方、話し手がわざわざ伝えようとする情報は通常聞き手に知られていないものか、知っていたが忘れかけているものに限られている。そうすると、聞き手にとっての意外性は本来無標でよいのである。そこから、「これはあなたにとって意外な情報であろう」と明言することは「これが注意すべきことだ」と、「注意喚起」の機能を果たすことになる。こ

れと比べて、最初から文頭と文末の2つの位置にしか現れない上海語の"伊讲"は、「話し手にとっての意外性」以外の機能を獲得する動機付けが考えにくいため、文末に現れた場合に「話し手にとっての意外性」を表す段階に留まるのである。以上述べたことは、次の表で示すことができる。

〈表 6-1〉"伊讲"と"讲"の統語的位置と意味解釈

	伊讲	讲
文頭	one says	one says
文中	／	(one ≒ s/he) I hear → beyond S's expectation
文末	(one ≒ s/he) I hear → beyond S's expectation	(one ≒ I) You hear → beyond H's expectation

　では、"讲"はなぜ「聞き手にとっての意外性」へシフトすることが可能なのであろうか。§4.5.1で既に述べたように、情報源の中には話し手と聞き手の両方から共有しやすいものもあれば、そうでないものもある。ある情報が既存の知識から逸脱すればするほど、その情報を有効に伝える――即ち相手としての聞き手に信じてもらう――ために聞き手からも共有できる情報源を添付する必要が高まる。〈伝聞〉が聞き手からも共有できる情報源であるが、その〈伝聞〉の情報源を聞き手側のものとして解釈できれば、聞き手からの共有の可能性がより確実に保証される。それを実現させる手段として、情報の受信者を話し手から聞き手にシフトさせるのである。つまり hearsay には変わりがないものの、I hear から You hear に変更するわけである。この変更に伴い、意外性を感じる主体は話し手から聞き手へ移る。また、受信者＝話し手の場合には、話し手が発信者であり得ないのに対し、受信者＝聞き手の場合は、発信者が話し手と解釈されることも可能であり、本来の伝達動詞の主語、即ち伝達行為の主体／発信者が表面に現れない以上、文末の"讲"は誰が発信者なのかを自由に解釈することを許容する。それゆえ、文末の"讲"は I say であると考えても良い。ただし、受信者だけをク

ローズアップした場合、s/he says も I say も one says に抽象化することができる。

　文末の"讲"が I hear より You hear と解釈されることから、命令文と疑問文の文末に現れるときに生じる「不満」や「催促」などのニュアンスについても説明できる。つまり、当該命令文の前提（P'）や当該疑問文が修辞疑問文に解釈される前提（Q'）を、聞き手も共有できる世の中に一般的に言われていることであるかのように聞こえるようにする。こうすると、「他の人もこう言っているから、あなたがそれを分からないはずがない」ということになる。そこに話し手の「不満」が潜む。こういった効果を利用し、聞き手への働きかけをより強くすることが話し手の狙いである。

6.5　本章のまとめ

　本章は台湾語の文末の"讲"を中心に考察してきた。"讲"は平叙文にのみならず、命令文・疑問文の文末にも生起し、聞き手の思い込みから逸脱している情報・状況の実存をマークする機能を有していることを確認した。"讲"がこのような機能を獲得した過程については、次のようにまとめられる。

　①意外性のある情報であるため、語順を調整し情報源の提示をする"讲"が後回しとなる。
　②文中に現れる"讲"と差別化するため、文末の"讲"が表す情報源は話し手側の〈伝聞〉から聞き手側の〈伝聞〉に変わる。
　③従って意外性を感じる主体も話し手から聞き手に変わる。
　④意外性を感じる対象は、命題内容そのものに留まらず、命題の間の因果関係や、発話行為と命題の間の因果関係まで拡張し、その現れとして、文末の"讲"の使用範囲は平叙文から、命令文・疑問文までに広がる。

第7章 〈推論〉と強意の訴えかけ
――上海語の感嘆構文 "覅太 AP 噢" を中心に――

　第5章と第6章では、〈伝聞〉に関連する形式の意味機能の拡張について考察してきた。本章では〈推論〉を表す証拠表現における意味機能の移行について、上海語の事例を取り上げて考察・分析を行う。同種でない情報源の表出形式が一つの文の中に共起することは可能である。しかし、本章の考察で明らかにするように、どちらがより広いスコープを取るかによって、情報源表出形式の意味機能の拡張を引き起こせるかどうかが決まる。

　§7.1の問題提起では、上海語の"覅"の否定副詞の用法と推論を表す用法を概観し、「感嘆」を表す"覅太 AP 噢"の実例を提示する。§7.2で"覅太 AP 噢"の意味機能について精密な記述を行った上で、§7.3で"覅太 AP 噢"の成立に関する先行研究の問題点を指摘する。§7.4と§7.5では、"覅太 AP 噢"が「感嘆」の機能を獲得したことについて、§7.3で提示した本章の仮説を立証する。§7.6は本章のまとめである。

　本章に用いる例文の適合性判断などに協力して頂いた母語話者は60代男性1名、50代男性1名、50代女性1名、40代男性1名、30代女性2名、20代男性2名、20代女性1名の計9名である。そのうち、同じく呉語地域に属する浙江省紹興市出身で、中学生の時に上海に来てその後定住している40代の男性1名を除き、残りの8名はすべて上海生まれ・上海育ちである。

7.1　問題提起

　"不"と"要"の合成からなる"覅"［vio^{34}］には、上海語において、以下の例（1）（2）で示すように、「意志・願望の否定」と「制止」を表す用法がある。

(1) ｜我 / 伊｜　覅　吃　　大闸蟹。
　　　私 / 彼　VIO　食べる　上海蟹
　　'私は上海蟹を食べ（たく）ない / 彼は上海蟹を食べ（たがら）ない。'
(2) 侬　　　覅　　吃　　大闸蟹。
　　あなた　VIO　食べる　上海蟹
　　'あなたは上海蟹を食べるな。'

例 (1)(2) から分かるように、意志・願望の否定を表す"覅"は動作主の人称によって更に意味解釈が細分化される。
　また、"覅"には「推測」を表す用法も存在する。

(3) 早浪厢　　覅　　落过　　雨　了　噢。
　　朝　　　VIO　降る -EXP　雨　FP　FP
　　'朝、雨が降ったんじゃないか。'

さらに、「意志・願望の否定」や「推測」とは別に、上海語の"覅"は"太AP"（"太"[tʰɔʔ⁵⁵]は"忒"とも表記する。APは形容詞句もしくはそれに準じるもの）を後ろに取り、さらに文末助詞の"噢"[ɔ]が共起する場合、構造全体として「これ以上APなものはないよ」あるいは「極めてAPだよ」といった「感嘆」を表す用法がある[1]。

(4) 哀　只　电影　覅　太　　　好看　　　　　噢！
　　あの　CL　映画　VIO　すごく　見て感じがいい　FP

---

[1] 叶盼云 1994：194 は、感嘆に用いる"覅太……噢"には"覅讲太……噢"というヴァリアントが存在するとしている。しかし管見の限りでは、このような記述は他に見当たらない。また、筆者の調査では、感嘆の意味で"覅讲太……噢"を使うことを許容する上海語母語話者はいなかった。ゆえに、本稿は"覅讲太……噢"を考察の外に置く。

伊　做啥　勿　看　　啦？
彼　なぜ　NEG　見る　FP　　　　　　　　（呉悦1997：250[2]）
'あの映画はすごく面白いのに、どうして彼は見ないんだい。'
(5)　搿　爿　店　勥　太　　齷齪　　　噢，
この　CL　店　VIO　すごく　汚れている　FP
吃　　伊拉　个　物事　有眼　　吓丝丝　个。
食べる　彼ら　CL　もの　ちょっと　怖い　FP　（呉悦1997：251）
'この店はすごく不衛生だから、この店のものを食べるのはちょっと不安だ。'

　このような「感嘆」を表す"勥太AP噢"は1990年代の初頭に上海語に現れた表現であり（史有为1995を参照）、これまで多くの研究者が言及してきた（詳しくは§7.3で取り上げる）が、未だにその成立過程の解明はおろか、意味機能に関する記述も十分ではない。そこで、筆者はこの構造の意味機能をより精密に分析した上で、先行研究の不備を指摘し、証拠性の観点から"勥太AP噢"がなぜ「感嘆」に用いられるようになったのか、そのメカニズムを明らかにすることを試みたい。

7.2　「感嘆」を表す"勥太AP噢"

　管見に入る限りでは、"勥太AP噢"に言及した従来の研究は、「感嘆」を表す他の形式との相違点には殆ど触れずに、ただ「ある属性・性質の程度が極めて高いことを表す」と記述して感嘆を表す形式の一つであると認めるに留まっている。
　中国語の場合、ある文を感嘆文と認定する場合、感嘆の語気を伴っているからなのか、それとも何らかのマーカーがついているからなのか、判然と

---

[2]　先行研究によっては、共通語の"不"に対応する上海語の否定詞は"勿"もしくは"不"と表記されている。本書で引用する例文の漢字表記は引用元に従うが、筆者による作例と独自の調査で得た用例については"不"と表記する。

しないケースがある。だからこそ、「この形式は感嘆を表すものである」といった単純な記述だけでは十全とは言い難い。

本稿は「感嘆」を表す"勢太AP噢"について、以下の2点が特に注目に値することであると考える：

① "勢太AP噢"は構造全体が既にイディオムになっており、その構成が変更されると文が成立しないか意味が変わってしまう。さらに、この構造は構成素の意味の総和から構造全体の意味を了解することができない。
② "勢太AP噢"は高い程度に対する「感嘆」を表すだけでなく、聞き手に向けての強い働きかけを同時に含意する。

これらの2点はいずれも"勢太AP噢"を「感嘆」を表す構文と分析した先行研究において見過ごされている。

以下、上記2点に基づき、この構造の表す「感嘆」義に関して詳細に分析を行う。

7.2.1　イディオムとしての分析

まず、形式面では、"勢太AP噢"における"勢"と"噢"は、いずれもこの形式が成立するのに必要不可欠な要素であることを指摘したい。

次の例から分かるように、"勢"を含まない例（6）（7）はいずれも母語話者により不適格と判断される。一方、"噢"を削除した場合も、例（8）のように非文になったり、例（9）のように意味が変わったりしてしまう。

(6) *哀只 电影 太 好看 噢！……
(7) *辫丬店 太 醒醍 噢,……
(8) *哀只 电影 勢太 好看！……
(9) #辫丬店 勢太 醒醍,……

例（9）は「この店をあまりにも汚くするな」という禁止の解釈しか許さない。そこの"齷齪（不衛生である）"がマイナス義を表すのに対して、例（8）の"好看"はプラス義の形容詞である。「映画がとても面白い」という、望ましい事態の成立を阻むような文脈は想定し難いので、(8) は成立しないのだと思われる。

次に"夠太 AP 噢"という構造の意味解釈の面から考えてみる。例（8）から既に明らかなように、"太 AP"が特定の文脈において望ましい事態を表す場合、"夠太 AP 噢"は語用論的な理由により「制止」と解釈できない。例（10）はダイエット食品のコマーシャルから採ったものであるが、広告という環境と切り離して、"不要太瘦噢"というフレーズだけをインフォーマントに示した場合は、「あまりに痩せすぎてはいけない」という「制止」の解釈が優勢であった[3]。

(10) 碧生源減肥茶，不要　太　瘦　噢！
　　　碧生源減肥茶　PROH　すごく　痩せる　FP
　　 '碧生源減肥茶、すごく痩せるよ /[??] 痩せすぎてはいけませんよ！'

しかし、ダイエットを目的にしている消費者からすれば、痩せれば痩せるほど望ましいことであるから、(10) のようなコマーシャルという環境に入れば、逆に「制止」の解釈は弱化する。2つの読みがあり、なお且つどちらも商品のダイエット効果が鼓吹されることが、このコマーシャルのポイントである。

"夠太 AP 噢"における構成素の意味の総和から得られる自然な解釈は「あまりに AP すぎるな」であり、(4)(5)(10) が実際に表す「すごく AP だよ」という評価（＝「感嘆」）との間には意味上のギャップが存在する。ことに非上海語話者にとっては、この2つの意味を連想してつなげることはそう簡単なことではないだろう。

---

[3] 例（10）は共通語の事例ではあるが、これは本章が取り扱う上海語の"夠太 AP 噢"の用法が共通語に浸食した結果生じた表現であると考えられる。

157

7.2.2 聞き手目当てのモダリティ

"蛮太 AP 噢"は高い程度に対して「感嘆」を表すとともに、聞き手に向けて何らかの強い働きかけをしていると考えられる。その根拠として、まず"蛮太 AP（噢）"が連体修飾句内に埋め込めないという事実が挙げられる。高い程度を表し、「感嘆」に用いることができる上海語の"太"と比べれば、"蛮太 AP（噢）"のこの特徴は明らかである。小野 2010 は、共通語の"太"の意味機能について、「話し手自身が実際に経験・体験して知り得た性質や属性に対して、話し手自身の主観において、想定できるレベルを越えてしまっている（行き過ぎている）と認定したことを表明する」と指摘している。この点については上海語の"太"でも全く同じことが言える。"太 AP"は話し手の心的態度を表す成分を含みながら、連体修飾句を構成できる。それに対し、"蛮太 AP（噢）"は連体修飾句になることができない。

(11) 搿　本书　太　贵　了！
　　　この CL 本　すごく 高い FP
　　　'この本はあまりにも高すぎる！'

(12) 太　　貴　个　书，我　买不起。
　　　すごく 高い SP 本 私 買えない
　　　'高すぎる本は私には買えない。'

(13) *蛮太　　貴　个　书，我　买不起。
　　　VIO すごく 高い SP 本 私 買えない
　　　'すごく高い本は私には買えない。'

これは、"蛮太 AP 噢"が「程度が極めて高い」という主観的な属性の認定を行うと同時に、客観的属性を要求する連体修飾成分と相性の悪い、聞き手目当てのモダリティを有することの現れだと思われる[4]。

次に、他者としての聞き手を必要とするか否かという点についても、「感

---

[4] 認識的モダリティを表すものは連体修飾語になりにくいとも考えられる。次は共通語の例であるが、

嘆」を表す"勁太AP噢"は独り言には使用できないものであり、"太AP了"との違いを呈する。仮に話し手が自分自身に言い聞かせるという場合を想定しても、"勁太AP噢"の使用は不適切である。一方、"太AP了"は話し手のその場における感動などの感情を即時に表出するものであり、聞き手の有無はその使用に影響しない。

　それでは、聞き手が存在する場合には、"勁太AP噢"は"太AP了"と同様の機能を果たすのだろうか。まず質問に対する回答としては、いずれも用いられ、そこに意味上の差はない。

(14) A： 世博会　哪恁？
　　　　 万博　　どう
　　　　 '万博はどうだった？'
　　 B1：世博会　太　　　灵　　　　了！
　　　　 万博　　すごく　素晴らしい　FP
　　　　 '万博はとても素晴らしかった！'
　　 B2：世博会　勁　太　灵　噢！
　　　　 '万博はとても素晴らしかったよ！'

　ところが、質問に対する回答ではなく、いきなり発話されるとすれば、(14) B1の場合はそれだけで発話を終えることが可能であり、また聞き手としては、それを黙々と聞き流しても良い。それに対して、B2だと発話がそこで終わることはなく、通常はさらに後続の文（台詞）が続かなければなら

(i) 进口书 |也许/可能/一定| 比较贵。
　　'輸入書はちょっと高いかもしれない／に決まっている。'
(ii) ⁇ |也许/可能/一定| 比较贵的进口书
　　'ちょっと高いかもしれない／に決まっている輸入書'

下線部を述語とした (i) は自然であるが、連体修飾句にした (ii) は許容度が著しく落ちる。後文で明らかにするように、"勁"は認識的モダリティの意味に直結しやすいため、(13) のような連体修飾句を構成できないのだとも考えられる。

159

ないし、聞き手の方も、話し手の（B2およびその後に続く）発話内容に対して、通常は同意を表す反応をするのが普通である。一言で言えば、聞き手の存在を前提にする"勥太AP噢"は、相手に同意ないし共感を求めるという強い働きかけを有している。このことを例（15）［例（4）の再掲］で説明してみよう。

(15) ＝ (4) 哀只电影勥太好看噢！伊做啥勿看啦？
　　　　 'あの映画はすごく面白いのに！どうして彼は見ないんだい？'

例（15）は"勥太AP噢"を使うことで、聞き手に話し手と同じ感覚を共有させ、「あのすごく面白い映画を見逃す」ことが如何に残念なことかということを強く訴え、まだ見ていない彼（"伊"）に対して聞き手にもその残念な気持ちを共有させようとしているのである。

　次の例は、「感嘆」を表す"勥太AP噢"という表現形式が中国全土から注目を浴びるきっかけとなったテレビコマーシャルのキャッチフレーズである。

(16) 杉杉西服, 勥　太　　潇洒　　　噢！
　　 杉杉スーツ VIO すごく 格好いい FP
　　　　　　　　　　　　　（テレビコマーシャルの書き起こし）
　　　　 '杉杉スーツは、すごく格好いいよ！'

このセリフは言い切りであり、後に発話が続かないので、一見前述したことと合致しないようだが、コマーシャルという特殊な環境により、やはり聞き手に対する働きかけが認められる。つまり、コマーシャルを見ている消費者に商品を買い求めるようアピールしているのである。そこからも、"勥太AP噢"には情報の受け取り手にも同意・共感を示す反応・対応を求める機能が含まれていると考えられる。ここで求められる反応自体は必ずしも言語化されるわけではないが、いずれにせよ聞き手が認定できる内容である。

第 7 章 〈推論〉と強意の訴えかけ

　勿論、"太 AP"も例（4）や（16）のような文脈・環境で用いられれば、聞き手への働きかけが感じられることもある。しかし、それはあくまでも文脈や環境が付与した解釈（発話が当該の現場・話題にどうかかわっているか、話し手がどんな意図を持っているかを、聞き手の方から積極的に推測して関連づけをしようとした結果）に過ぎない。換言すれば、聞き手が反応せずに聞き流しても構わない"太 AP"と比べると、"覅太 AP 噢"の方が話し手独自の意見を相手に「押し付けて同意を要求する」のにより向いているのである。

7.2.3 「情報のなわ張り」

　「情報のなわ張り」（神尾 1990）の観点から見ても、"覅太 AP 噢"と"太 AP"との違いは窺える。「ある事物・事態がすごく AP だ」ということを聞き手が知らないか、あるいはそう思っていない場合にのみ、"覅太 AP 噢"の使用が認められる。一方、"太 AP"はそもそも聞き手の存在を必ずしも要求しないため、このような制限が見られない。

(17)　[上海テレビ塔に何度も行ったことがある相手に対して]
　　　a. # 东方明珠电视塔　　　　覅　太　灵　　　　噢！
　　　　　オリエンタルパールタワー　VIO　すごく　素晴らしい　　FP
　　　b. 东方明珠电视塔<u>太灵了</u>！
　　　　'オリエンタルパールタワーはすごく素敵ですよ！'

　(17) a が不適切だと思われるのは、話題に上っているテレビ塔にすでに何度も行っている聞き手なら当然知っているはずのこと（テレビ塔の素晴らしさ）について、ことさら強く訴えた上で同意を求めるという行為が不自然だからである。(17) b は、話し手独自の判断を聞き手に押し付けるものではなく、単純に自分がその場において感じたことを申し立てているだけであるため、問題なく成立する。

　逆に、次の例（18）においては"覅太 AP 噢"は用いられるが、"太 AP"

は使い難い。

(18) A: 我　不　欢喜　吃　大闸蟹。
　　　　私　NEG　好む　食べる　上海蟹
　　　　'私、上海蟹が好きじゃない。'
　　B1: 为啥？　大闸蟹　覅　太　好吃　噢！
　　　　どうして　上海蟹　VIO　すごく　美味しい　FP
　　B2: 为啥？　#大闸蟹　太　好吃　了！
　　　　'どうして？　上海蟹はすごく美味しいよ！'

(18)は上海蟹が好きではない聞き手（A）に対して、話し手（B）は不思議に思い、上海蟹はすごく美味しいと主張している場面である。上海蟹を好まないことから、相手が上海蟹の美味しさをよく分かっていないだろうと認定し、"覅太 AP 噢"を用いて、自分は知っているが相手が知らない情報を強く訴え、相手にそのことを認めさせようとするのである。その意味機能により、むしろ"覅太 AP 噢"の使用によって、相手の発話との関連性が保たれるわけである。一方"太 AP"は聞き手の認知状況を考慮に入れるどころか、聞き手の存在すら前提にしなくても良い表現であるため、(18)B2 は文脈関連性が希薄になり唐突な物言いに感じられる。

以上の分析、特に"太 AP"との対照から、"覅太 AP 噢"は「感嘆」を表す場合、(19)のような意味機能を持つと考えられる。

(19)「感嘆」を表す"覅太 AP 噢"は、ある性質や属性の程度が自分の中の想定範囲から逸脱するほど極めて高い、という話し手独自の判断を聞き手に強く訴え、同時にそれに対する同意もしくはそれに準じる何らかの反応（seeking agreement）を求める。

7.3　先行研究

7.3.1　主な考察

　その構成要素から見れば、「あまりに AP すぎるなよ」という「制止」の意味を表すはずである"剘太 AP 噢"が「すごく AP だよ」といった「感嘆」に用いられるのは何故か。このことを考察した先行研究はいくつかあるが、それらはすべて"剘太 AP 噢"における"剘"のみに着目している。"剘"の意味役割さえ明らかにできれば、問題が解決すると考えられてきたのである。そこには以下にまとめる2種類の主張が見られる。

　1つ目は、"剘"は「余剰的否定」を表すというものであり、これはつまり、"剘"の意味機能を捨象する考え方である。その根拠として、"剘"の有無が文や句の意味解釈に影響を与えないことが挙げられている。杨庆铎 1996、戴耀晶 2004、张爱玲 2006、杨娟 2009 などはこの立場である。

　2つ目は、「制止」の解釈が転じて「感嘆」へ移行したという説で、つまり、"剘"が元来有している否定副詞の意味を活かす考え方である。史有为 1995 は「制止」義が直接「感嘆」義に転じていると分析する立場をとる。吴悦 1997：250 は、"剘太 AP 噢"が「感嘆」に用いられるのは「本来とは逆の意味（原文：反語）による転用」だと見なしている。類似した考え方は顾之民 1996 と王敏 2000 にも見られる。要約すれば、"不要太 A"は"太 A"の成立を前提とするので、「制止」を裏返しに解釈することで「あまりに〜すぎるな」→「すごく〜だ」という変換を経て「感嘆」を表すようになったのだと分析しているのである。また、张爱玲 2009 は、基準値を超えたことを意味する表現としての"太 AP"があまりにも陳腐なため、それを用いて高い程度を有する属性の AP に言及したくない（あるいは、してほしくない）、ということを動機として"剘太 AP"の感嘆用法が成立すると分析している。

7.3.2　問題点

　以上で挙げた先行研究の指摘にはいずれも疑問に思われる点がある。まず1つ目の主張だが、"朆"は余剰的成分であるとは言えない。§7.2.1で既に明らかにしたように、"朆"を含まない"太AP噢"は感嘆を表さないばかりか、その構造自体が成立しないからである。

　次に2つ目の主張について検討したい。「制止」義と「感嘆」義、および"朆太AP噢"との間には〈表7-1〉に挙げるように、いくつかの文法的・意味的な相違点が存在する。同じ形式でありながら、『制止』の場合と「感嘆」の場合との間にこれだけの相違点が見られるということは、やはり「感嘆」を表す用法が「制止」の用法から直接獲得されたものであるという見方について、再考の余地があると言わざるを得ない。

　そもそも"朆～噢"に埋め込まれた形式全体が「感嘆」を表すのは"太"だけであり、それ以外の程度副詞にはその用法が無い。"朆"の「制止」義から「感嘆」義が直接転用されたという捉え方では、この現象を説明できない。更にそれを裏付けるのは、非上海語話者にとって、この「感嘆」を表す"朆太AP噢"が容易に理解できないという事実である。もし本当に「本来とは逆の意味（原文：反語）による転用」の結果「感嘆」を表すようになったのであれば、十分な文脈情報が与えられさえすれば、聞き手・読み手が理解できないはずがない。しかし、(16)で挙げたテレビコマーシャルのキャッチフレーズは、初めて耳にした時に如何にも新鮮で、文字通りの意味（構成

〈表7-1〉"朆太AP噢"の「制止」と「感嘆」における相違点

"朆太AP噢" 相違点		「制止」	「感嘆」
A）"噢"の構造上の必要性		必須要素ではない	必須要素である
B）主語に関する人称制限		二人称のみ	制限なし
C）"太AP"の 意味的特徴	望ましさ	望ましくない性質・属性を表す形容詞が殆どである	AP自体が望ましいか否かは不問である
	現実性	非現実	現実

素の意味の総和）に直結し難いと感じられたからこそ、人々にインパクトを与え、次第に流行語にもなったのである。

また、先に紹介した张爱玲 2009 の分析にも疑問点が残る。张の考察では、ありきたりな表現（即ち"太 AP"）を用いて表すことを避けたい属性とは、取りも直さず極めて高い程度を有するものであると分析されている。しかし実際に"太"の使用を憚る状況を考えると、张の分析とは逆に、属性の程度が"太"の表す程度に遠く及ばない場合も考えられる。张の分析では片方の状況だけしか考慮されておらず、十全なものとは言えないだろう。

以上の考察に基づき、本章は§7.2 で明らかにした「感嘆」を表す"勥太 AP 噢"の意味機能を踏まえ、その用法の成立過程について新たな仮説を提案したい。それは、「感嘆」を表す"勥太 AP 噢"は「制止」用法から直接拡張されたのではなく、(20) に示すように、"勥"が「推測」を表すという中間的段階を経由して初めて成り立つというものである。

(20)「制止」→「推測」→「感嘆」

ただし、(20) は"勥"自体の意味機能の拡張を表すものではなく、"勥"が用いられる用途の拡大を表すものである。次の§7.4 と§7.5 では、「制止→推測」と「推測→感嘆」といった経路について、それぞれ詳しく論じていく。

7.4 「制止」から「推測」へ

7.4.1 「推測」

冒頭の例 (2) と (3) で既に示したように、"勥"は「制止」の用法と「推測」の用法を両方持っている。"勥"のように、「制止」を表す否定の成分が転じて「推測」を表す現象は、上海語だけではなく、ほかの方言や言語にも見られる。共通語において、"别"は「制止」に用いられる以外に、"否定性猜測"（否定的願望を含む推測）を表すこともある（邵敬敏・罗晓英

2004)。例（21）を参照されたい。さらに、(22)のように"別"の直後に"是"が伴うと、「推測」の意味がより際立つ。また、日本語の「～のではない（か）」における機能の一つは「推測」を表すことである。これと同形の「～のではない」は「制止」を表す。

(21) 哎，现在你是真老吴还是假老吴，我都吃不准。别又是冒充的吧！
　　'やれやれ、あなたは今回本物の呉さんなのか、偽物の呉さんなのか、私には断定できない。またなりすましたのでは｜なければいいが／ないのだろうか｜！'
(22) 别是她截听了电话来复仇的吧。（王朔《人莫予毒》）
　　'彼女は電話を盗み聞きして復讐しに来たんじゃないのだろうか。'
(23) a. そんなところで遊ぶんじゃない。　　　　　　（制止）
　　 b. 明日はひょっとしたら雪なんじゃないか。　　（推測）

　意味と形式の一対一対応という同型性（isomorphism）の観点から、複数の言語において、「制止」と「推測」とが同じようにコーディングされるということは、この２つの概念・発話行為に共通する点があることを反映している。
　さて、その共通点とは何だろうか。普通、成立する可能性のない事態をわざわざ想定してそれを制止することはあり得ない。その裏返しとして、制止されることは成立可能な事態でなければならないのである。つまり、「事象が成立可能」という「制止」の場合における背景（ground）としての前提が、「推測」においては前景（figure）となるのである。
　また、文頭に主語が現れない場合、"甭VP"が「制止」を表すのか、「推測」を表すのかは、文脈、とりわけ話し手が当該の発話行為を通じて事態をコントロール（「制御」）するために満たすべき条件によって決定されることが多い。この条件を「制御可能条件」と名付けておく。具体的に言うと、それは次の３つに下位分類できる；

① 「非現実性」：コントロールするために VP は発話時点で非現実の事態でなければならない。
② 「(聞き手の) 制止能力」：動作行為の中止や取り消しなどを実際に行うのは聞き手なので、聞き手がそういう能力を持たないと制止も制御も不可能である。
③ 「(話し手の) 権限性」：自分の指示通りに聞き手に行動させる権限が話し手にあるかどうか。この権限がなければ、制御は不可能である。

以上の3つの制御可能条件をすべて満たした場合、"甭 VP" は「制止」を表すと解釈され、逆に満たされない条件が多ければ多いほど、「推測」の解釈に傾く。なお、「制止」から「推測」に至る途中には「祈念」「願望」という段階がある。

(24) a. ［＋非現実性］［＋制止能力］［＋権限性］：「制止」
　　　（侬）　甭　再　迟到　了　噢。
　　　あなた　VIO　また　遅刻する　FP　FP
　　　'二度と遅刻するんじゃないよ。'
　　b. ［＋非現実性］［＋制止能力］［－権限性］：「祈念」
　　　（老天爷，侬）　甭　让　雨　落下来　噢。
　　　お天道様　あなた　VIO　CAUS　雨　降る-降りる-来る　FP
　　　'お天道様、雨を降らせないでくれ。'
　　c. ［＋非現実性］［－制止能力］［－権限性］：「願望／推測」
　　　甭　落　雨　噢。
　　　VIO　降る　雨　FP
　　　'雨が降らないといい／雨が降るんじゃないか。'（非現実の事態）
　　d. ［－非現実性］［－制止能力］［－権限性］：「推測」
　　　甭　落过　雨　了　噢。
　　　VIO　降る-EXP　雨　FP　FP
　　　'雨が降ったんじゃないか。'　　　　　　　　　　（現実の事態）

(24)は制御可能条件の満たされている度合いに基づいて、"覅"が共起する文の意味解釈の変容を示したものである。なお、注目すべき点がもう一つある。(24)のcとdから分かるように、"覅VP"が「推測」を表す場合のみ、VPは非現実の事態（"落雨"）でも現実の事態（"落过雨了"）でも良いということである。つまり、「推測」に用いる"覅"は現実と非現実という2つの意味領域に跨っているのである。

7.4.2 「危惧」

ところで、"覅"の表す「推測」には、事態の論理的可能性（蓋然性）に対する話し手の判断だけではなく、この事象がもし現実になったら（あるいは現実であったら）「まずい」という危惧の気持ちも含まれている。このことは同じく推測を表す上海語の副詞"像煞"［ziĀ¹³sAʔ⁵］（元の意味は「酷似している」）と比べると、より明白である。

(25) a. 箇　个　人　像煞　　　　是　　　日本人。
　　　　この　CL　人　酷似している　である　日本人
　　　'この人はどうやら日本人らしい。'
　　　b. 箇　个　人　覅　是　　　日本人　噢。
　　　　この　CL　人　VIO　である　日本人　FP
　　　'この人は日本人なんじゃないか。'
(26) A：箇　个　人　是　　　日本人　就　　　好　了。
　　　　この　CL　人　である　日本人　すると　よい　FP
　　　'この人は日本人だといいな。'
　　　B1：箇　个　人　像煞　是　日本人。
　　　B2：#箇　个　人　覅　是　日本人　噢。

例(25)bは「この人は日本人だ」ということが事実であってほしくないというニュアンスを含む。これに対して、(25)aの"像煞"にはその含意がない。それゆえ、主語にあたる人物が日本人であってほしいと表明する(26)

Aのレスポンスとして(25)aは極めて自然であるが、(25)bは妥当ではない。

以上のことから、厳密に言えば、「推測」を表す"夥"は最初から認識的モダリティの形式として成立しているものではなく、Lichtenberk 1995 の提唱した「危惧－認識のモダリティ」（apprehensional-epistemic modality）の形式と見なすべきである[5]。

ところで、話し手が事態の成立に対して望ましくないという感情を抱く原因には以下の2つのレベルがある；

①事実レベル：ある事態の発生によって話し手自身もしくは話し手がシンパシーを寄せる対象に、不利益な影響を与える場合、その事態が事実レベルにおいて望ましくない。例えば、洗濯物を干すつもりの人にとって雨が降りそうなこと。
②対人レベル：話し手がある予測をし、同様の予測をしていない聞き手に対してあえてそれを述べるとする。話し手の予測が的中することは、聞き手にとっては予測が外れるということになり、それによって聞き手の体面（ポジティブ・フェイス）を潰してしまう恐れがある[6]。そのようなことは、対人レベルにおいて決して望ましくはない。対人レベルの危惧は言うまでもなく、より文脈依存性が高い。

---

[5] Lichtenberk 1995 は To'aba'ita 語（ソロモン諸島）の補文標識の *ada* の機能について、"Besides signaling less-than-full certainty on the part of the speaker about the factual status of the proposition, *ada* also signifies that the possible situation is in some way undesirable" と述べ、「危惧－認識のモダリティ」を表すマーカーであると認定している。例えば、「彼らは食事を終えただろう」という文に、自分の食べる分までもが食べられてしまったことを懸念している意味を含ませるときには、次のように言う。

(i) *Ada keka   fanga sui   na'a.*
    lest they:SEQ eat   COMP PERF
    'They may have finished eating.'   （Lichtenberk 1995:295）

[6] ポジティブ・フェイスとは、個人によって承認された望ましい自己像を維持することへの欲求のことである。Goffman 1967 を参照。

「危惧」をこの2つのレベルに分けることで、「危惧－認識のモダリティ」を表す形式に由来する認識的モダリティの形式が多くの言語において存在することを説明できる。対人レベルの危惧は話し手が聞き手との関係を損なうことを懸念していることを意味する。よって、対人レベルの危惧はある意味で"politeness（気遣い）"に属する範疇でもある。一方、"politeness"を示す表現は頻繁に使われる中でその丁寧さが次第に摩耗して希薄になる面がある。また、対人レベルの危惧は高い文脈依存性を持つため、聞き手・読み手がその場で必ずしもそれを感じ取れないこともある。その結果、危惧－認識のモダリティはその危惧の一面が段々と消え、純粋な認識的モダリティと解釈されていくわけである。本来「制止」を表す"覅"は、まさにこの経路に沿って「推測」を表せるようになったのである。

　以上の分析をまとめると、"覅"の表せる意味領域は「制止」から「危惧および可能性（＝推測）」へ、さらに「推測」へと広まってきたと考えられる。

7.4.3　"覅"で表す「推測」における証拠性および確信度

　"覅"で表す「推測」は"像煞"には含まれない成立可能な事態に対する危惧の意味合いを持っているということ以外に、その「推測」が基づいた根拠においても"像煞"などと異なる点がある。次の2例から分かるように、"覅"で表す「推測」は、(27)のような判断の根拠が明示された場合、または(28) a、b のような〈直接経験〉〈伝聞〉といった情報源による判断の表明には用いられない。

(27) 照　　安排,　伊 |像煞 /　　　　 *覅| 勿　 来　　 了　 噢。
　　 従う 手筈　彼　酷似している 　VIO NEG 来　 FP　 FP
　　 '手筈によれば、彼は来ないことになったようだ。'

(28) a. 我　 剛剛　 吃过　　　 了, 辫　 只 橘子
　　　 私 さっき 食べる -EXP　FP　この CL ミカン

像煞/ ＊勢　有眼　坏脱　了　噢。
酷似している　　VIO　ちょっと　腐る　FP　FP
'さっき味見をしたけど、このミカンはちょっと腐っているかもしれない。'
b. 我 听说　　讲, 辫 只 橘子 像煞/＊勢 有眼 坏脱 了 噢。
私 伝え聞く　COMP
'聞くところによると、このミカンはちょっと腐っているかもしれない。'

"勢"は決定的な証拠を持たず、あくまでも話し手がふっと思いついたある可能性を聞き手に提示する場合に用いられる。よって推測された事態の真実らしさに対する話し手の確信度が決して高くない。"勢"が「危惧-認識のモダリティ」を表すのに相応しいのはまさにそのためであろう。前述したように、「危惧-認識のモダリティ」が「認識的モダリティ」へ変容するのは、対人レベルの危惧を表す段階を経なければならない。一方、対人レベルの危惧というのは、意見の食い違いによって相手との関係を損なうことに対する心配である。従って、動かぬ証拠を持っていることを言語化し、自分の判断が間違いないことを強化するのは明らかに矛盾する行為になる。「対人レベルの危惧」と「高い確信度の含意」とは互いに相容れない概念である。

7.4.4 「推測」を表す"勢"と「制止」を表す"勢"との相違点

次の〈表7-2〉から分かるように、「推測」を表す"勢"と「制止」を表す"勢"とは振る舞いが同じわけではない。

しかし、これらの相違点は"勢"が「制止」から「推測」へと拡張することを否定するものではない。とりわけ特筆に値するのは次の2点である。1つ目は、「推測」の場合、文末語気助詞の"噢"が義務的に共起することである。"噢"は、(29)で示すように相手によく言い聞かせるような語気や相手の同意を求める語気を表したり、事実を強調したりする働きがある（呉悦 1997：250）。

〈表7-2〉"甭X噢"の「制止」と「推測」における相違点

甭X（噢） 意味機能		「制止」	「推測」
A)"噢"の構造上の必要性		必須要素ではない	必須要素である
B) 主語に関する人称制限		二人称のみ	制限なし
C) Xの意味的特徴	望ましさ	事実レベルの危惧	事実レベルの危惧／対人レベルの危惧
	現実性	非現実	非現実／現実

(29) a. 自家　　当心　　　　　眼　　噢！
　　　　自分　気を付ける　　CL　　FP
　　　'自分で気を付けろよ！'
　　b. 儞　　勿要　　瞎讲，　　　我　　呒没　　看到　　噢！
　　　あなた　PROH　デタラメを言う　私　　NEG　　見る　　FP
　　　'君はデタラメを言うな。俺は見なかったってば！'

（呉悦1997：250）

　(29) aのようなよく言い聞かせて同意を求める語気にしろ、bのような事実を強調する働きにしろ、"噢"はいずれも話し手の中で認定済みの事実を聞き手に提示し、それを認めさせた上で肯定的な対応を求めるという機能を有していると考えられる。「命令」（「制止」を含む）の場合や「（通常の）推測」の場合でも、"噢"は意味的に馴染むが文法的には必要ではない。しかし、「制止」に由来する「推測」を表す表現は、必ずこのような文末助詞の類もしくは疑問のイントネーションと共起するようである。文末に"吧"が現れた例（21）（22）から分かるように、共通語の"別（是）"においても同様の結論を得ることができる。ちなみに、"噢"や"吧"の類が「制止」の"甭""別"と共起しなくても良いのに対し、「推測」の"甭""別是"と必ず共起するのはなぜであろうか。「聞き手目当て」である「制止」と対照的に、「推測」の場合は聞き手を必要としない。従って「推測」を表す"甭"

第 7 章 〈推論〉と強意の訴えかけ

は「制止」を表すときに有している「聞き手目当て」の機能をそのまま受け継いでいない。一方、「制止」を表した名残のためか、「推測」表す"勿"は§7.2.2 に述べたように、聞き手目当ての文脈に用いられるものである。そこで聞き手目当ての機能を再び果たすために何らかの形式を補わなければならない。聞き手の存在を前提にしており、「制止」の場合において必要とされない"噢"をはじめとする助詞群は、このような背景のもとで、義務的な生起を負わされるのである。また、語気助詞の代わりに疑問のイントネーションがあれば、それでも良い、ということについても一貫して説明ができる。つまり、疑問という発話行為も通常聞き手目当てのものだからである。

　2つ目に、「推測」の場合は主語の人称制限がないのに対して、「制止」の場合は二人称に限られているが、二人称主語なら必ず「制止」になるわけではないという点である。先に述べたように「制止」と「推測」のどちらの解釈になるかを大きく左右するのは「制御可能条件」である。この観点から見れば、人称制限の有無については以下のように説明できる。"勿"の表す「推測」が「制止」の延長線上にあるという前提を踏まえれば、両者は実際に同じく（30）の深層構造を持つと想定できる。

　(30) PRO［勿［NP VP］］

つまり、話し手（通常、音形を持たない PRO）は"勿"を用いて［NP + VP］で表される事態の成立を阻む。そして表層構造では、この構造内で VP（形容詞句も広い意味で VP として捉える）に対する主語（往々にして、動作・行為の実行者や属性の持ち主）にあたる NP が外に移動（raising）するか、あるいは"勿"が動詞により近い位置に移動（lowering）することになる。

　自分の動作行為なら自制可能なので、わざわざ発話することによって自分自身に何かの行動をやめさせることはない。従って NP が一人称の場合、（30）は「制止」として解釈できない。また、発話行為によって誰かに働きかけるためには、その発話内容がその誰かの耳に即時に届かなければならな

173

い。その誰かが発話の領域内にいない第三者の場合、話し手は実質的に制御不可能な状況にある。従って、NPが三人称の場合においても、(30) は「制止」として解釈するのは困難であり、「推測」の意味に傾くのである。

また、VPの表す意味が状態・属性の度合いを増すほど、話し手の制御可能性は低くなる。例えば、話し手は聞き手の「化粧（≒動作行為）」に対してある程度の影響を与えることができるとしても、聞き手の「生れ付きの容貌（≒状態・属性）」を制御することは不可能である。それゆえ、たとえNPが二人称であっても、VPが状態・属性を表すのであれば、(30) は「制止」より「推測」と解釈される方が自然である。

7.5 「推測」から「感嘆」へ

前出の〈表7-1〉と〈表7-2〉に基づいて〈表7-3〉を作成すれば、「推測」に用いる"麼"と「感嘆」に用いる"麼"とが軌を一にしていることが分かる。

〈表7-3〉"麼X噢"の「推測」と「感嘆」における比較

麼X噢	意味機能	「推測」	「感嘆」
A）"噢"の構造上の必要性		必須要素である	
B）主語に関する人称制限		制限なし	
C）Xの意味的特徴	望ましさ	事実レベルの危惧／対人レベルの危惧	（対人レベルの危惧）[7]
	現実性	非現実／現実	現実

「推測」という中間段階の導入によって、「感嘆」と「制止」との間に存在するギャップを埋めることが可能である。

---

[7] Xが望ましいかどうかということ自体は問わないが、Xだということを主張することは聞き手への押しかけになりかねないため、対人レベルにおいて危惧されるべき事態を指す。

第7章　〈推論〉と強意の訴えかけ

　では、X = AP で"太"が共起する"覅太 AP 噢"はどうして「推測」を表さないのだろうか。それには"覅"と"太"の両方の性質が起因していると考えられる。(31) b が示すように、"太 AP"が「推測」を表す"像煞～"句に埋め込まれても「感嘆」は表さない。

(31) a. 辣搭　　个　　蟹　　覅　　　太　　　便宜　　噢！
　　　　ここ　SP　カニ　VIO　すごく　安い　FP
　　　'ここの蟹はなんて安いんだろう！'
　　 b. 辣搭　　个　　蟹　　像煞　　　　太　　　便宜。
　　　　ここ　SP　カニ　酷似している　すごく　安い
　　　'ここの蟹は安すぎるようだ。'

　まず"太"の性格から見てみよう。"太"は〈直接経験〉から由来して、動かぬ証拠を有する属性の想定外に高い程度を言語化するものである（小野 2010 および§3.4.1.1 を参照）。一方、§7.4.3 で述べたように、明確な根拠の提示に抵抗する"覅"は推測を表すときに確信度が低い。それに比べて、本来「酷似している」を意味する"像煞"は確信度が高い。そうすると、(31) a は「構造の内側（=太）は確信度が高で、外側（=覅）は低」（「内高外低」）となる。つまり確信度の低いものが高いものより広い作用域を取るわけである。一方 (31) b は「内側も外側も確信度が高」ということになる。

　同じ（あるいは同種の）情報源に基づく話者の主観的判断を含意する成分が同一文中に複数現れる場合、通常は確信度の高い順で命題の内側から外側へと並べられる。つまり「内高外低」である。例えば、共通語の副詞"一定"（§3.4.2.2 を参照）と文末語気助詞の"吧"（§3.4.2.3 を参照）はいずれも〈推測〉に由来した情報であることを表す成分であるが、確信度においては"一定"のほうが"吧"より高いという関係が成り立つ。例 (32) における"一定"と"吧"の統語的配置は、まさに「内高外低」に合致している。

(32)［他<u>一定</u>会来<u>的</u>］吧。
　　‘彼はきっと来るでしょう。’

それに相反する配置になる"*一定也许""*必然或许"などは成立しない[8]。"剻太AP噢"も「内高外低」であり、上述の規則通りのように思われるが、しかし内実は異なる。既に述べたように、"太"の使用が〈直接経験〉を前提にしているのに対し、"剻"は確信度の低い「推測」を示すものである。即ち、"太"と"剻"とは同種の情報源に基づくものではない。その場合、理論的には「内高外低」の語順は不合理なものとなる。なぜならば、確固たる確信や直接証拠に基づく内容を、確信度のより低い伝達手段を用いて表明することは事実上考え難いからである。従って、もしも同一（同種）の情報源に基づいておらず、かつ「内高外低」の語順になっている文であれば、多くの場合、その文は文法的に成立しないか、あるいは外側に位置する（確信度の低い）伝達手段の方に意味・機能的変化が生じる。共通語の例を挙げよう。

(33) a. ??今天怕是［太冷了］。　　　　　　　　　（内高外低）
　　 b. 今天恐怕［太冷了］。　　　　　　　　　　（内高外低）
　　　‘今日は寒すぎるかもしれない。’

---

[8] 言うまでもないが、次の自然な用例から分かるように、これらの形式が不適格になるのは、同じく〈推測〉を表す副詞が複数並べていることに起因するものではない。

(i) 他们可以通过变更审判地点、向法院提出各种申请、上诉等办法，<u>也许一定</u>能够推迟审判，［……］　　　　　　　（CCL：《美国悲剧》）
　‘彼らは裁判の場所を変更したり、各種の申請や上訴を申し立てたりするなどの方法を通して、<u>きっと</u>判決を遅らせることができるだろう。[…]’
(ii) 太炎先生赞赏的"以愚自处"的另一面，<u>或许必然</u>是其大不以为然的"不肯轻著书"。　　　　　　　　　　　　　　　（CCL：读书）
　‘太炎先生が賛賞していた「以愚自処」のもう一つの側面は、<u>或いは</u>先生が決して頷けない「軽々しく著書を出したくない」ということに<u>違いないだろう。</u>’

「内高外低」というパターンの(33)a、bは、同種の情報源に基づく発話ではない。"太冷了"は「直接証拠」に基づくものであり、"怕是""恐怕"はともに単なる推測を表す(§3.4.2.1を参照)。それゆえ(33)aは不自然さが感じられ、文が成立しない。一方、(33)bは許容度が高い[9]。後者における"恐怕"は、「推測」よりはむしろ対人的な機能である"politeness"を示すマーカーに変容して、文を成立させているのだと考えられる。これと同様に、"剩太 AP 噢"も「内高外低」のパターンに属するが、確信度の低い「推測」を表す"剩"の「推測」義が(33)bにおける"恐怕"と同様に抑制され、その結果聞き手の反応を強く要求しながら主観的判断の提示をするといった対人的な機能だけが残されるようになったのである。逆に言えば、"剩太 AP 噢"が(33)aのように非文にならず、また、そもそも相性が良いとは言えない〈推測〉を表す"剩"と直接経験を含意する"太"とがあえて共起するのは、〈推測〉を表す"剩"が有する「完全に言い切らずに、ある程度は聞き手にも最終判断を委ねる」という対人的機能が、"剩太 AP 噢"の表す「感嘆」義の表出に必要だからという点に求められる。つまり、§7.2.2に述べたように"太 AP(了)"はデキゴトに対する話し手の一方的な感嘆であり、必ずしも同意をはじめとする聞き手の反応を期待しない。それに対し、聞き手に同意してもらうといった対人的な機能を実現させるために、聞き手からも共有可能な情報源である〈推論〉を表す"剩"が登場するわけである。コト目当ての"太"にヒト目当ての"剩"を加え、ある属性・性質が高い程度に達していることを述べると共に、それを聞き手に共有させるという一石二鳥の表現機能を果たすことになる。

以上が、"剩 X 噢"が"太"と共起した際に、〈推測〉ではなく「感嘆」を表すことになるメカニズムである。

---

[9] §3.4.2.1で提示したように、CCLコーパスにおいては"怕是+太"の組み合わせは2例しかなかった。仮に(33)aを"他穿得非常厚"(彼は厚着している)といった文脈に入れれば、(33)aの許容度が著しく上がる。しかしそれは、この場合の"怕是"で表された推測は"太冷了"に対するものではなく、"穿得非常厚是因为太冷了"のような原因の究明に伴った推論だからである(第3章注6を参照)。また、例(33)bの許容度に関しては、若干ではあるが不成立というインフォーマントもいた。

7.6 本章のまとめ

　以上、上海語の"覅太AP噢"が感嘆を表すようになった経路について考察してきた。ある性質や属性の程度が自分の中の想定範囲から逸脱するほど高い、という話し手独自の判断を聞き手に強く訴え、同時に同意・共感を求める、というのは"覅太AP噢"が他の感嘆表現と異なり、独自に有する意味機能である。

　本章は、従来の諸説を検討した上で、"覅"が制止から〈推測〉という中間段階を経て感嘆に用いられるようになったという経路を新たに提案した。制止を表す成分が〈推測〉の表現に転じることは他にも見られる現象であるが、それが感嘆に用いられるのは、やはり"覅"と"太"それぞれの機能の合成によるものである。〈推測〉の"覅"は低い確信度を表すため、それが修飾する命題内部に確信度の高い程度副詞の"太"フレーズが埋め込まれると、"太"の意味機能に影響されて〈推測〉の解釈が抑止され、"覅"の「聞き手目当てのモダリティ」のみが前景化する。その結果、構造全体が「対人モダリティを含意した感嘆」を表すことになるのである。

　これまでの事例研究からも分かるように、こういった意味機能の変化は特殊なものではない。より共有しやすい情報源である〈伝聞〉または〈推論〉を表す形式の作用域に〈直接経験〉が埋め込まれ、文が依然として成立する場合は、〈伝聞〉〈推論〉の形式は例外なく情報源表出の機能から逸脱し、専ら「情報源の共有」から広い意味での「（その情報源から来たかのような）情報の共有」といった対人的な機能を担うようになるのである。

第8章 内在する状態の表現から見た中国語の証拠性

　第4章から第7章までは、情報源表出形式の使用とその拡張をめぐって4つの事例を取り上げた。§3.1.4などに述べたように、情報源の表出は情報源を第一義とする形式——証拠素と証拠構造を含む——によって行われるのに限らず、特定の情報源を含意する証拠策でも可能である。本章は情報源の提示を最も求めるものだと思われる、他者に内在する状態に言及するにあたって、情報源の表出のしかたを切り口にして、証拠策の使用について考察する。

　本章の構成は次のとおりである。§8.1の問題提起では「内在する状態」を定義し、内在する状態の主体によって異なる形式で言及するかどうかは言語によって違うことを示す。§8.2では連用修飾語において内在する状態の表現の仕方についての先行研究を取り上げ、方法論などにおける改善すべきところを指摘する。§8.3では本章の調査結果であり、日中対照コーパスから見られる連用修飾語における内在する状態の表し方およびその頻度をタイプごとに提示する。§8.4では、前節の調査結果に基づいてディスカッションをし、他者の内在する状態を表すときに〈直接経験〉〈推論〉〈知覚〉の情報源が表出されることを比較分析して、情報源が違っていることで各タイプ間に見られる意味機能上の相違が説明できることを示す。§8.5では、本章の内容をまとめた上で、情報源表出形式の「整合度」と命題の内部における生起の難易度との間に正の相関が認められる考え方をあわせて述べる。

8.1　問題提起

　〈直接経験〉で知り得ない情報と言えば、他者に内在する状態（internal state、以下「内在的状態」と言う）が最も典型的と言える。内在的状態と

は、温感、疲労感、痛痒感、味覚・嗅覚、飢飽感、快感、悲喜感など、人間の感覚・認知・欲求および身体的状態に基づく感覚や感情のことである。

　内在的状態は心理的状態と重なる部分があるが、内在的状態を表すもの（もしくは形容詞などの基本形）しか入らない"我感到［　］"というフレームを用いて、内在的状態を表す表現であるか否かが判別できる。呂叔湘主編1999:216にも記述されたように、"感到"の目的語となる形容詞はふつう体や心で感じるもの（視覚・聴覚などは含まない）に限られるので、"我感到［　］"の「フィルター」をかけて単なる心理的態度を表すものが排除できる。例えば、"高兴（嬉しい・嬉しがる）"も"镇定（冷静沈着だ）"も、ともに心理的状態を表すが、(1) aは問題なく成立するのに対し、bは極めて座りが悪いことから、"镇定"は本書が定める内在的状態を表す形式ではないと認定できる[1]。

(1) a. 我感到高兴。
　　　'私は嬉しく思う≒私は嬉しい。'
　　b.?? 我感到镇定。
　　　'私は落ち着いていると思う／誰かが落ち着いていると私は思う。'

　ヒトの内在的状態に言及する際に、形の上で話し手自身の内在的状態と話し手以外のそれとを義務的に区別する言語とそうでない言語がある。例えば、日本語は前者の例である。話し手自身の内在的状態は形容詞の基本形で語るのに対して、他者の内在的状態を述べる場合は通常、形容詞の語幹に接尾辞の「ガル」が付き、形容詞句を動詞句に変換させる。例(2)に示すように、この「ガル」は一人称主語とは共起しない。一方、内在的状態を表す形容詞の基本形は三人称主語とは共起しない[2]。つまり、「ガル」と内在的状

---

[1] なお、このテストは形容詞の「基本形」にのみ適用するものである。即ち、例えば"我感到高高兴兴"は自然な言い方ではないが、"高高兴兴"の基本形である"高兴"がこのテストにパスするため、"高高兴兴"も内在的状態を表していると考える。
[2] ただし、登場人物の心理を描写する小説の中で、三人称主語でも (2) cのように

態を表す形容詞の基本形において、主語（内在的状態の主体）に関して人称制限があるということである。

(2) a.（私は）暑い。
　　b.*私は暑がっている。
　　c.*彼は暑い。
　　d.（彼は）暑がっている。

また、連用修飾語において内在的状態に言及するときにも、類似する人称の制限が観察される。語尾の「ソウダ」の連用形である「ソウニ」を形容詞の語幹に付けた形式は三人称主語の内在的状態を表すが、一人称主語とは共起できない。それに対して、形容詞が平叙文において直接に連用修飾として用いられるのは一人称主語の場合のみである。例えば、田中先生が「寂しい」の主体である場合、全く自然な（3）aと比べてcのほうはかなり不自然である。一方、「私」が「寂しい」の主体である場合、3（d）が問題ないのに対してbが許容されない[3]。

(3) a. 田中先生は（一人で）寂しそうに立っていた。

内在的状態を表す形容詞の基本形と共起することがある。しかし、これはあくまで限られた文体に見られる現象であり、本書の考察の範囲外にある。

[3]「ソウダ」の意味機能については、益岡・田窪1992:130が「ある対象が呈している様態を表す」「動的述語に接続した場合、動的事態の生起が予想されるような外的兆候が見られることを表す」と指摘している。なお次の2点を補足したい。伝聞を表す助動詞の「そうだ」は本章の射程外であることをまず断りたい。また、「ソウニ」が付いているからといって、必ずしも第三者だとは限らない。例えば、「偉そうに喋っている」という表現については、「*偉く喋っている」という言い方自体がそもそも存在しない。従って当然、人称によって違う形を取るということが言えない。ところが中国語に、この「偉（そうに）」と意味的に対応しているのは"傲慢"などであり、後者は前述の"鎮定"と類似し、"我感到[　]"というフレームに入らない。よって、内在的状態について言及する表現ではないのである。このことから、「偉そうに（喋っている）」のように「～ソウニ」でしか連用修飾を構成できない形容詞も本章の考察対象には入れない。

b.* 私は（一人で）寂しそうに立っていた。
c.?? 田中先生は（一人で）寂しく立っていた。
d. 私は（一人で）寂しく立っていた。

　以上から分かるように、これらの文における「ガル」と「ソウニ」の働きは、他者の内在的状態と話し手自身のそれを形式の上で区別することにあるのである。この区別は、内在的状態の主体によって、情報――即ち内在的状態――の情報源が異なるといった認識論に起因すると考えられる。つまり、話し手自身の内在的状態は〈直接経験〉から知り得たものであるため、何らかのマーカーを付ける必要がない。これに対して、他者の内在的状態は〈直接経験〉で知ることができず、ふつう外部からの観察に基づいて推論などを通じて間接的に知り得るものであるため、何らかのマーカーを付けて表示するのである。
　ところが、例（2）a、dと（3）a、dを中国語に訳すと（4）（5）になるが、これらの文だけを見れば、中国語は内在的状態の主体によって、さらに言えば情報としての内在的状態の情報源によって、日本語ほど、特定の内在的状態を意味する形式で「自」－「他」もしくは〈直接経験〉－〈非直接経験〉を区別しないように見える。

（4）a. 我很热。
　　 b. 他很热。
（5）a. 田中老师（一个人）难过地站着。
　　 b. 我（一个人）难过地站着。

しかし、それにより、中国語は形の上で自分の内在的状態と他者の内在的状態を常に同様視し、同じように言語化していると結論付けても良いだろうか。本章では、先行研究の考察と分析を検討しながら、動作行為を伴う他者の内在的状態が中国語でどう表現されるかを考察し、情報源の表出という証拠性の観点から内在的状態の言及の仕方、ならびに「中国語は内在的状態の

表現形式を、主体の違いによって区別をするか否か」について再検討する。

8.2 先行研究

筆者はかつて上記と同様の目的で、日中対照コーパス（北京日本学研究センター2003年版）で、「形容詞語幹－ソウニ＋動詞」の用例を検索し、そこで得た用例の中国語訳を考察した（李佳樑2009）[4]。「形容詞語幹－ソウニ＋動詞」で検索した理由は、この表現フレームはほとんど三人称の内在的状態を表すこと、内在的状態の表現が文の述語動詞の連用修飾語という命題の内部に位置すること、という2点が挙げられる。対応する中国語の表現を考察することによって、もし何らかの傾向が認められれば、中国語における情報源の表出にかかわるストラテジーをある程度見出すことが可能になるのみならず、証拠性が命題の内部においてどう表出されるかについても窺えると考えたからである。

この調査では、「形容詞語幹－ソウニ＋動詞」が375件検出され、それらの用例における「形容詞語幹－ソウニ」に対応した中国語表現を、統語的位置などによって〈表8-1〉に示すように整理した。そのうち、対応する中国語訳では日本語と同様に連用修飾語に訳されているものは261件あり、約7割を占めている。ところが、これらの連用修飾語のなかで情報源を明言しているのは（6）の1例だけであった。

〈表8-1〉「形容詞語幹－ソウニ＋動詞」に対応する中国語の表現のタイプ

タイプ	連用修飾語	述語	様態補語	連体修飾語	意訳	訳出無し	合計
用例数	261	60	19	27	4	4	375
%	69.6	16.0	5.1	7.2	1.1	1.1	100

---

[4] 動詞が「する」「なる」「見える」「聞こえる」「見せる」「思う」などの「形容詞語幹－ソウニ＋動詞」は除外した。なぜなら、これらの動詞は典型的な動作行為を表すものではなく、また、その前の「形容詞語幹－ソウニ」は主体の動作行為を伴う内在的状態を表すものでもなく、中国語に訳す場合は動詞の目的語になるからである。

(6) a. 喜助は嬉しそうに忠平の顔を見ている　　　　　　（『越前竹人形』）
　　b. 喜助显得很高兴地望着忠平　　　　　　　　　　《越前竹人形》）

それに対し、"显得（〜の様相を呈する）"の類の形式が含まれず、「ソウニ」の直前の形容詞（語幹）が連用修飾語に訳されたものは、更に「裸」「比況」「程度副詞による修飾」という3種類に分けられた[5]。それぞれ、次の（7）〜（9）を参照されたい。

(7) a. それから愉快そうに一つ笑っておいて［…］　　（『あした来る人』）
　　b. 他高兴地笑笑［……］　　　　　　　　　　　　（《情系明天》）
(8) a. しんからのんきそうに笑っておっしゃる　　　　　　（『斜陽』）
　　b. 她好像满不在乎地笑着说　　　　　　　　　　　　（《斜阳》）
(9) a. ナオミは［…］擽ったそうに私の顔を覗き込んで　（『痴人の愛』）
　　b. 纳奥米［……］有些不好意思地望着我　　　　　（《痴人之爱》）

以上の3類および（6）の用例数と割合を示すと、以下の〈表8-2〉になる。

〈表8-2〉連用修飾語に中訳された「形容詞語幹‐ソウニ＋動詞」の内訳

連用修飾語に訳されたもの	裸	比況	程度副詞による修飾	情報源の明示	合計
用例数	213	39	8	1	261
％	81.6	14.9	3.1	0.4	100

　情報源を明示するものが全体の0.4％しか占めていないことから、筆者（李佳樑2009）は中国語において、連用修飾語の内部には情報源表出形式が現れにくいと結論した。同時に、現れにくい原因として、中国語において証

---

[5] 「裸」とは副詞や様態補語が共起せず、形容詞が裸で連用修飾語になるものを指す。「比況」とは"好像"などに形容詞が続いて、全体が連用修飾語になるものを指す。また「程度副詞による修飾」とは、程度副詞の修飾を伴った形容詞句が連用修飾語になるものを指す。

拠性は文法化の度合いが低く、命題の外側にしか生起しないモダリティの成分に近いからなのではないかという仮説を提示した。

　しかしながら、あらためて検討すると、上で述べてきた考察と分析には、いくつかの不備が指摘できる。1つ目は、方法論として、日本語の原文に対応した中国語訳において、翻訳調など、統計の結果に影響を与えるファクターが排除できたかとは言い切れない、ということである。2つ目は、情報源の表出にかかわる形式の認定基準が狭すぎるという点である。§3.1.4で提示したように、それに基づいて情報源が特定化できる言語形式を「情報源表出形式」と見なすならば、その形式の語彙的な意味が何らかの情報源と直結できるか否かは情報源表出形式の認定にあたっての唯一な基準ではない。つまるところ、"顕得"の類だけを情報源表出形式と見なすのは妥当だとは言えないことになる。それに関連して3つ目として、情報源表出形式が実際のところ"顕得"の類に限らないのであれば、中国語の連用修飾語において情報源表出形式が出現しにくいという結論を見なおす余地が出て来る。さらに4つ目として、たとえ連用修飾語の内部における情報源表出形式の生起が難しいとしても、その原因について、モダリティの成分に近いからということのほかに考えられる原因があるかどうかを、再検討すべきである。現に"好像"などが連用修飾語の内部に現れる場合、多義性が生じやすく、文の分析が難解になる。例えば次の（10）aは両義的である。この文における"好像"は、それぞれ（10）bと（10）cが示すように、広い作用域（スコープ）と狭い作用域を有する可能性が認められる。

（10）a. 她好像満不在乎地笑着说
　　　b. 她［好像［満不在乎地笑着说］］　　——広いスコープ
　　　c. 她［［好像満不在乎地］笑着说］　　——狭いスコープ

情報源表出形式においては、"好像"のような比況類が主語の直後に用いられた場合に、スコープの解釈が2つ以上許されることがあることから、その多義性を回避すべく、連用修飾語における生起が抑えられているのではない

かとも考えられる[6]。換言すれば、これらの形式が連用修飾語においてそれほど用いられない理由は、証拠性の文法化の度合いが中国語において低いこと以外にも存在するかもしれないのである。

　以上の問題点に対して、本章は次のような修正を試みたい。まず、中国語のデータの信憑性を確保すべく、中国語の原文を日本語に訳したものから「形容詞語幹－ソウニ＋動詞」の用例を検出し、それに対応した中国語の原文に遡って、中国語の原文で内在的状態の表出を考察する[7]。次に、「形容詞語幹－ソウニ＋動詞」に対応する中国語の表現に関して、語彙的な意味で情報源を表すものに限定せず、より広義の意味において情報源表出形式を認定することにする。この2点を主たる修正方針とした上で調査した結果をもとにして、命題内部における証拠性の表出およびその背後に潜んでいる規則性の究明を試みたい。

8.3　調査の結果

　本章の調査では「日中対照コーパス」から日本語で「形容詞語幹－ソウニ＋動詞」に訳されている中国語の原文を考察対象として、合計636の実例を得た。そのうち、中国語の原文が連用修飾語になっているものは78％を占めており、原文が述語のものと"得"で始まる補語になっている文は11％前後で、その他も11％である。連用修飾語のものは、以下のように形式的特徴を基準にして分類することが可能である。

A類：性質形容詞＋（地）＋V
　内在的状態を表す形容詞が裸で連用修飾語になるタイプである。

---

[6]　"顕得"は解釈として狭いスコープのみが可能であるゆえ、(6) bなどが許容されるのである。
[7]　本章の注5と同様に「する」などの動詞を含む「形容詞語幹－ソウニ＋動詞」の用例を除外した。

第8章　内在する状態の表現から見た中国語の証拠性

A1

（11）道静懊丧地摇着头　　　　　　　　　　　　　　　　《青春之歌》

'道静は情けなさそうに首をふった'8)

A2

（12）荀磊现在却歉然地对她笑着　　　　　　　　　　　　《钟鼓楼》

'荀磊は［…］すまなさそうに微笑みながら、［…］'

A3

（13）小燕子欢叫着　　　　　　　　　　　　　　　　　《轮椅上的梦》

'子ツバメは［…］楽しそうに鳴きながら、［…］'

例（11）に代表されるA1はA類の中心的メンバーである。それに対して、(12)（13）が代表するA2とA3は典型から離れている。(12)にある形容詞"歉然"は形態素の"歉"と"～的样子（～さま）"を意味する形態素"然"からなっており、後に述べるC類に共通する面があるが、"歉然"が一語である点から言うとA類に帰属させるべきだと考える9)。(13)については、内在的状態を表す形容詞的形態素"欢"が動詞的形態素"叫"と融合して一語化しており、"欢"が自由形態素ではないという点において、(11)の"懊丧"のような性質形容詞とはやや異なる。

B類：状態形容詞＋（地）＋V

内在的状態を表す状態形容詞が連用修飾語になる場合にも3つの下位類がある。

---

8) 本章における日中対照コーパスから検出された中国語の用例の日本語訳は、概ね当該コーパスの日本語訳をそのまま引用しているが、原文の意味を忠実に反映させるように、筆者が一部修正・変更したものも含まれている。
9) 董秀芳 2004 は「"然"は本来生産的な副詞の接尾辞であったが、生産性の消失につれて、現代中国語には"突然、忽然"などしか残らず、"然"とその前の成分との関係が曖昧になってきた。中国語に関して通時的知識を持たない人にとって、これらの語は単純語と同様であろう」と述べた。また、辞書はよく"～然"類の形容詞の意味を"形容～的样子"と語釈している。

B1
　（14）王一生坐回床上，很尴尬地笑着　　　　　　　　　　（《棋王》）
　　　'王一生はベッドに戻って座り、てれくさそうに笑っていた'
B2
　（15）荀磊高高兴兴地扭身回屋取浆糊去了　　　　　　　　（《钟鼓楼》）
　　　'荀磊はうれしそうに家へとってかえした'
B3
　（16）（杏儿）怯怯地叫了声　　　　　　　　　　　　　　（《钟鼓楼》）
　　　'杏児は恥ずかしそうにあいさつした'
　（17）牛牛也喜滋滋地叫着　　　　　　　　　　　　　　　（《轮椅上的梦》）
　　　'牛牛もうれしそうに叫んだ'

　「状態形容詞」については朱德熙1982に従って、"程度副詞＋形容詞＋的"をも状態形容詞と見なす。B1がそれに該当するものである。また、(15)の状態形容詞"高高兴兴"には基本形として性質形容詞の"高兴"があり、性質形容詞の重ね型で構成される状態形容詞のB2の代表となる。B3類は主として語形成のレベルで構成される状態形容詞である。"怯""喜"はいずれも自由形態素ではなく、"怯怯""喜滋滋"の形になって初めて語として用いられるため、これらを一つの下位類に収めておく。

C類：似乎＋（程度副詞）＋性質形容詞＋似的＋V
　C類は、性質形容詞がその前に"似乎""好像""如同""显得"など、もしくはその後に"似的""一般"などと共起する連用修飾語のタイプである。その代表として、上のタイトルには"似乎""似的"を挙げている。

C1
　（18）（道静）歪过头好像害羞似地一笑　　　　　　　　　（《青春之歌》）
　　　'道静は振り向いて恥ずかしそうににっこりした'

C2
 (19) 鲍彦山<u>惭愧似地</u>笑了一声 　　　　　　　　　(《小鲍庄》)
　　　'鲍彦山は恥ずかしそうに笑った'
C3
 (20) (恂如) <u>又似乎快意地</u>叫着 　　　　　　　　(《霜叶红似二月花》)
　　　'恂如は［……］愉快そうに笑った'

(19) (20) に示されるように、（程度副詞＋）性質形容詞の前後に"似乎"と"似的"を同時に用いる必要はない。後方のみ用いられているのはC2類であり、前方のみ用いられているのはC3類である。なお、"显得"と"好像"などは語彙的な意味がそれぞれ異なるものの、形容詞に前置するという統語上の位置が共通しているため区別をしない。

D類：P＋性質形容詞＋的＋N＋V
　D類は、何らかの表情・眼差しを示したり、何らかの口調で喋ったりしながら、ある動作行為を行うことを表す。Pは"带着""用"などの付随状態や道具を導く動詞・前置詞を表し、性質形容詞の修飾を受け、表情・口調・眼差しなどを表す名詞Nを後ろにとる。

 (21) (他) <u>带着满足的微笑</u>摸着自己的脸颊说 　　　(《青春之歌》)
　　　'満足そうにうす笑いをしながら、頬をなでなでいう'
 (22) 爸爸<u>用疑虑的目光</u>打量着我 　　　　　　　　(《轮椅上的梦》)
　　　'父は疑わしそうに私を見て'

E類：一脸／满脸＋性質形容詞＋地＋V
　E類は主に動作行為Vに伴う表情を描くものである。

 (23) 他<u>满脸疑惑地</u>问我 　　　　　　　　　　　　(《轮椅上的梦》)
　　　'彼はいぶかしそうに私にたずねた'

F類：N＋性質形容詞＋地＋V

（24）那人语气担忧地讲着她刚才在屋里看到的情形　　　（《轮椅上的梦》）
　　'その人が、いま見てきた中の様子を心配そうに話している'
（25）我都看到妈妈神情焦虑地注视着我　　　　　　　（《轮椅上的梦》）
　　'目を開けるたび、心配そうにのぞきこむ母の視線にぶつかる'

　F類におけるNはD類のNと同様に、表情・口調などを表す名詞である。直後の形容詞と組み合わせた主述構造が"地"を介して動詞Vを修飾する。構造全体は動作行為Vが表出されると同時に、関連する表情などが付随的な情報として提示される。
　E類も"一脸／满脸"が名詞句であり、その後の性質形容詞と主述構造になるため、F類と一つにすることも可能である。ところが、E類の連用修飾語を構成する主述構造の主語にあたるものは"一脸／满脸"に限られており、なお且つ"一脸／满脸"という語自体には表情を表す意味がないため、ここでは取りあえずE類とF類を2つに区別する。

〈表8-3〉連用修飾語における内在的状態の表出タイプ

タイプ	A			B			C			D	E	F	合計
	A1	A2	A3	B1	B2	B3	C1	C2	C3				
用例数	332	7	7	39	37	18	2	19	3	22	4	3	493
%	67.3	1.4	1.4	7.9	7.5	3.7	0.4	3.9	0.6	4.5	0.8	0.6	100
計%	70.1			19.1			10.8						100

　〈表8-3〉は、以上の6つのタイプの用例数および割合を示しているものである。その内、A類は7割を占め、圧倒的に優勢である。その次はB類であり、およそ2割を占めている。C類以下は、合計で1割強を占めている。
　以下、これらのタイプの存在および使用頻度は何を語っているのかについ

て、証拠性の観点から論じていきたい。

8.4 他者の内在的状態に言及する証拠性のストラテジーおよび傾向

§8.3に示したように、A〜Fはすべて他者が動作行為を行うのと同時点におけるその人物の内在的状態に言及する表現である。この調査結果を基にして、中国語の連用修飾語における内在的状態の表出にあたって、いくつかの傾向が抽出できる。

8.4.1 〈直接経験〉

A類が書き言葉においておよそ7割を占めていることから、中国語の母語話者は連用修飾語で他者の内在的状態を表出するときに、4分の3近くのケースにおいて、その内在的状態の情報ソースを言語化・顕在化しないと言わざるを得ない[10]。取りも直さず（5）aが、話し手自身の内在的状態を語る形式——例えば（5）b——と同様に、〈直接経験〉の表明に準じた形式で述べ、自分の内在的状態なのか、それとも他者の内在的状態なのかを区別しないのである。

ところが、A類が圧倒的に多数を占めている事実がある一方で、B以下のタイプも合計すれば、決して無視できない3割を占めている。形から見ればA類と比べ、それ以外のタイプはすべて有標的であると考えられる。そして、それらの機能は他者の内在的状態という情報の情報源を提示することにほかならない。従来の研究において、これらの形式が証拠性の観点から体系的に考察されなかったのは、語彙的意味から特定の情報源と直接結びつかないものであるからだろう。本章では、これらB〜Fのタイプに属する諸形式を証拠性の観点から分析してみる。

---

[10] 本調査で使用した「日中対照コーパス」は書き言葉がメインである。また、検出した用例は地の文に集中している。

8.4.2 〈推論〉
8.4.2.1　D～F類

　まずD類～F類から先に見ていく。(21)～(25)に対して、D類のPとN（以下はD類のNだけに言及した場合はPも含める）、およびE類の"一脸/满脸"、F類のNを削除すると、(26)～(30)のようなA類の文になる。

　(26) (他) 满足 地 摸着自己的脸颊说
　(27) 爸爸 疑虑 地 打量着我
　(28) 他 疑惑 地 问我
　(29) 那人 担忧 地 讲着她刚才在屋里看到的情形
　(30) 我都看到妈妈 焦虑 地 注视着我

(26)～(30)は文法的に依然として成立するだけではなく、意味的にも元の(21)～(25)とさほど差がなさそうに見える。特に(22)(24)(25)の場合、"目光""神情""语气"は元の文においては修飾される主要部、もしくは主述構造の主語にあたる成分であるものの、修飾部もしくは述語の形容詞ほど必要ではないと言える。なぜなら、"打量"や"注视"などの動作行為の施行には必ず何らかの"目光""表情"が伴うし、"讲"の場合も何らかの"语气"を伴って実行されるからである。それに対して、逆にNをそのまま残しながら、形容詞を削除した場合、文はすべて成立しなくなる。

　(31) *爸爸 用 目光 打量着我

　なお、(21)を(26)のように変更すると、情報の一部——"微笑（微笑み）"——が伝わらなくなるのが確かである。しかし、それ自体が"满足地摸着自己的脸（満足そうにあごを撫でる）"というイベントにおいてそれほど重要であるとは考えにくい。なぜなら、"满足（満足する）"の表情と言えば、十中八九微笑みであり、つまり"满足"と"微笑"には広い意味での

「一致関係」が認められるからである。また（23）からNの"満脸"が削除された（28）は"疑惑"の（高い）程度が読み取れなくなるが、"疑惑"があるか否かという点で言えば、（23）と内実が異なるとは思えない。

ところが、大した情報価値を持たず、経済性からかけ離れているように見えるN（Pも含む）があえて（21）〜（25）のように、他者の内在的状態に言及する場合に表出されるのは、やはりそれなりの動機付けが存在するからであろう。そこで考えられるのは、D〜F類は単にある主体の内在的状態を表すだけではなく、その主体の外観的徴候——問題にしている内在的状態に関連する表情など——も同時に提示しているということである。その目的は、情報としての「話し手以外の主体」の内在的状態を知りえた情報源——観察された結果に基づいた〈推論〉——を言明することにある。

以下に挙げる3点からこの観点を裏付けることができる。

①三人称との親和性

（21）〜（25）の主語を一人称に置き換えると、文の許容度が著しく落ちることから、話し手自身の内在的状態の表出には、D〜F類が不向きだということが分かる[11]。

(32) ??我 带着 满足 的 微笑 摸着自己的脸颊说
(33) ?我 用 疑虑 的 目光 打量着爸爸
(34) ??我 满脸 疑惑 地 问他
(35) ?我 语气 担忧 地 讲着自己刚才在屋里看到的情形
(36) ??我 神情 焦虑 地 注视着妈妈

それと対照的なのは、A類の用例の主語を一人称に置き換えても、文の許容度は変わらないという点である。

---

[11] ただし、小説などで自分を客体化する場合は（32）〜（36）のような文は問題なく成立する。§8.4.3.2の例（60）〜（62）についての分析を参照されたい。

(37) 我懊丧地叹了一口气。　　　　　　　（CCL：戴厚英《人啊人》）
　　'私は情けなくため息をついた。'
(38) 我歉然地对她说　（CCL：海星《陶斯亮找不着"高干子女"的感觉》）
　　'私はすまなく思って彼女に言う'
(39) 我激动不已，伸出双手欢叫着迎上去了。　（CCL：冯苓植《雪驹》）
　　'私はすごく興奮して、両手を伸ばし歓声を上げながら迎えて行った。'

つまり、A類は三人称とも一人称とも自由に共起できるのに対して、D～F類は一人称との共起がある程度以上に制限されるのである。この制限は日本語の例（3）a、b（(40)に再掲）に示される「ソウニ」の人称制限と類似する。D～F類で（3）aは自然に訳出される。

(40) a. 田中先生は（一人で）寂しそうに立っていた。
　　　'田中老师｛带着难过的表情／一脸难过地／神情难过地｝站着。'
　　b.* 私は（一人で）寂しそうに立っていた。
　　　'?? 我（一个人）｛带着难过的表情／一脸难过地／神情难过地｝站着。'

要するに、D類とF類のNとE類の"一脸/满脸"は〈表8-4〉でまとめるように、日本語の「ソウニ」と平行的な分布を示している。

〈表8-4〉"一脸/满脸"と「ソウニ」の分布

		話し手の内在的状態	他者の内在的状態
中国語	D類とF類のN（Pを含む） E類の"一脸／满脸"	−	＋
日本語	「ソウニ」		

D類とF類のNおよびE類の"一脸/满脸"などはなぜこのような分布

を示すのであろうか。情報源の〈伝聞〉を除外する限り、話し手は当該人物の表情・眼差し・声を観察して、その人の内在的状態を察知するしかない。D類とF類のNおよびE類の"一脸/满脸"はすべて外観的徴候が現れる「場」であり、それらの共起がまさに話し手が外部から観察を行ったことを示している。一方で、外観的徴候の感知は視覚・聴覚などの感覚に依存するため、話し手は自分の表情や眼差しを外部から観察することはできない。したがって、話し手自身の内在的状態の表出にはD類とF類のNおよびE類の"一脸/满脸"が用いられないのである。

②非叙実的な文脈に用いられる

　次に、A類は内在的状態を叙実的（factive）事態として表出する。つまり、話し手は「主体がこの内在的状態にある」ことを自らの信念として持っている。それに対して、D類〜F類は必ずしも叙実的事態として内在的状態を表さない。言い換えれば、話し手自身は「主体がこの内在的状態にない」と認定している可能性も存在する。言い換えれば、非叙実的（non-factive）である。E類の（23）とA類の（28）を例にとり、前後に内在的状態を打ち消す文脈を付けて考察してみると、次のようになる。

(41) a. 他满脸疑惑地问我，心里却早已有了答案。
　　　'彼はいぶかしそうに私にたずねたが、心の中には既に答えがあった。'
　　b. 他明明心里早已有了答案，却满脸疑惑地问我。
　　　'彼は心のなかに既に答えがあったのに、いぶかしそうに私にたずねた。'
(42) a.[??] 他疑惑地问我，心里却早已有了答案。
　　b.[??] 他明明心里早已有了答案，却疑惑地问我。

なぜ（42）が不自然なのかというと、主体がある内在的状態にあることを話し手が認定したにもかかわらず、自らそれを覆すような事態を述べて自己矛

盾を生じさせたからであろう。それと対照的に、(41)のように、内在的状態を意味する形容詞の前に"满脸"を加えると、一見矛盾するように思える文脈にも問題なく用いられるようになる。(41)において、"满脸疑惑"はあくまで観察した表情が"疑惑"のように見えたことに言及するだけであり、主体が本当に"疑惑"の状態にあるか否かは"满脸疑惑"という表現からは何も担保されていないのである。

　面白いことに、日中対訳コーパスでは観察されていないが、一見したところE類に類似するが、"满心/满腔/满腹＋性質形容詞＋地＋V"などは、(41)のように内在的状態と一致しない文脈においては成立しない。

(43) a. 大家满心欢喜地把老人送下飞机。　　　　（CCL：人民日报）
　　　　'みんな大変嬉しそうに飛行機から降りる老人を見送った。'
　　b.*大家一点儿也不高兴，却满心欢喜地把老人送下飞机。
　　　　'みんなは機嫌がちっとも良くないが、大変嬉しそうに飛行機から降りる老人を見送った。'

(44) a. 作为重庆大轰炸的受害者和幸存者，老人满腔悲愤地诉说：[……]
　　　　　　　　　　　　　　　　　　　　　（CCL：ニュース記事原稿）
　　　　'重慶大空襲の被害者と生存者として、老人は悲しみと怒りに満ちたように言った'
　　b.*老人对此早已忘怀，却满腔悲愤地诉说：[……]
　　　　'老人はもうとっくに気にしなくなったが、悲しみと怒りに満ちたように言った'

(45) a. 刘半仙吃了一惊，满腹狐疑地望着他［……］
　　　　　　　　　　　　　　　　（CCL：朱樱《刘半仙与香港股市大谍》）
　　　　'劉半仙はびっくりして、不審そうに彼を眺め［…］'
　　b.*刘半仙心里一清二楚，却满腹狐疑地望着他。
　　　　'劉半仙ははっきり分かっていたが、不審そうに彼を眺め［…］'

"心""腔""腹"の中にあるものは目に見えないため、"满心/满腔/满腹＋

性質形容詞＋地＋V"などは外部からの観察に基づいて内在的状態を推論することを表すものではない。それゆえに、これらの形式はA類と同じように〈直接経験〉を情報源として言語化するものであり、取り消すことができないのである。それと比べて、E類は外部からの観察に基づいた〈推論〉という情報源を含意することが明らかである。

③意志表明に用いられる

　D～F類は行為の禁止などの話者の意志を表明する文脈に現れることがある。例（46）aと（47）aはその実例である。それに対して、（46）bと（47）bから分かるように、A類は意志表明文には現れない。

(46) a. 假如我某一天在拍卖行欣赏珠宝，请不要用不屑的表情对我大谈贵族的不劳而获。　　　　　　　　　　（CCL：读者（合订本））
　　　'もしも私がある日オークション会場で真珠・宝石のアクセサリーを鑑賞しているところを見たら、さげすんだ表情で、貴族は働かないで（物を）手に入れる、と私に堂々と言わないでください。'
　b. ?? 请不要不屑地对我大谈贵族的不劳而获。
(47) a. 别满脸无辜的对我说你爱她，你他妈你爱她干嘛跟我好啊［……］
　　　　　　　（http://www.gexing.com/qqqianming/13604527.html）
　　　'彼女を愛していると、何食わぬ顔で私に言うな。彼女を愛していると言うなら、どうして私にかまったりしたのよ。'
　b. ?? 别无辜地对我说你爱她。

この差もA類とD～F類の異なる性格を語っている。他者の内在的状態を制御することは不可能であるが、その状態の表面上への現れ――特定の表情・口調・眼差しなど――はコントロールできることから、意志表明に用いられないA類が内在的状態を表すとすれば、D～F類は内在的状態の外部への現れにより重きが置かれていると言える。

　以上の3点をまとめると、D類～F類におけるNや"一脸/满脸"など

の語句を通じて、話し手は外観的徴候に依存して対象を観察したこと、さらには外部からの観察が行われたことが表出されている、ということになる。

8.4.2.2　C類

次にC類について考えよう。以上で述べたように、D類～F類におけるNと"一脸/满脸"が、極めて少ない情報量しか持たないにもかかわらず生起する動機付けは、(48)に挙げる含意に基づいて情報源を提供することにある。

(48) 外観的徴候の依存対象を観察した結果に基づいた推論＞
　　　外観的徴候を観察した結果に基づいた推論＞
　　　〈推論〉の情報源を持っている

ところで、問題の内在的状態に関連する外観的な徴候を観察できたことさえ明言しておけば、その徴候は具体的にどのようなものなのかについては触れなくても構わない。従って、表情や口調などのような、外観的徴候に依存した対象の詳細までを具体的に明言する必要は必ずしもないのである。C類はこのような、外観的徴候の観察を行ったことのみを言語化するものだと考えられる。

D～F類が内在的状態の外観的徴候の依存対象である表情・眼差し・声などを言語化することによって情報源の表出を実現させるものだとすれば、C類は話し手が主体の何かしらの外観的徴候を観察したことの言及に留まり、「外観的徴候の観察を行った」ことのみを含意するのである。以上のような相違があるものの、C類にもD～F類と同様に、一人称との非共起性および非叙実性が認められる。まず一人称との非共起性について、例(49)～(51)を(18)～(20)と比較されたい。

(49) ??我歪过头好像害羞似地一笑
(50) ＊我惭愧似地笑了一声

(51) ＊我又似乎快意地叫着

また、非叙実性については、「ある主体がなんらかの内在的状態にある」と話し手が認定したということを必ずしも含意しないC類は、しばしば当該の内在的状態を打ち消す文脈に用いられ、「その人の本当の気持ちは決してそうではなく、そういうフリをしているだけだ」ということを暗にほのめかし、反事実（counter-factive）の表現機能を果たしている。例えば、

(52) 他说得那么委婉，那么诚恳，然而又那么血淋淋的怕人。说完了还无限惋惜似的长叹了一口气。　　　　　　　　　　（《青春之歌》）
'かれの口調は、やさしく誠実そうだったが、身ぶるいするほど恐ろしい人だった。しかも、話し終ると、さも残念そうに長い溜息をついた。'
(53) 听到这个消息，关敬陶受了刺激，觉得唯一熟识的领导干部走了，他无限惋惜地说［……］　　（CCL：李英儒《野火春风斗古城》）
'この情報を聞いてショックを受けた関敬陶は、たった一人のよく知っている幹部がいなくなったと思い、残念そうに言った。'

例（52）は小説の悪玉である人物についての描写であり、例（53）は作者が同情を寄せている対象である関敬陶についての描写である[12]。（52）の下線部を（53）と同じ"无限惋惜地"に置き換えると、もともとあった「残念そうなフリをしている」といったニュアンスがなくなるため、偽善者の人物像と噛み合わなくなる[13]。

C類の使用頻度はD～F類と概ね同様である。しかしながら、〈表8-3〉

---

[12] 作者の李英儒は同小説（人民文学出版社，2005年）の「序」に"对于关敬陶夫妇，也寄予了同情（関敬陶夫婦に対しても同情を寄せた）"と述べている。
[13] 出典の小説を読んでいない母語話者に（52）と（53）だけを見せ、（52）の"他"と（53）の"关敬陶"は悪玉と善玉のどちらに思うかを回答してもらった。被験者はほとんど"他"は悪玉で、"关敬陶"は善玉だと答えた。

に示したように、マーカー後置型のC2類は4%近くでCタイプの中で最も多くを占めており、マーカー前置型のC1とマーカー前後併用型のC3はいずれも0.5%前後である。このような頻度差は次のことに起因すると考えられる。C1は性質形容詞の後方が閉じていないため、どこまでがマーカーのスコープ内（つまりどこまでが外観的徴候を観察して知りえた情報）なのかについて多義性が生じる。まさに（10）の"好像満不在乎地笑着説"と並行する現象である。それに対して、マーカー前後併用型のC3は、C1にあるスコープの多義性は回避できるが、前後ともにマーカーが使用されるため、経済性に欠けるというデメリットが考えられる。それで使用頻度はそれほど高くないのであろう。結果として、明晰さと経済性を見事に両立させているC2類が、最も高い使用頻度で現れるわけである。

8.4.3 〈知覚〉

　A類の次に高い頻度で現れるのは状態形容詞が連用修飾語になるB類である。朱徳熙1982:75（日本語訳は杉村・木村1995による）は以下のように指摘している。

> 　書面語においては、二音節形容詞が副詞接尾辞"的"（しばしば"地"と表記される）を伴うと連述修飾語になることができる。
> 　　　他恭敬的垂手站在伯夷的床前。　　　　　　　　（魯迅）
> 　　　[彼は恭しく両手を垂れて伯夷の寝台のそばに立っている]
> 　　"你等急了吧？"他和气地跟我说。　　　　（新聞記事から）
> 　　　[「待ちくたびれたでしょう」彼は穏やかに私に対して言った]
> 　口語では、このような場合はつねに、"恭恭敬敬的站在那儿"，"挺和气的跟我说"のように状態形容詞を用いる。

状態形容詞のほうが性質形容詞より自由に連用修飾語として用いられるということは明らかである。では、なぜそうなのか。管見の限りでは、まだ明確

第 8 章　内在する状態の表現から見た中国語の証拠性

な回答は得られていない。

8.4.3.1　一人称との非共起性

　状態形容詞は連用修飾語になる以外に、人称との共起においても性質形容詞と異なる傾向が見られる。《汉语形容词用法词典》（鄭懷徳・孟慶海編，商務印書館 2003 年）の付録に記載されている 25 個の内在的状態を表す ABB 型の状態形容詞を CCL コーパスで検索したところ、一人称の内在的状態を述べるケースは全用例のうち 10％しか占めておらず、残りの 9 割はほとんど二・三人称の内在的状態を表したものであることがわかった。検索した結果は以下の通りである。なお、括弧の中にある数字に関しては、コロンの左側はその形容詞が一人称に用いられた用例数で、右側はその形容詞の全ての用例数である。

　　（ア）　一人称に用いる用例がなかった ABB 型の状態形容詞（9 個）
　　　　　悲惨惨（0：1），悲凄凄（0：1），悲切切（0：4），病歪歪（0：5），病恹恹（0：25），病殃殃（0：3），急喘喘（0：1），气囊囊（0：1），喜盈盈（0：13）。
　　（イ）　一人称に用いる用例が 5％未満の ABB 型の状態形容詞（8 個）
　　　　　空落落（2：59），乐呵呵（13：345），乐滋滋（4：104），怒冲冲（1：106），气鼓鼓（2：86），气呼呼（1：23），怯生生（11：296），喜滋滋（4：169）。
　　（ウ）　一人称に用いる用例が 5％以上 10％未満の ABB 型の状態形容詞（3 個）
　　　　　急冲冲（3：50），气冲冲（13：220），气哼哼（4：71）。
　　（エ）　一人称に用いる用例が 10％以上 20％以下の ABB 型の状態形容詞（3 個）
　　　　　乐悠悠（1：5），美滋滋（24：124），兴冲冲（50：481）。
　　（オ）　一人称に用いる用例が 20％を超えた ABB 型の状態形容詞（2 個）
　　　　　急乎乎（1：4），乐颠颠（6：26）。

以上の数字から分かるように、内在的状態を表す ABB 型の状態形容詞は多

201

くの場合、他者の内在的状態を表す。また、比較的自由に一人称の内在的状態を表せる（用例が10％以上の）ABB型の状態形容詞は全体の5分の1弱を占めるにすぎない少数派である。

　ほかの類の状態形容詞についても概ね同じ傾向にあると言える。例えば、B2タイプに分類されるAABB型の"高高兴兴地（喜んで）""慌慌张张地（あわただしく）""战战兢兢地（ビクビクして）"、B1タイプに分類される"｛非常/很/十分/颇/特别｝高兴地""｛非常/很/十分/颇/特别｝难过地"をCCLで検索した。結果として得た一人称に用いられる頻度を〈表8-5〉に示す。

〈表8-5〉ほかの類の状態形容詞が一人称に用いられる頻度

		一人称に用いる用例数	全用例数	一人称に用いる頻度
B2タイプ	高高兴兴地	33	491	6.7％
	慌慌张张地	6	168	3.6％
	战战兢兢地	22	189	11.6％
B1タイプ	adv.＋高兴地	201	613	32.8％
	adv.＋难过地	3	15	20％

　なお、"程度副詞＋高兴地"は一人称に用いられる頻度がかなり高いように見えるが、その201例の内、半分以上を占める107例が動詞の"看到""见到"（以上は「見る」）、"得知""获悉""获知""接到"（以上は「知る」）、"听说"（「聞く」）、"感到"（「感じる」）、"发觉"（「発見する」）といった知覚動詞、また"宣布"（「宣言する」）、"告诉"（「伝える」）など発話内行為（illocution）を表す動詞を修飾しているものである。例えば、

(54) 我很高兴地看到中国在这方面所作出的贡献。

　　　　　　　　　　　　　　　　（CCL：2004年ニュース記事）

　　　'中国がこの分野でなした貢献を見ることができて私は嬉しく思っています。'

(55) 我今天特别高兴地宣布，泰国承认中国完全市场经济地位。
　　　　　　　　　　　　　　　（CCL：2004年ニュース記事）
'タイが中国の完全な市場経済地位を承認したことを、私は喜んで発表いたします。'
(56) 我很高兴地告诉各位，玛莉在征文比赛中得了季军。（CCL：《读者》）
'皆さんに良いニュースがあります。マリーさんが作文コンテストで3位になりました。'

これらの動詞は歴とした動作を表すものではないゆえ、連用修飾語の"程度副詞＋高兴地"は動作を行うのと同時点の内在的状態を表すというより、むしろ動詞の表す動作行為が遂行されることによって生じる心理状態を表していると考えるべきである。例えば（54）の場合で言うと、「中国がこの分野で貢献しているのを見たから、私は嬉しく思います」ということである。それから、（55）と（56）の日本語訳からも分かるように、発話内行為を表す"我特別/很高兴地宣布/告诉各位"などは日本語に直訳しにくい。いずれにせよ、動作に伴う内在的状態とは違う性質のものであることが認められる。（54）〜（56）のような別扱いすべき用例を除けば、一人称に用いられた"程度副詞＋高兴地"の頻度は15.3％に下がる。

8.4.3.2　人称における偏りの原因

では、これらの状態形容詞が連用修飾語として一人称・話し手の内在的状態を表出するのにあまり用いられないのはなぜであろうか。ABB型をはじめとする状態形容詞は、内在的状態の表出のみならず、その状態に伴う外観的徴候も語彙的な意味の一部として状態形容詞の中に含まれていると思われる。"乐呵呵""气鼓鼓"を例にして考えてみたい。ある人物の「ハハハ」というような歓声が話し手の耳に届き、その人が楽しいという内在的状態にあるだろうと話し手は推定する、という状況を述べるのが「その人が"乐呵呵"」という文なのである。また"气鼓鼓"の場合は、「怒る」という内在的状態に伴って、頬や胸またはお腹を膨らませたりするという外観的徴候が観

察される。次の実例から分かるように、「怒る」ときは「頬・胸・お腹を膨らませる」という発想はほかの中国語の表現にも現れる。

(57) 蒂德莉特发出了抗议，脸颊也气得鼓了起来。（CCL：《罗德岛战记》）
　　 'デトリトは抗議して、頬まで膨らませて怒った。'
(58) 接着他鞠了一躬，便悠然自得地走开了。让她一个人气得胸脯一鼓一鼓地站在那里。　　　　　　　　　　　　　　　　　（CCL：《飘》）
　　 'そして彼はおじぎをして悠然と立ち去った。一人になった彼女は胸を一回また一回と膨らませて怒って、そこで立っていた。'
(59) 一个未过门的儿媳妇，竟敢如此顶撞公公，真把老东山的肚皮气得鼓鼓的。　　　　　　　　　　　　　　　（CCL：冯德英《迎春花》）
　　 'まだ息子と婚約しているだけなのに、まさか義理の父にあんなに口答えするなんて、老東山はお腹が膨らむほど怒りを感じた。'

話し手は「頬・胸・お腹を膨らませる」様子を根拠にしてこの外観的徴候を示している主体が今現在「怒っている」と察知する。このことは〈図 8-1〉のように図式化できる。

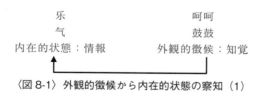

〈図 8-1〉外観的徴候から内在的状態の察知（1）

　もちろん、すべての状態形容詞が"乐呵呵"や"气鼓鼓"のように、内在的状態を伴う外観的徴候を、構成する形態素の意味から直結的に分析できるわけではない。しかし、観察こそが描出の前提であり、高い描出度を可能にするのは外部からの観察にほかならない。ゆえに高い描出度が外部からの観察を含意するのである。換言すれば、高い描出度があると思われる状態形容詞は、内在的状態に関連する外観的徴候を描出することによって、その内在

的状態を察知することを想起させる。さらに、さまざまな側面から描出を行うことが可能である。多くのABB型の状態形容詞は外観的徴候と考えられるBBを通じて直接に描出するタイプだとすれば、程度副詞の修飾を受ける形容詞や重ね型による状態形容詞は量もしくは程度の精細化によって、間接的ではあるが、ABB型と同様に描写を行っていると言えよう。情報としての内在的状態の情報源は、まさに状態形容詞が盛り込まれている外観的徴候を観察した〈知覚〉である。よって〈図8-1〉は以下の〈図8-2〉のようにさらに一般化することができる。

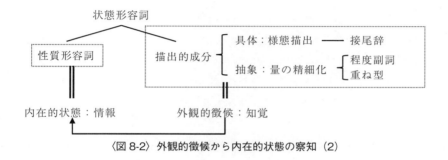

〈図8-2〉外観的徴候から内在的状態の察知（2）

以上の分析を踏まえれば、状態形容詞が話し手自身の内在的状態よりも頻繁に、他者の内在的状態を表出するのに用いられることが説明できる。つまり、それは〈直接経験〉では知り得ない他者の内在的状態に言及するために情報源の提示がより求められることの現れである。他者がある内在的状態にあることを認定する際、その情報源を言語化する必要が高ければ高いほど、言語化の手段の一つとして、状態形容詞が用いられる可能性が高まる。逆に、話し手自身の内在的状態を表出する時は、そもそも〈直接経験〉から知り得た情報なので、情報源を明言する必要はない。その結果、状態形容詞は話し手の内在的状態に言及するときにはそれほど用いられないのである。

また、状態形容詞そのものはそもそも一人称の内在的状態を表出するのに向いていない。なぜなら、状態形容詞は語彙的な意味のレベルで「外部から観察を行っている」という意味がすでに盛り込まれているからである。

§8.4.2.1 でも述べたように、話し手が普通、自分のことを観察できないということも、状態形容詞が一人称にあまり用いられない理由の一つに数えられる。

以上をまとめると、内在的状態を表す状態形容詞は内在的状態の表出に留まらず、高い描出度を言語化することによって、〈知覚〉の情報源を有することを含意する。それゆえ一人称以外の人称に偏っているわけである。これは本章の冒頭で触れた日本語の「形容詞語幹＋ガル」に類似している（ただし、「ガル」は形容詞の語幹にくっついて述語になるのに対して、中国語の状態形容詞は連用修飾語になることが多い）。Aoki 1986:225 によると、「ガル」は内在的な感覚や感情を外部から観察可能な状態の変化として捉え、形容詞を動詞に変換させて言語化する働きがあるという。他者の内在的状態を表出するときの、中国語の状態形容詞の働きについても類似のことが言える。状態形容詞の使用は他者の内在的状態を表出するためのストラテジーの一つであり、特定の内在的状態を意味する以外に、状態形容詞はその内在的状態の外部への現れも表す。

なお、次の例に示すように、状態形容詞と平行しているようであるが、「ガル」もまったく一人称の内在的状態を語らないわけではない。

(60) a. そのころ私はたいへん寂しがっていた。
　　　'那时我非常寂寞。'
　　b. そうなれば私はたいへん寂しがっているだろう。
　　　'假如那样的话，我一定非常寂寞。'

（Aoki 1986 より。中国語訳は筆者による）

(60) a、b は、いずれも話し手の発話時の内在的状態ではない。このような現象について、Aoki 1986 は「自己分裂」と「タイムシフト」の概念を用いて説明を加えている[14]。この視点は、中国語の状態形容詞が低い頻度で一人

---

[14]「タイムシフト」は「自己分裂」をより発生しやすくする文脈的な要素と考えてよい。

称に用いられることをどう見れば良いのかを考えるにあたって、たいへん示唆的である。つまり、状態形容詞は話し手自身の内在的状態を表出する場合、話し手は自分のことを観察される客体として、「自己分裂」もしくは「自己の客体化」を行っているということが言える。このような用法は、よく過去のことを振り返ったり、未来のことを想像したりする場面で使われ、やや修辞的であることが、「自己の客体化」の発生に裏付けられる。例えば、

(61) 去年我生日那天，别人喊我去吃蛋糕，我乐颠颠地跑去准备对某人喊一声"生日快乐。" （CCL：《读者（合订本）》）
'去年私の誕生日に、ケーキを食べようと人に誘われた私は、喜んで駆け付けて、誰かさんに「ハッピーバースデー」と言おうとした。'

(62) 如果你们需要什么材料或者其他东西，我会很高兴地提供给你们。
（CCL：地球杀场）
'もし貴方たちが資料あるいはそのほかのものを欲しがったら、喜んで提供いたします。'

例（61）（62）では、時空間の転換を明示する表現がある。（61）では過去の時点を表す文頭の"去年我生日那天"があり、（62）における"如果……"条件節は"很高兴"というのが想像の中で観察した自分の様子であることを示している。以上のことから、内在的状態を表す状態形容詞は一人称に用いられるのに制限があるものの、「タイムシフト」などによって「自己の客体化」を許す文脈に置けば成立可能となるわけである。

8.4.3.3 叙実性との関連

他者の内在的状態を表出し、主体の外在的徴候の観察にかかわっているとはいえ、B類は、叙実的な態度を表すか否かという点においてC〜F類とは振る舞いを異にする。C〜F類は、かかわっている外在的徴候は具体的に何なのかがはっきりしない。例えばE類の"满脸疑惑"であっても、結局"疑惑"の程度が"满脸"によって表されているが、具体的な"疑惑"の様

子が語られていない。これらの形式は、ある種の外観的徴候が観察されていることの表出にすぎない。

これに対して、B類は、"气鼓鼓"における"鼓鼓"のごとく様態に対して具体的な描出を行ったり、抽象的でも"很尷尬地"における程度副詞や"高高興興"のような重ね型のごとく、量に対して精細化したりすることによって、外観的徴候は何なのかということを具体的に言語化している。このように状態形容詞に含まれる積極的な描出は、話し手が情報としての内在的状態を認めていることにつながり、非叙実的な文脈への生起を許さない。次の例を比較されたい。

(63) 荀磊强忍着内心的不満,
 a. {?? 高高興興地／?? 十分高興地} 扭身回屋取浆糊去了。
 b. {高興似的／带着高興的神情／一脸高興地／神情高興地} 扭身回屋取浆糊去了。
  '荀磊は我慢して怒りを表に出さず、うれしそうに家へ糊をとってかえした。'

(63) a、bから分かるように、B類は形容詞の表す内在的状態に相反する文脈を許すC〜F類と異なり、A類と同様に叙実的である。

なお、A類と比べ、B類の特徴は高い描写性だけであり、〈知覚〉という情報源に関連付けなくても良いのではないか、という反論が予測される。確かに、外観的な徴候を言語化するのに描写したいという動機づけは否定できない。しかし、描写してヴィヴィッドさや臨場感を出すような効果だけが出てくるのかと言うと、決してそうではない。外観的な徴候の提示によって、話し手が如何なる過程を経て、話題の人物が当該の内在的状態にいるか察知するのかが分かるからである。

8.4.4　連用修飾語における情報源表出形式の生起

以上の記述・分析で明らかにしたA〜F類の用法を踏まえて、「話し手／

第 8 章　内在する状態の表現から見た中国語の証拠性

他者に用いられるかどうか」と「叙実的／非叙実的」を 2 つの軸とした座標系に基づき、〈図 8-3〉のように A ～ F 類を位置づけることができる。A 類は「話者」と「他者」の 2 領域に跨っているが、それは一人称にあまり用いられない B ～ F 類と比べて、A 類が一人称にも三人称にも問題なく使えることを示している。ただし、話し手が〈直接経験〉から自分の内在的状態を知り得ることや、〈直接経験〉という情報源の表出が言語化される必要はないことから、A 類は話し手の内在的状態を表す無標的形式であることが言える。

〈図 8-3〉連用修飾語における内在的状態を表す A ～ F 類の分布

ところが、他者の内在的状態を〈直接経験〉から知り得ることはそもそもないし、B ～ F 類のような〈直接経験〉以外の情報源を言語化する証拠性のストラテジーが用意されているにもかかわらず、他者の内在的状態に言及する場合においても、〈直接経験〉から知り得た情報に準じた A 類が圧倒的に多い比率を占めているのはなぜだろうか。この言語事実から、述語はもとより、連用修飾語において他者の内在的状態に言及するときにも、中国語は知り得た情報源より、言及する内在的状態が事実に合致するかどうかという次元がより優先される言語であると言わざるを得ない。また、B ～ F 類が連用修飾語においても他者の内在的状態に言及する「多数派」にならなかったのは、連用修飾という統語的位置の従属性に原因があると思われる。情報源の表出にあたって、統語論的な要因よりも語用論的なモチベーションが顕著な言語の場合、情報源の言語化は優先的に節の主要部に現れる。逆に言えば、情報源が言語化された統語的成分が文の主要部と認識されやすいことにな

る。ところが、連用修飾語はあくまでも主節に従属し、より副次的なものであり、情報源表出形式を付けると余計に目立ってしまい、主要部と副次的な成分の間に混乱が生じかねないのである。こういった曖昧さを回避するためにも、A類が7割を占める結果となったのだと思われる。

その一方で、主流としてのA類より遥かに少ない頻度のB～F類でも3割を占めているが、これについても説明するべきである。まず口語の場合は、連用修飾語の従属性による上述の制限がある程度緩和されることが考えられる。それは口語において、連用修飾語と修飾される成分の間にポーズが許され、連用修飾語がより自立性の高い並列的な節と認識されることが可能であり、情報源表出形式に対する抵抗力が著しく弱くなるわけである[15]。例えば、B類に属する例（64）の"乐呵呵de"を連用修飾語と見るのは問題ないが、（65）の場合、deの後ろにポーズがあるため、"乐呵呵de"を依然として連用修飾語とは分析し難くなる。書面上（65）の"乐呵呵de"のdeが"的"で表記されるのも、その書き手がそれを連用修飾語と考えていないからであろう。

(64) 穿着新衣的起义兵士［……］都乐呵呵地又吹笛打鼓走了。
　　　　　　　　　　　　　　　　　（CCL：中华上下五千年）
　　'新しい服を身に付け武装蜂起に参加していた兵士たちは、［…］みな楽しそうに笛を吹いたり、太鼓を叩いたりしながら去っていった。'
(65) 望婆婆乐呵呵的，又把白衬衣塞回到她的手上，说道［……］
　　　　　　　　　　　　　　　　　（CCL：谌容《梦中的河》）
　　'望ばあちゃんは楽しそうに、またワイシャツを彼女の手にもどし、言った。'

---

[15] 様態・付随状態を表す連用修飾語と並列節とが判然としないケースがある。何洪峰2010に指摘されるように、こういった連用修飾語は並列節が文法化したものと見るべきである。

第 8 章　内在する状態の表現から見た中国語の証拠性

　また、C～F 類にある V の直前の成分――"似乎＋（程度副詞）＋性質形容詞＋似的""帯着／用＋性質形容詞＋的＋N""一脸／满脸＋性質形容詞""N＋性質形容詞"――もみな並列節の述語として機能できる。次の実例に示すように、十分に明晰なポーズさえあれば、下線部が独立した並列節のようにも解釈することが可能である。

(66) 他们一个个都压抑着惜别的冲动，带着沮丧的神情，默默地目送他马车过了军垦桥，过了白杨树林，消失在荒地的那边……
　　　　　　　　　　　　　　　　　　（CCL：张贤亮《灵与肉》）
　'彼らは全員お別れの寂しさを抑え、意気消沈の面もちで、軍墾橋を渡っていた彼の馬車が白楊の林を通過して未開墾地の向こう側で姿を消したのを黙って見守っていた。'
(67) ［……］，营员们用兴奋的目光，一边全神贯注地看，一边录像、拍照。　　　　　　　　　　　　　　　（CCL：人民日報）
　'営員たちは興奮した目つきで、全神経を集中して見つめながら、ビデオと写真を撮っている。'
(68) 没想到她猛地一惊，转过身来，两手本能地护在胸前，满脸惊诧，盯着我问：［……］　　　（CCL：贺士恒《贺绿汀胞兄进京告"御状"》）
　'意外なことに、彼女は泡を食って踵を返して、両手は本能で胸を守って、訝しそうに私を見つめて訊いた。'

こういった条件が揃えば、情報源表出形式が現れても差し支えがないのである。
　更に重要なのは、連用修飾語における情報源表出形式が「目立つ」ものでないほど、受ける制限が緩やかになるということである。既に述べたように、B 類の表す情報源としての〈知覚〉は内在的状態の外観的徴候を表出する中で含意されるため、その情報源表出機能は情報としての内在的状態と密接に整合され、容易に感知されるものではない。よって、連用修飾語における B 類の生起が制限されずに済むわけである。B 類の用例数が C～F 類の

合計の倍以上ということから、情報と情報源の整合度と証拠性成分が連用修飾語の内部に入る自由度との間には正の相関が認められる。

　最後に説明せねばならないのは、証拠性成分の生起において統語的な要因より語用論的な動機付けのほうが際立つ中国語において、A類以外の手段・表現形式、とくにC〜F類のような、情報と情報源の整合度の決して高くない形式を用いる理由はどこにあるのかということである。感覚で感じ取った表象（＝主体の外観的徴候）と内実（＝主体の内在的状態）の間にギャップないし背離が存在可能だという余地を予め用意しておくべきだということが、話し手がC〜F類を用いる主なモチベーションであろうと考えられる。表象と内実が一致しないかもしれないと思われる場合、話し手は何らかのマーカーを使って両者に区別を付け、伝達しようとする情報があくまで表象にすぎず、その主体が本当にその内在的状態にいることの断定を避ける、ということを明白に示す。そこでC〜F類に現れる非叙実的な特徴が生かされるわけである。そういった区別を付けたい要請が強ければ強いほど、C〜F類が用いられる可能性が高く、逆の場合はA類かB類が使用されると予測できる。また、話し手が確認済みではない情報である以上、聞き手にも情報確認に参与してもらうことになりやすい。そこでより共有可能な情報源を提示する必要がある。〈直接経験〉と〈知覚〉より、聞き手と話し手が共有しやすい〈推測〉の情報源を提示することによって、聞き手からの参与がより期待できるようになる。

　他の言語においてもこれと並行する現象が観察される。例えば、南アメリカで話されている Wanka Quechua 語では、話し手以外の人の内在的状態を語るときに、ふつうは（69）のように〈推測〉または〈伝聞〉としてマークすることが望ましいが、話し手がその内在的状態に対して十分に確信している場合は、（70）のように〈直接経験〉のマーカーを用いることもできる、と報告されている。

(69)　pishipaa-shra-**chr**　　ka-ya-nki
　　　be.tired-ATTRIB-**INFR** be-IMPV-2p

'（Sit here）; you must be tired'（INFERRED） 　　　（Aikhenvald 2004:161）

(70) llaki-ku-n-**mi**
    sad-REF-3p-**DIR.EV**
    He is sad'（DIRECT） 　　　　　　　　　　（Aikhenvald 2004:161）

つまり、自分が伝達しようとしている人の内在的状態の真偽に対して、話し手がどこまで保証しているかによって、情報源を提示するか否か、および複数の情報源が可能である場合、どの情報源を提示するかを決めるというわけである。

以上で述べた、他者の内在状態に連用修飾語として言及すべく、表現形式を選択するにあたってのストラテジーは次のように図式化できる。

```
言及する内在的状態が事実に合致しない可能性があるか？
  －ない
      情報源を表出するか？
          －しない  →A類
          －する    →B類
  －ある  →情報源（推論）を表出せよ
      推論の根拠を明確に提示するか？
          －しない  →C類
          －する    →D・E・F類
```

〈図8-4〉内在的状態に関する表現形式の選択ストラテジー

8.5　本章のまとめ

本章では、現代中国語では連用修飾語によって内在的状態を表出する際に用いられる以下の3つのストラテジーを明らかにした；

①〈直接経験〉の表明に準じた形式で述べる（＝A類）
②外観的徴候の存在を基にした〈推論〉が暗示される（＝C～F類）

③外観的徴候を観察した〈知覚〉が暗示される（＝B類）。

ストラテジー②と③は、三人称との相性が良いということを確認した上で、証拠性を示すストラテジーに数えられることを検証した。その内、②は〈推論〉の情報源を拠り所として提示しつつ主観的な非叙実的事態を表すものであり、③は〈知覚〉を通して主観的な叙実的事態を表すものであると結論づけた。

以上の証拠性のストラテジーが連用修飾語に用いられた場合、①は最も頻繁に使われ、約7割を占め、2割を占める③がその次である。②は最も少ない頻度で使用され、1割しか占めていない。この頻度は、〈直接経験〉のような言語化を必要としない情報源を除けば、命題の内部における情報源表出形式の生起が制限されることを語っている。連用修飾語という従属度の高い統語的位置が情報源の明示に不向きだということは唯一の原因ではないと思われる。それ以外に多義性・曖昧さを最小限にしたり、経済性を高めたりするといったことに起因する制限もあると言っても良い。

②と③との比較分析から、現代中国語における情報源表出形式は、より整合されているものであればあるほど、命題の内部への現れが自由になることが分かる。このような整合性と命題の内部への出現との間の正の相関は、おそらく中国語以外にも見られるであろう。日本語においても、「ヨウダ」「ミタイダ」「ラシイ」「（シ）ソウダ」「（スル）ソウダ」などはいずれも内在的状態を意味する形容詞に後続でき、情報源表出形式であるが、形容詞に後続した形で構造全体が他者の内在的状態を表して、連用修飾語として機能できるのは「（シ）ソウダ」しかない。興味深いことに、これらの形式の中において、単独で用いられない形容詞の語幹に接続できるのも「（シ）ソウダ」のみである。例えば、

(71) a. 楽しそうに唄っている
　　 b. *楽しい ｛ように／みたいに／らしく｝ 唄っている
　　 c. 楽しそうだ

d. *楽し ｛ようだ／みたいだ／らしいだ｝

形容詞の語幹に接続することは、まさに情報内容を表す形容詞語幹と情報源表出形式からなる構造の整合性が高いということになる。単独で使える形容詞の終止形に接続する他の証拠性形式は、「(シ) ソウダ」と比べると整合性が劣っており、分析性が高いわけである。それゆえ、「(シ) ソウダ」が内在的状態を表す連用修飾語に用いられる唯一の情報源表出形式であることと、「(シ) ソウダ」のみが形容詞の語幹に接続すること、この2つの事象の間に観察される平行性は単なる偶然とは言えないであろう。

第9章　おわりに

9.1　各章の主な結論と更なる一般化

　証拠性は言語における情報源の反映である。中国語を対象にした証拠性の研究が 1990 年代の半ば頃から始まったとはいえ、証拠性そのものに関する理論の「消化不良」や孤立語である中国語の性格などの原因で、第 2 章に示したように、

① 「情報源」と「情報源の信憑性」と「情報の信憑性」の混同
② 文法範疇としての「証拠性」という意味において表出される情報源を認定する基準の不明確さ

という 2 つの最大の問題点が存在しており、また中国語における情報源の表出を全般的に考察・記述する研究においては検討の余地が多く残されている。
　このような背景の中で、本書は第 3 章の前半で、証拠性の理論的枠組について次のような整理をした。

③ 「証拠性」を「情報源の文法的表出」と規定して、従来の狭義的証拠性の定義に従った。
④ 特定の情報源を意味する形式と、特定の情報源に由来している情報を要求する形式を合わせて「情報源表出形式」とした上で、「証拠素」「証拠構造」「証拠策」の 3 つに分類した。その中で、「証拠素」の認定範囲を minor category に属する副詞まで広げることにした。
⑤ ある言語に存在する文法範疇としての証拠性の有無は、証拠素の有無に

よって決まる。また、証拠素があると認められた場合は、その証拠性システム——いくつ選択肢を有するシステムなのかなど——も証拠素の種類によって決められる。

以上の枠組みを確定した上で、第3章の後半で中国語の共通語において情報源表出形式を見出すための考察を行った。考察の結果としては共通語に関して、次のことが確認された。

⑥証拠構造は主に動詞句によって構成されている。実証的情報源は感覚動詞から、推論的情報源は思考動詞から、伝聞的情報源は伝達動詞からなるのが一般的である。
⑦情報源を第一義とし、minor categoryに属するという「証拠素」の認定基準に合致する形式には"说是"と"想是"の2つがあり、それぞれ情報源の〈伝聞〉と〈推論〉に対応している。ところが、"说是"と比べると"想是"のほうにはジャンル・スタイルの特異性が見られ、共時的に"说是"と同一視しないほうが妥当であると思われる。
⑧実証的情報源と推論的情報源には、証拠策が複数存在していることが認められる。程度副詞の選択・持続的アスペクトの表出・描写性／臨場感の向上は、性質・属性に関する実証的情報源の表出につながっている。一方、「危惧」・必然性／蓋然性に関する認識的モダリティの形式は推論的情報源に由来している情報を要求する。
⑨これらの情報源表出形式の実態を踏まえて、共時的な観点から見れば共通語に存在する証拠素は"说是"のみである。したがって中国語においては"说是"が表す〈伝聞〉だけが文法的に表出され、そのことから中国語は2選択——〈伝聞〉であるか〈その他〉であるか——の証拠性システムを持つ言語であると見なせる。

第4章では証拠素の"说是"を取り上げ、伝達動詞が〈伝聞〉の証拠素へ変容する過程を明らかにすることを試みた。この過程においては、2つの先

第9章 おわりに

決条件を特筆すべきである。つまり、意味的に発信者指向から受信者指向に移行することと、文法的に動詞から脱範疇化することである。証拠構造に留まっている伝達動詞はこの2つの条件のいずれかを満たしていないのである。

　ところで、文法的に情報源を表出する形式であり、意味的に希薄化が起きていることから、用いられる情報が〈伝聞〉のみならず、話し手からの修正・補足説明を行うような逆接的な後続文脈があれば、という条件付きで〈直接経験〉の情報にも"说是"が付けられる。〈直接経験〉から知り得たはずの情報をあえて、最も共有しやすい情報源である〈伝聞〉として伝達することから、この「伝聞」の内容と異なる情報を話し手が把握していることを連想させる効果がある。そこから〈伝聞〉と話し手からの修正・補足説明がつながってくる。

　第5章と第6章で提示した方言の事実から見ても、〈伝聞〉の証拠素の派生用法あるいは意味機能の拡張は、最初は〈直接経験〉との共起から始まることが分かる。上海語の"伊讲"は〈直接経験〉に由来している情報を表す文の文末に現れ、話し手側の意外性を表す形式になった。また、平叙文・命令文・疑問文の文末に用いられる台湾語の"讲"は聞き手が情報を知った瞬間に感じるはずの意外性を想定し、聞き手に「注意喚起」を促す。"讲"が共起する平叙文・命令文・疑問文はいずれも話し手の〈直接経験〉を経て確認済みの情報を表したり、含意したりしている。

　〈伝聞〉のみならず、〈推論〉の情報源表出形式が〈直接経験〉の情報に用いられた場合も、本来の〈推論〉という情報源を表出する機能から逸脱する。第7章ではこのような事例を取り上げた。上海語の"覅"は制止を表す否定副詞から、「危惧—認識のモダリティ」の段階を経て蓋然性を表す認識的モダリティの形式になっており、〈推論〉の情報源を含意する。その"覅"の直後に〈直接経験〉の情報を要求する"太～"が生起すると、推論の意味が抑えられ、「感嘆」という強意の訴えかけの構文となる。

　"伊讲""讲""覅太～噢"の事例から、中国語における証拠素をはじめとする情報源表出形式の意味機能の拡張は、〈直接経験〉に用いられることを

要因として、対人的機能へシフトする傾向にあると結論づけられる。これは、第4章で議論した、伝聞的情報源と推論的情報源のほうが聞き手からも比較的共有しやすいということと密接な関係があると考えられる。話し手が聞き手に共有しやすい情報源を添付することによって、聞き手に情報確認の要請をしているわけである。つまり、〈伝聞〉〈推論〉の情報源表出形式を付加すると、情報源の表出とともに、「聞き手が情報入手・形成へ積極的に参与してほしい」という合図も出されると考えられ、そこが「聞き手目当てのモダリティ」につながるのである。

　我々は他者の感情・感覚など内在する状態を〈直接経験〉によっては知ることができない。しかしながら、他者に内在する状態へ言及する場合は、〈直接経験〉で了解可能な自分に内在する状態と同じ形式で表出することもあれば、異なる形式を取ることもある。第8章は他者に内在する状態への言及に焦点に当てて、その言及における情報源の表出の有無を考察した。調査した結果に基づいて、中国語は多くの場合に内在的状態の主体を問わずに同様の無標の形式で表出するが、一方で情報源を特定化するような形式・ストラテジーもいくつか見られることが判明した。その場合、表出される情報源は（話し手自らの体験ではなく、五感による）〈知覚〉と〈推論〉である。内在的状態の主体が自分以外の他者であることをより明白にするのが、これらの形式・ストラテジーを用いる一つのモチベーションである。また、とりわけ情報形成への話し手の参与を最小限にすることによって、情報の真実らしさについての話し手の責任の矮小化を図り、〈推論〉の情報源を意図的に表出することが考えられる。そこから伝達される内在的状態に対して、話し手の断定保留ないし否定的態度が読み取れる。

9.2　今後の課題

9.2.1　情報源表出形式の拡張の可能性

　本書は、〈伝聞〉の証拠素が意外性や注意喚起を表すようになり、〈推論〉を表す証拠策が強意の訴えかけに用いられることを明らかにした。ところ

が、これはあくまで現時点で確認されている情報源表出形式の拡張であり、必ずしも拡張の全ての可能性を網羅したわけではない。今後の漢語系の方言調査により、新たな事実が発見され、以上で示した拡張とは別の情報源表出形式の拡張・転用が存在することもあり得るだろう。

例えば、〈伝聞〉の証拠性がさらに転じて命題に対する否定的な評価——命題内容が事実であることを認めないこと——を表すようになる可能性が考えられる。逆接の"说是"（§4.5を参照）、または次の上海語の"伊讲"の例には、すでにこのような傾向が見られる。

(1) A：我　晓得　侬　老　哀怨　个，
　　　　私　分かる　あなた　とても　悔しく悲しい　PF
　　　　来　安慰安慰　　　侬。
　　　　来る　ちょっと慰める　あなた
　　　　'あなたが非常に悔しくて悲しんでいることを知っているので、あなたをちょっと慰めに来たのだ。'

　　 B：哀怨　　　伊讲……
　　　　悔しく悲しい　REP
　　　　'悔しくて悲しいなんて（ことはない）。'

湖南省の永州市[1]内で話される西南官話における"的话"は、共通語と同様に仮定条件をマークする接続助詞とトピックマーカーの用法を持つ以外に、次の例に示すように、会話において「相手の意見を（柔らかく）否定する」機能（以下は「否定用法」と略す）がある（贡贵训 2012）。

(2) A：你　结婚　太　早　了　吧？
　　　　あなた　結婚する　すごく　早い　FP　FP
　　　　'あなたは結婚（するの）が早すぎるだろう？'

---

[1] 湘江と瀟水の合流地点に位置する永州市は、湖南省最南部を占め、広東省・広西チワン族自治区と境を接する。

B：早 <u>的话</u>。
  早い REP
  '早くはない。'[2]　　　　　　　　　　　　　　　　　　　（贡贵训 2012）

(3) A：你　　给咖　　　一百块　钱　他　啊？
　　　あなた　与える-PERF　百元　　金　彼　FP
　　　'あなたは彼に百元も渡したの？'

  B：我　给咖　　　　那么　　多　<u>的话</u>。
  私　与える-PERF　そんなに　多い　REP
  'そんなにたくさんは渡さ<u>なかった</u>。'　　　　　　　（贡贵训 2012）

(4) A：你　　吃　　的　是　　　苹果。
　　　あなた　食べる　SP　である　リンゴ
　　　'あなたが食べているのはリンゴだね。'

  B：苹果　<u>的话</u>,　是　　　凉薯　　好　不　好！
  リンゴ　REP　である　クズイモ　よい　NEG　よい
  'リンゴでは<u>ない</u>。クズイモだろう。'　　　　　　　（贡贵训 2012）

　贡贵训 2012 は、"的话"のこの「否定用法」を、仮定条件をマークする接続助詞に由来するものだと分析している。しかし、結論はともかくとして、ここで詳しく言及する余裕はないが、その分析にはいくつかの問題点があり、納得できない部分も少なくないことを指摘しておきたい。

　例（2）～（4）を（1）と比較すると、構造面だけではなく発話の場面・文脈も極めて類似することが分かる。そのことから、この"的话"は、相手の直前の発話から、一部もしくは全ての情報を繰り返すことによって、そこに妥当でない要素が含まれていることを相手に気付かせる機能を有しており、それが結果として話し手側の「否定」と解釈されるようになったのでは

---

[2] 例文の日本語訳は、贡贵训 2012 の説明に従い筆者が訳したものである。その結果、"的话"は「～ない」もしくは「～なかった」と訳されてはいるが、筆者自身は必ずしもこの意味解釈が最も相応しいものであるとは考えていない。また、グロスにおいて"的话"の逐語訳を REP としているのは筆者の分析によるものである。

ないか、という可能性も検討に値するかもしれない。いわゆる"的话"の「否定用法」は、あくまで「有標で引用している」という発話行為の実行から推測されるものにすぎない。例（5）〜（8）に示すように、日本語や他の言語にも同様の現象が存在する。

(5) A：きみ、結婚早すぎだよ。
　　 B：早すぎ<u>って</u>。（俺、もう30歳だよ。）
(6) A：アタシ、あなたのようなキレイな顔があればよかったのに。
　　 B：私がキレイな顔だ<u>なんて</u>。（とんでもないです。）
(7) （Warlpiri 語）
　　 Yuntardi **nganta**!
　　 beautiful REP
　　 'She is beautiful indeed! As if she is beautiful!'　　　（Aikenvald 2004:183）
(8) （Nganasan 語）
　　 d'esi_ i-**bahu**
　　 father be-REP
　　 'He is reported to be her father'（and yet he abandoned her, and she left her home）　　　（Aikenvald 2004:183）

これらの例における〈伝聞〉の情報源を表す形式はいずれも、述べられた内容に対する話し手の不賛成あるいは否定的態度を表すと言える。この分析は"的话"にもそのまま適用できる可能性がかなり高いのではないかと考えられる。

　もう一つ考えるべき拡張の方向は、一連のイベントの中の一つを表す従属的な節に共起する情報源表出形式が、原因・理由もしくは目的を表す接続的用法である。例えば、知覚動詞である"看（見る）"はかつて「危惧」を表していた（高増霞 2003）が、〈推論〉を表すと解釈できる用例が存在する（§3.4.2.1 を参照）。

(9) 劝　　君　　速　　吃　　莫　　踌躇,
　　 勧める 貴方　早い 食べる PROH 躊躇する
　　 <u>看　　被　　南风　吹　　作　　竹</u>。
　　 INFR によって 南風 吹く なる 竹　　（宋・钱惟演《玉楼春》）
　　 文字通りの訳：'貴方に早めに食べることを勧める。南風に吹かれ竹
　　 　　　　　　になるもの<u>と予測する</u>。'
　　 自然な訳①：'［略］南風に吹かれ竹になる<u>だろうから</u>'
　　 自然な訳②：'［略］南風に吹かれ竹になら<u>ないように</u>'

　例（9）は、早めに筍を食べよう（＝若いうちに人生を存分に楽しもう）と勧める内容である。その自然な訳からも分かるように、「南風に吹かれ竹になる」ことが真理・一般的な知識として捉えられることによって、"看"の「推測」の意味が抑えられ、原因・理由・目的を表す接続的な成分であると再分析される。

　通言語的にも、これと同様の現象が確認されている。Aikhenvald 2004:253-254 によると、Tucano 語において従属節に生起可能な証拠素は〈伝聞〉のみであり、目的と解釈される；Tariana 語は目的を表す従属節に〈伝聞〉の証拠素が用いられると、（回避すべき）消極的目的を表す；Ngiyambaa 語の従属節も行為動作の意図を説明するために〈伝聞〉の証拠素を用いる、ということである。

　以上のことを踏まえて言語事実を見渡せば、現代の漢語系方言にもこれらと類似する現象が存在しても不思議ではない。現に第4章で挙げた"说是"の実例において、意味上、共起する連用節が原因・理由・目的を説明しているものが偶然とは思えないほどの多くの割合を占めている。

　もちろん、以上に述べたことは、現時点では理論的な推測の域を出ていない。それらの真偽を確認するためには、今後より多くの言語資料の調査および綿密な記述を俟たねばならない。

9.2.2 証拠策について

　本書は特定の情報源を第一義とはしないものの、その情報源に由来する情報しか用いられない minor category に属する言語形式を証拠策と定義した上で、§3.4 で共通語における証拠策をいくつか挙げたが、これに関してもやはり現時点で確認できたものに限っていると言わざるを得ない。従って、今後は、本書で挙げたもの以外の証拠策がさらに存在するかどうかを念頭におき、調査を進めていく必要がある。

　また、§3.4 で述べたことからも窺えるように、中国語において、推論的情報源の証拠策は事象叙述（event predication）にも属性叙述（property predication）にも幅広く用いられるのに対し、実証的情報源の証拠策は属性叙述に偏っているようである。もしこの傾向が更なる言語事実に裏付けられるのであれば、実証的情報源に由来する事象叙述的な情報には証拠策を講じないという結論が導き出される。この現象は何を意味するのか。その背後に潜んでいる原因についても、今後の興味深い課題となるであろう。

附　録　現代汉语的示证视角*
——基本出发点和课题——

一. 基本出发点

"示证范畴"（evidentiality）关注信息来源或信息获取途径[1]在语言中的表达。近年来，随着一系列译介，"示证"这个概念开始进入汉语学界的视野，出现了一批以之为关键词、考察汉语（特别是共通语）的研究（乐耀2011a 对此有比较详尽的介绍）。然而，这些研究所使用的 evidentiality 在内涵和外延上并不完全一致（术语自身的汉译尚且不统一），甚至在同一项研究内部也未能一以贯之。这难免使以汉语为对象的示证研究给人以"各说各的"的读后感，相互之间难以进行横向比较。另一方面，除了对示证进行跨语言考察时的理论框架尚存可探讨之处这一客观原因外，这些研究中的相当部分令人遗憾地"绕过"了"示证"的核心要素——"信息来源"，导致汉语中与示证关联更为直接的现象反遭忽视，在丰富对示证范畴的认识的研究中鲜有基于汉语的贡献。

李佳樑 2014 认为，当前的汉语示证研究中存在两个误区最应当受到重视：第一是混淆"信息来源""信息来源的可靠程度""信息的可靠程度"这三个概念，把本质上属于认识情态的东西冠以"示证"来研究；第二是对如何认定作为"范畴"的示证所涉及的信息来源，缺乏经得起推敲的标准。为了纠正上述两个偏误，李佳樑（同上）在折中 Aikhenvald 2004、Boye & Harder 2009 以及 Cornillie 2009 等的基础上，提出了在考察狭义的示证时的基本出发点：

---

* 本文原刊于《语言研究集刊》第十二辑（106-123 页，复旦大学汉语言文字学科《语言研究集刊》编委会编，上海辞书出版社 2014 年 12 月）。收入本书时，体例和个别表达上略有改动。

[1] 本文沿袭 Aikhenvald 2004 的定义，"信息来源"与"信息获取途径"的实际所指相同。我们只是为了避免前者被当作日常语言（如"新华社""张三"等）理解，才给出后者作为补充。以下径称"信息来源"。

(一) 示证是句子的某些形式因信息来源的种类不同而变化的语法现象。
(二) 示证意义上的信息来源是由虚化程度较高的形式表达的信息获取途径，是依附于句子的从属性成分。

需要注意的是，我们将示证限定在语法范畴是基于方法论的考虑，并不是说示证在任何语言里都是作为语法范畴存在的，更不是说不具备作为语法范畴的示证的语言就无法表达与信息来源相关的语义内容。

二. 示证形式和示证体系

2.1 示证形式的下位类型

不妨先围绕广义的示证，看看信息来源的表达可能通过哪些语言手段进行，我们称之为"示证形式"。首先，不难设想存在以下两类示证形式，一类是基本义或本义（以下简称"基本义"）与信息来源直接相关（可通过语源得到确认）的形式，另一类是基本义与信息来源无直接关联，但只用于来自某一或某几个特定的信息来源的信息的形式。然后，还可以根据这些语言形式的虚化程度将它们分为虚化程度较高（如助词、词缀、屈折等）的和较低（如名词、动词、形容词等）的两类。将这两个区分标准进行组合，得到如〈表附-1〉所示的结果。

"示证语"和"示证策略"这两个概念在 Aikhenvald 2004 中已经提出。她明确表示这两者以外的词汇形式（基本相当于〈表附-1〉中的"示证结构"）当然也能表达信息来源，可是对词汇形式只能进行语义方面的研究，这对了解整个示证体系的跨语言的共性没有太多裨益。下面将会提到这一看法有一定道理。然而 Aikhenvald 的问题在于，她对"示证语"的认定过于严苛，甚至将全句副词也排除在示证语之外，忽视了某些全句副词与她所认定的示证语在许多方面极为相似，甚至二者来自同一语源这样的事实。用 Boye & Harder 2009 的话来说，这种区别对待没有名称以外的根据。

〈表附-1〉示证形式的类型

		以信息来源为基本义	
		是	否
虚化程度	高	示证语 (evidential)	示证策略 (evidential strategy)
	低	示证结构 (evidential construction)	/（与示证无关）

2.2 区别示证语与示证结构的必要性

与 Aikhenvald 相反，目前以汉语为考察对象的示证研究基本不区分"示证语"和"示证结构"，有的甚至将"示证策略"也与它们等同起来。这一做法势必导出如下令人瞠目的结论：任何一种信息来源在构成汉语的示证体系时都具有同等的地位，汉语看起来拥有极为复杂而精密的示证体系，实在要让一些被公认为拥有典型的示证范畴的语言在汉语面前甘拜下风[2]。然而正如 Aikhenvald 所提示的那样，这样的结论很难获得广泛采信，更无助于丰富我们对示证范畴的全局性的认识。因此 Aikhenvald 等固然有其偏颇，但不对示证形式加以区分，陷入记述"这个形式表达这个信息来源，那个形式表达那个信息来源"之中，是以汉语为考察对象的示证研究难以打开局面的根本症结之一，亟待改变。

如果采取示证的狭义定义，即将其作为一个语法范畴来考察，那么就更有必要区别示证语和示证结构。因为正如作为语法范畴的性并不总是和生物的性一致，语法范畴的示证也并不总是和实际的信息来源一致。例如格鲁吉亚境内的 Abkhaz 语表示非第一手信息的示证语可以用于说话人亲身参与的事件：

---

[2] 根据 Aikhenvald 2004 的跨语言调查，区分信息来源的种类最多的语言，如 Tariana 语，也不过区分 5 种（分别是视觉、视觉以外的感知、基于观察结果的推测、基于经验或已有知识的推测、传闻）。而陈颖 2009 给出的汉语的示证体系区分的信息来源竟然高达 9 种（分别是感官、言语、文化传统、第二手传闻、第二手以外的传闻、归纳、演绎、信念、假设）。

(1) ha+ra h-nə-(a)j+ba-r-cʰa-wa-**zaap'**
we we-thither-together-CAUS-exterminate-PROG-NONFIRSTH
'We are **apparently** killing each other'　　　（Aikhenvald 2004:222）

如果将 Abkhaz 语里的这个表示非第一手信息的示证语的意思用示证结构来诠释，即例如"我通过亲身经历以外的途径知道"，就会发现这个示证结构加到说话人明明参与其中的"我们在互相杀戮"上时非常别扭："虽非亲身经历，但我们在互相杀戮"。换句话说，示证语可以转而表示信息来源以外的意义，而这是示证结构所不能的。

由此可见，要对示证体系进行跨语言的比较，找出共性和个性，就必须首先将示证限定在语法范畴的范围里，限定在语法化程度高的形式中。而要在某个语言中抽取出具有类型学意义的示证体系，就应当首先着眼于这个语言里的示证语，而不是上位的、包括示证结构在内的示证形式，确定该语言的示证体系类型——即在语法上区分哪几种信息来源。

三. 汉语共通语的示证体系

尽管我们坚持只有根据示证语才能确定一个语言的示证体系，但是面对具体语言时，有时必须先罗列出它的示证形式，然后从其中甄别出可能存在的示证语，如果这些示证形式中不存在符合示证语条件的形式，那么只能说这个语言不存在作为语法范畴的示证。这个操作过程对像汉语这样的不以形态为表达语法意义的基本手段的语言来说尤为重要。

3.1 普通话的示证形式

李佳樑 2014 对普通话里的示证形式做了一个基本的勾勒，列表如下：

〈表附-2〉汉语普通话的示证形式

示证形式 信息来源	示证结构	示证语	示证策略
实证性来源	知觉动词	∅	"太"+形容词 形容词+"着呢" 作为谓语的状态形容词及部分成语 ……
推论性来源	思维动词	∅	表示"担心-认识情态"的副词 表示必然、盖然的副词（组）和助动词 句末语气词"吧" ……
传闻性来源	言说动词	"说是"	/

实证性来源是指感官和亲身参与获得信息，推论性来源是指根据观察到的现象或既有的知识、经验进行推测，获得信息，传闻性来源则是指经由人或媒体以语言的形式获得信息。

3.2 认定"说是"为示证语的依据

〈表附-2〉中最值得注意的是列入示证语的"说是"[3]。这个形式以传闻性来源为基本义是毫无疑问的，例如：

(2) 这瘸腿的、残疾的小女孩刚一落地，她娘的鲜血就像血河一样奔涌而出，止也止不住，接生用的红木桶<u>说是</u>都让血给冲走了。

(李锐、蒋韵《人间》)

如果去掉以上这些句子里的"说是"，那么听/读者就会认为相关信息是说/写者目击或亲身参与获得的。

需要说明的是，为什么要把"说是"同言说动词区分开，纳入"示证语"

---

[3] "想是"在例(3)提到的句法表现上与"说是"完全平行，在语义上表示推论性来源。但"想是"带有明显的语体色彩，当代普通话口语里已不复使用，因此在只考虑共时平面的前提下未将"想是"列入表中。

的范畴。首先，与言说动词相比，"说是"的独立性较低。

(3) a. 不能名词化

＊这件事是说是的。——这件事是听说的。

b. 不能否定

＊没说是他去了北京。——没听说他去了北京。

c. 不能支配名词性成分、不能带体标记

＊说是过这一可能性——听说过这一可能性

d. 不能接受时间词、介词结构等构成的状语修饰，表示获得信息的时间、地点

＊现在说是——现在听说；＊在上海说是——在上海听说

e. 不能明示信息获得者（受信者）

＊我说是他去了北京。——我听说他去了北京。

f. 不能通过形式自身的扩展来明示信息发出者（发信者）

＊他说是——据报纸上说

以上一系列对比表明，言说动词和思维动词内部成员虽然也有分歧，但整体上具有很强的动词性，而"说是"则具有以小句为支配对象的全句副词的显著特征。将"说是"作副词观还能得到来自构词法的支持：太田辰夫 1958/1987:249 就认为"是"是副词后缀；志村良治 1984/1995:75-78 的分析认为随着 3 世纪～6 世纪"…是"结构的词的大量出现，"是"作为后缀的用法逐渐稳定下来；陈光磊 1994 也认为"是"是"类后缀"；董秀芳 2004 尽管只说"是"是"词内成分"，但是也将"说是"列入了副词。我们认为，在保持动词语素所表示的信息来源义的同时脱离动词这个词类范畴，是使用"是"构成新词"说是"的动因。

其次，我们观察到在如例（2）所表示的基本义以外，"说是"与 Abkhaz 语的例（1）相似，可以用于表示说话人亲身参与、经历的事件的信息：

(4) 我<u>说是</u>/＊<u>据说</u>学过五年素描，结果画出来的东西比只学了一个月的都

不如。

(5) 我说是 /* 据说已过而立之年，其实为人处事还幼稚得很。

这说明"说是"无论是形式还是语义都有了相当程度的虚化，完全应当将它与表示传闻性来源的言说动词区分开来。

3.3 普通话的示证体系

就目前考察到的结果而言，在汉语普通话里，实证性来源和推论性来源都通过虚化程度低的动词来表达，而传闻性来源的表达手段既有虚化程度低的动词，又有虚化程度高的副词；另一方面，实证性来源和推论性来源在示证语方面的缺失恰好由丰富多样的示证策略得到填补，相反拥有示证语的传闻性来源则没有相应的示证策略。这些现象意味着，普通话在语法上，相对于实证性来源、推论性来源，传闻性来源是被区别对待的。正如汉语普通话在语法上区分动作处于"完成""进行"等还是其他阶段，我们可以类比地认为汉语普通话在语法上区分信息是来自"传闻性来源"还是其他来源。

进一步说，汉语普通话具有"传闻性来源—其他来源"这一二项选择肢的、作为语法范畴的示证体系。来自传闻性来源的信息具有"标示的强制性"，假如没有标示，就会被解读为传闻以外的来源；同时传闻性来源的标记的虚化程度较高。我们可以将无标示即零标记理解为"其他来源"的示证语，与传闻性来源的示证语"说是"构成一个聚合。"其他来源"可以通过示证结构或示证策略进行细化，但这一细化的动机不是语法的，而是语用的。

〈表附-3〉汉语普通话的示证体系

信息来源	示证语
传闻性来源	"说是"
其他来源	∅

与 Aikhenvald 2004 等介绍的具有五项选择肢示证体系的 Tariana 语等，拥有典型的语法范畴的示证的语言相比，汉语普通话的示证体系除了选择肢只

有两项、示证语（副词）的虚化程度不如 Tariana 语高以外，还有一点需要注意，即表示同一个信息来源的示证语和示证结构在一个句子里不能共现，有了示证语则示证结构必须省略，反之有了示证结构，示证语也必须省略[4]。

在我们之前，也不乏主张汉语具有示证范畴（或"传信范畴"）的研究，但是正如上文指出的，这些研究并未明确区分语义范畴和语法范畴，仅依据汉语有各种表达信息来源的语言形式就断言示证范畴的存在。

四. 示证语"说是"的确立

4.1 信息传递行为的两种取向和动词的去范畴化

抽象地看，信息传递行为是一个"信息"从"发信者"向"受信者"移动的过程。正如我们可以选择凸显移动的起点和终点中的任意一个，分别相当于起点和终点的发信者和受信者也可以得到凸显，不妨将凸显发信者的情况称为"发信者取向"（sender-oriented），反之称为"受信者取向"（receiver-oriented）。

既然对同一个信息传递行为可以有这两种不同的凸显方式，与之对应的编码手段也可以分出两大类，其中一类对谁是发信者有明确的意识，而另一类则只留意被传递的信息内容。

(6) a. 传说他要退休了。（发信者取向）
　　b. 听说他要退休了。（受信者取向）

在上面两个句子里，"传说"和"听说"在表明"他要退休了"这个信息来自传闻这一点上没有多大差异，可是一旦在句首加上例如"人们"，"人们"是发信者还是受信者，就会出现不同的解读：

(7) a. 人们传说他要退休了。（人们 = 发信者）（发信者取向）
　　b. 人们听说他要退休了。（人们 = 受信者）（受信者取向）

---

[4] "其他来源"的示证语没有语音形式，因此可以在理论上假设出现表示实证性来源和推论性来源的示证结构时，示证语被省略。

一般来说，发信者取向还是受信者取向取决于表达形式的词汇意义，但是也可能无法在词汇意义的层面上区分，如日语里的 to iu：

(8) *Yamada-san   ga   mou   sugu*
    山田-敬称   主格   不久   马上
    *teinentaishoku da   **to   iu**.*
    退休   判断词   助词   说.非过去.简体
    '有人说／听说山田先生马上要退休了。'

iu 是"说"义动词。毫无疑问，言说动词本身都是发信者取向的，而 to iu 又兼容受信者取向的解读，这说明 to iu 应该经历过一个由发信者取向转向受信者取向的过程，这一转向与言说动词的去范畴化同时发生，互为表里。动词的去范畴化的表现一般有动作主体的不出现、不能被否定和提问、没有时和体的分化（本质是"泛时间性"）、不受状语修饰等。

4.2 "说是"内部的不均一性

与 to iu 类似，在一些句子里"说是"同时有发信者取向和受信者取向两种解读的可能，表现为既可以替换为"说"，又可以替换为"听说"；而在另一些句子里，"说是"只能解读为其中的一个。例 (9) 的"说是"能替换为"说"，但不能替换为"听说"：

(9) 他拿出一份他自己写好的离婚协议书要小涛签字，说是希望春节前把这事了了，要不然，春节回青岛没法交代。　（CCL：1994年报刊精选）

这里把这种只能替换为"说"不能替换为"听说"的"说是"记为"说是 s"。它有四个特点，第一点是发信者必须能在上文中找到；第二，"说是 s"所在的小句独立性很低，一般只能作为后续的分句出现；第三，说话人不能充当"说是 s"的发信者；第四，与"说是 s"紧邻的前方不能出现发信者。

(10) *一份离婚协议书摆在小涛面前等她签字,<u>说</u>是希望春节前把这事了了。

(11) *<u>说</u>是希望春节前把这事了了,他拿出一份离婚协议书要小涛签字。

(12) *我拿出一份离婚协议书要小涛签字,<u>说</u>是希望春节前把这事了了。

(13) *他拿出一份离婚协议书要小涛签字,他<u>说</u>是希望春节前把这事了了。

将以上四点作一归纳,可以得出"说是 s"的使用条件如下:

(14) "说是 s"的使用条件:NP$_i$ [[…] [∅$_i$ [说是 s […]]]]
即要求紧邻"说是 s"所在小句的前方须有一个说话人以外的、无语音形式的反身代词。

这四个特点中,动词"说"只具备第一和第二个。这表明,"说是 s"与动词"说"相比,已经发生了一定程度的去范畴化:它不仅排斥具有语音形式的发信者,而且说话人不能是"说是 s"引出的信息的发信者,因此对说话人来说"说是 s"引出的信息就必然是传闻。"说是 s"尽管能用"说"替换,但其表示发话行为的语义已经弱化。不过还应当注意到,"说是 s"的独立性很低,属于依附小句,我们可以通过主句表达的事态的时间来给"说是 s"所表示的信息传递行为在时间轴上进行定位,例如例(9)的信息传行为发生于离婚协议书拿出的同时或之后,由此可见"说是 s"还不具备"泛时间性"。

有些句子里的"说是"只能替换为"听说",不能替换为"说",如下例以及例(2)。不妨记作"说是 r"。

(15) 那一年,我家是一件大祭祀的值年。这祭祀,说是三十多年才能轮到一回,所以很郑重;[……]。　　　　　　　　　　(鲁迅《故乡》)

"说是 r"的特征有三个。首先,紧邻"说是 r"的前方可以出现名词短语,且这个名词短语与"说是 r"后方的谓语之间存在主谓关系。也就是说,如果认为"说是 s"前面有一个句法槽被无语音形式的反身代词占据的话,如

(14),那么"说是 r"前面的这个句法槽已经空出,这样才允许"说是 r"所在小句的主语填入到这个句法槽里。

第二个特征是,作为"说是 r"的前提的信息传递行为的发信人不出现在上下文中。试比较:

(16) a. 我直接去了张三的宿舍,门锁着。问了一下∅i, <u>∅i 说是张三住进了精神病院</u>! (据 CCL 张炜《柏慧》略有改动)
　　 b. *我直接去了张三的宿舍,门锁着。问了一下∅, <u>张三说是住进了精神病院</u>!

例(16)b 划线部分的"张三"与"住进了精神病院"存在主谓关系,因此将它们隔开的"说是"应当是"说是 r"。然而"说是"的发信者则因为"问了一下"而在前文中被"前景化"——听/读者能意识到被提问的特定个人就是特定的信息传递行为的发信者,这一点是"说是 s"的特征。这样一来,b 里的这个"说是"就必须既是"说是 r"又是"说是 s",出现矛盾,导致 b 不自然。

第三个特征与前两个特征相关,即"说是 r"的信息传递行为的发生时间很难在时间轴上进行明确的定位。这是因为发信者具有不确定性,传递行为的发生时间也相应地不确定了。

以上三个特征意味着:"说是 s"具有的"发信者专用"的句法槽已经在"说是 r"中消失,也就是说"说是 r"的"论元结构"发生了变化,呈现出向副词转化的迹象;同时,泛时间性有所加强。总之,与"说是 s"相比,"说是 r"里"说"作为言说动词的语义已经相当弱化,去范畴化的程度较高。

以下两例中的"说是"既可以替换为"说",又可以替换为"听说",是发信者取向和受信者取向兼容的"说是",记作"说是 s/r"。

(17) 我们家虽然富裕,但林森从不乱花钱,她平时积攒的钱有 160 元,说是要捐给希望工程。(CCL:1994 年报刊精选)
(18) 儿子都五六岁了,竟然一个人不敢自己在房间里睡觉,说是怕静怕

黑。 （CCL：1994 年报刊精选）

像例（17）（18）这样的句子里，一般来说发信者在前文中已经明示出来了，所以其中的"说是"可以分析成"说是 s"。问题是为什么还能分析成"说是 r"？例（19）"说是"后的信息内容与（17）非常相似，都围绕钱的用途，这个"说是"就不能替换为"听说"：

（19）说完，从衣兜里掏出 1 元 5 角钱放到我手里，说是要给叔叔买糖吃。
（CCL：1994 年报刊精选）

例（17）和（19）的区别在于"说是"前面的内容。例（19）"说是"前的是个别的、一次性的动作行为，所以"说是"要求的信息传递行为更容易被理解为发信者的一连串动作中的一个，在时间轴上获得明确的定位。相反例（17）里的"从不乱花钱""积攒（钱）"等是具有惯常性、反复性的动作行为，因此其后的"说是"就很难理解为一连串动作中的一个，换言之，即泛时间性加强。这一点在例（18）"怕静怕黑"这样的动作性很低的事态中看得更为清楚。在这一条件下，"说是"就有可能理解为受信者取向的"说是 r"。

4.3 由"发信者取向"向"受信者取向"转变的外因与内因

由以上的考察可知，表示传闻性来源的"说是"的内部并不是均一的，言说动词的色彩最淡的"说是 r"经历了"发信者取向"→"发信者取向/受信者取向"→"受信者取向"这一转变。转变所依赖的句法、语义条件如下：

（20）a. 句法条件：前文不明示发信者。
b. 语义条件：信息传递行为自身不能在时间轴上定位。

"说是"要解读成"说是 r"，必须具备上述条件中的至少一个。这是"说是"由发信者取向转向受信者取向的外因。

但是光有外因是不够的。"说是 s/r"可以替换为"说"，这说明"说"也

可以出现在满足（20）的上下文中，但是"说"并没有发展出受信者取向的用法。对此，我们的解释是，"说是"这个形式出现时已经与"说"在功能上有了区分。"说是 s"拒绝在紧邻它的前方的位置上出现发信者，说明它作为动词的语法功能已经出现弱化，这一弱化现象在"说"里看不到。而带来这一变化的只可能是"是"，在构词上强制地剥离它的动词属性[5]，使其具备了转向受信者取向的可能性。这一内因加上（20）中归纳的外因，终于确立了受信者取向的"说是 r"。

五. 传闻以外的"说是"及其理论意义

还存在一类"说是"，"说"和"听说"都不能替换，如下例中划线的"说是"。前文例（4）和（5）也是这样的例子。

(21) 而战后祖国的局势尤其令人揪心：据说中国已是四强之一，可是又太不象一个强国；说是我们在战争中打胜了，可是总让人觉得有点"惨胜"的味道；国民党说是要和平建国，可为何又磨刀霍霍。

(CCL：报刊《读书》)

5.1 百闻未必不如一见

现有研究将这类"说是"分析为表示转折关系（陈颖 2009，陈颖、陈一 2010），或归入"反事实标记"（吕为光 2011）。这类"说是"所在的小句与其后的小句在语义上存在转折关系，说话人对"说是"所在小句表达的观点、看法持否定态度，这一观察是正确的。问题在于为什么"说是"会有这样的功能？前人的主张基本都是：来自传闻的信息是说话人没有直接参与的，因此说话人对信息的可信度评价不高，即认为不可信。然而这一主张是否一定站得住脚呢？

---

[5] 类似的例子还可以举出："总"有动词义项和副词义项，"总是"只有副词义项；"但"有副词义项和连词义项，"但是"只有连词义项。可见，加上"是"的形式总是更加虚化。

对说话人而言，或许从别人那里听来的消息的确不如自己亲眼所见、亲身参与（即实证性来源）的消息来得确实可靠，可是在向他人传递信息时，加上一句"这是我的直接经验"与"大家都这么说"，到底哪一种方式更容易博得听话人的信任？这里当然可能牵涉语言社团的文化因素，但总的来说，就传递信息的效果——取信于听话人——而言，直接经验未必胜过传闻。主张"百闻不如一见"的，实际上是将"自己的直接经验"与"他人的直接经验"混同了起来。"自己的直接经验"固然较"传闻"可靠，可对听话人来说，说话人"自己的直接经验"就是"他人的直接经验"；"他人的直接经验"是不是优于"传闻"，取决于受信者对每一个具体的"他人"的认识，很难一概而论。

5.2 可共享的信息来源才可靠

人们在生活中有这样的经验：就一个事态，可能有来自多个信息来源的信息，特别是自己参与的事态，默认说话人拥有实证性来源。不妨以体育比赛的出场选手为例，通过自己的直接经验他当然知道比赛的结果，同时他也能通过比赛现场的播报，即传闻知道比赛结果。假设这位选手通过直接经验获知自己在比赛中获胜，而现场播报中却传来裁判员判定他输掉比赛的消息，这时选手将选择一下哪个句子向别人传达比赛结果呢？

(22)		形式上的信息来源	实际的信息来源
a.	∅ 我赢了。	实证性	实证性
b.	∅ 我输了。	实证性	传闻性
c.	说是我输了。	传闻性	传闻性
d.	说是我赢了。	传闻性	实证性

首先 d 可以被最先排除，因为实际上根本不存在一条来自传闻的信息"我赢了"。其次，只要选手不认同裁判员的判定，他就不会选择 b。我们还注意到，b 和 d 在形式上的信息来源和实际信息所出自的信息来源不一致。在余下的 a 和 c 中，除非无视裁判的判定，否则只能选择 c，也就是说虽然比赛的输赢毫无疑问是说话人亲身经历的事态，说话人拥有来自实证性来源的信息，他却刻

意选择传递来自传闻性来源的信息。这就涉及在选择信息来源时说话人的策略以及信息来源的可靠度。

关于信息来源的可靠度，Cornillie 2009 的看法可资借鉴，其基本观点是信息来源的共享可能性决定这个来源的可靠度——说话人和交际的其他参与者可共享的信息来源具有最高的可靠程度。用这种观点来看，越是说话人独占的信息来源，共享可能性越是低，可靠度也越低。这可以解释为什么有时候"他人的直接经验"并不比"传闻"更可靠，因为对于来自传闻的信息，受信者可以回溯到更早的发信者来确认当前传递行为的发信者是否"撒谎"；相反"他人的直接经验"则完全由当前发信者垄断，而且这个发信者所直接经验的事态在当下可能已经不复存在，此时受信者只有相信或不相信两个选择，根本无从验证。而介于实证性来源和传闻性来源中间的是推论性来源：推论性来源中基于发信者的观察结果的那一部分同实证性来源一样，由发信者垄断，但是在此基础上进行的推论必须遵循一定的推论规则，这一部分则是受信者与发信者共享的。

5.3 信息来源及信息的选择

以上分析可以解释为什么（22）c 是最恰当的表达。尽管说话人确信自己才是获胜的一方，但毕竟"我赢了"这一信息来自自己的亲身经历——实证性来源，对听话人来说无法验证，假如听话人选择不相信说话人，那么这次信息传递就是失败的。对听话人来说，可以充分验证的信息来源只有传闻性来源，因此尽管从这一来源获得的信息是"我输了"，但说出（22）c，即"说是我输了"至少没有撒谎。不仅如此，由于作为比赛的出场选手，理应拥有实证性来源，却选择传闻性来源，这一"反常"的行为还可能诱导听话人回溯信息来源进行验证，从而使听话人得到不同于传闻性来源的信息。我们可以将上述筛选过程归纳成如下选择规则：

（23）与说话人亲身经历的事态有关的信息传递时的信息与信息来源选择
　　　p：说话人传递的是与自己亲身经历的事态直接相关的信息
　　　q：存在多个信息来源，且其信息与来自实证性来源的信息相左

r：传递来自最有可能共享的信息来源的信息并给出相应的信息来源
p ∩ q → r

至此，"说是"发展出提示下文将出现转折的功能的原因就不难理解了。我们根据（23）的 p ∩ q → r，会作出 p ∩ r → q 这样的溯因推理（abduction）。这种推理在逻辑上固然无效，但在实际生活中常常用来由果及因，参看沈家煊 2004。说话人在传递与自己亲身经历的事态时，采用实证性来源以外的信息来源。从听话人的角度看，这种异常选择必有其意图，于是推测"实证性来源获得的信息与非实证性来源的信息有出入"。这就是为什么当说话人用"说是"来讲述自己亲身参与的事态时，下文往往有转折。

5.4 "说是"的理论意义

原则上，当说话人本应拥有实证性来源的信息，实际提供的却来自非实证性来源的信息时，就容易带上转折的色彩。然而事实上，从例（21）的"说是"不能替换成"听说""据说"等可知，这样的转折用法只在"说是"上固定了下来。这说明"说是"不仅在词性上与更接近动词的"听说""据说"大异其趣，而且在特定条件下，出现了较高程度的语义漂白。这不难解释：因为"听说""据说"等的动词性阻止言说义的弱化。

我们已经说过，不存在不能言明信息来源的语言，但这并不意味着所有语言都有作为语法范畴的示证。一个语言是否存在作为语法范畴的示证，判断依据只能是这个语言里有没有示证语——以特定的信息来源为基本义、语法化程度高的形式。像汉语这样的语言，由于很少通过屈折、词缀等手段表达语法意义，某一词项的语法化程度高低又不显豁，所以示证语的认定本身就相当困难。所幸的是，存在一些语法化程度高的副词，它们的基本义又与信息来源相关，可以将它们看作示证语。但是一旦把"语法化程度高"的形式放宽到了副词，就更需要给出不把基本义是信息来源的名、动词分析成示证语的积极的理由。"说是"的存在使我们看到了尽管同样表示传闻性来源，但在语法化程度上可能存在的差异，由此在认定"说是"的示证语身份的同时，更有理由将"听说""据说"这类语法化程度低的动词等从示证语中排除出去。基于"说

是"可被认定为传闻性来源的示证语,而其他信息来源又不具有可与"说是"比拟的形式这一事实,我们得出结论:传闻性来源是普通话当中语法化程度高的信息来源;换句话说,传闻性来源是汉语在语法上进行标记的信息来源,除此以外的来源在语法上相对无标记。

六. 示证语和示证策略的功能扩张

"说是"由表示传闻性来源到提示转折——提示听话人注意下文语义上有转折——无疑是一种功能扩张。类似的扩张在语法化程度高的示证策略上同样可能出现。李佳樑 2014 对推论性来源的示证策略进行了个案考察,指出其中存在向"强烈寻求听话人的认同"这一功能进行扩张的趋势。由于传闻性来源和推论性来源都或高或低地具备可共享性,提供这两个来源,本身就是对听话人的认知状态有所意识的表现,交互主观性(intersubjectivity)高,因此这两个来源的示证语或示证策略由"针对事理"的功能发展出"针对人际"的功能也顺理成章。

对示证语和示证策略的功能扩张进行的这类考察,可能对解释某些语言现象或语言形式的形成提供全新的视角。

比方说,传闻性示证语转而表达对命题的否定性评价,这一点在"说是"的转折用法中已经露出端倪。有趣的是,据贡贵训 2012 报道,湖南永州方言里的"的话"具有否定的功能,引例如下:

(24) A:你结婚太早了吧? B:早<u>的话</u>。
(25) A:你给咖一百块钱他啊? B:我给咖那么多<u>的话</u>。
(26) A:你吃的是苹果。 B:苹果<u>的话</u>,是凉薯好不好!

以上三例的答句 B 的意思分别相当于"不早""我没给他那么多""不是苹果",这里的"的话"必须重读。贡贵训(同上)认为,"的话"的这种用法是从它表示假设的助词虚化而来的,因为"假设或虚拟本身就隐含否定"。可是,这一思路存在若干疑点。首先,假如表否定的"的话"来源于表假设的

"的话",那么前者的虚化或语法化程度高于后者;按照语法化的一般规律,语法化的程度与语音形式的弱化正相关,似乎不应该出现表否定"的话"重读而表假设的"的话"不重读的现象。第二,只有当对已然的情况作出假设(如"假如昨天没有下雨")时,才能得出反事实的解读(如"事实上昨天下了雨";在"昨天没有下雨"的情况下不能说"假如昨天没有下雨"),指向未然情况的假设(如"假如明天不下雨")是无涉事实的。假如表否定的"的话"来源于隐含否定的表假设的"的话",那么可以预测"的话"的否定只能针对已然的情况。然而"的话"也可以对已然以外的情况进行否定。第三,贡贵训(同上)还提到,表否定的"的话"后边无需后接小句,即使出现后接小句,也只是为否定对方观点提供"证明",而不表示前面句子假设情况的结果,也就是说,并不存在真正允许"的话"两解的例子,这就很让人不疑是否存在"假设→假设/否定→否定"这一虚化的链条。

我们认为,"的话"否定功能很可能来自它后附于被引用的话语内容的用法。说话人通过后附"的话"来引用对方的话语内容,使后者注意到其中存在不妥当的内容。从结果上看,这就成为说话人对话语内容的否定态度。究其实质,"的话"的这种"否定用法"是有标记地引用,日语里就存在类似的现象:

(27)(日语)

    A:*Kimi, kekkon haya-sugi da yo.*
    你   结婚   早-太   判断词 语气词
    '你结婚太早了啊。'

    B:*Haya-sugi **tte**.*
    早-太   **引用助词**

    Ore moo sanjyuu sai da yo.
    我 已经 三十 岁 判断词 语气词
    '什么太早。我已经三十岁了啊。'

上例中的 *tte* 是引用助词,表示前面的部分是来自传闻。这种引用或者表示否定性态度,或者表示意外,总之都与说话人现有的知识有出入。**Aikenvald** 也

给出了类似的例子：

(28)（Warlpiri 语）
Yuntardi **nganta**!
beautiful REP
'She is beautiful indeed! As if she is beautiful!'　　（Aikenvald 2004:183）

(29)（Nganasan 语）
d'esi̱ i-**bahu**
father be-REP
'He is reported to be her father'（and yet he abandoned her, and she left her home）　　（Aikenvald 2004:183）

例（28）（29）中用来表示传闻（包括引用）的成分，都可以解读成对命题的否定态度。

除了对命题的态度等情态成分以外，示证语或示证策略还可能向连词等小句间的连接成分发展。举例来说，假如一连串事态中的一个以状语从句形式编码，以这个状语为辖域的示证语或示证策略就有可能发展出表示原因、理由、目的的连词用法。例如知觉动词"看"曾经有表示"担心 - 认识情态"的用法（参看高增霞 2003），而"担心 - 认识情态"的表达形式是推论性示证策略的一大来源。历史上的"看"就存在一些既可以解释成推论，又可以解释成表示消极目的（如"以免"）的用例：

(30) 劝君速吃莫踌躇，<u>看</u>被南风吹作竹。　　（宋·钱惟演《玉楼春》）

类似现象在其他语言里也屡见不鲜。据 Aikenvald 2004: 253- 254 介绍：Tucano 语里，只有传闻的示证语才能在从属小句中出现，且表示目的；Tariana 语里，目的从句中出现传闻的示证语时，这个示证语表示消极目的；Ngiyambaa 语的从属小句也用传闻的示证语来表示目的。事实上，"说是"就有相当比例是用来说明事态的原因、理由的；只是这时的"说是"仍然以信息

传递行为的存在为前提,所以不宜将表示原因、理由作为其主要功能。

由此可见,包括方言在内的现代汉语也完全可能存在与上面介绍的几种功能扩张相类似的现象。当我们在分析这些现象的成因时,如果导入示证的视角,也许能从中得到有益的启发,进而可能在语言的共性方面获得更深入的认识。

参考文献

〔日本語の文献〕

赤塚紀子・坪本篤朗 1998.『モダリティと発話行為』. 東京：研究社出版.
大堀寿夫 2005.「日本語の文法化研究にあたって――概観と理論的課題――」,『日本語の研究』第 1 巻 3 号. 日本語学会：1-17 頁.
小野秀樹 2010.「"挺～的"と"太～了"の意味機能」,『汉语与汉语教学研究』創刊号. 東方書店：17-31 頁.
神尾昭雄 1990.『情報のなわ張り理論―言語の機能的分析』. 東京：大修館書店.
神尾昭雄 2002.『続・情報のなわ張り理論』. 東京：大修館書店.
金水敏 2003.『ヴァーチャル日本語　役割語の謎』. 東京：岩波書店.
邢志強 2001.「「そうだ」「ようだ」「みたいだ」「らしい」の相違と中国語への訳し方」,『日本と中国ことばの梯』佐治圭三教授古希記念論文集編集委員会編. 東京：くろしお出版.
呉悦 1997.『基礎からの上海語』. 東京：株式会社大学書林.
呉蘭 2011a.「中国語の推論証拠性表現」,『中国語学』第 258 号. 日本中国語学会：213-231 頁.
呉蘭 2011b.「日中伝聞表現の比較対照」,『日本中国語学会第 61 回全国大会予稿集』. 日本中国語学会第 61 回全国大会準備会：285-289 頁.
定延利之・張麗娜 2007.「日本語・中国語におけるキャラ語尾の観察」,『日中対照言語学研究論文集』. 和泉書院.
曹泰和 2000.「反語文の"不是……（吗）？"について―日本語と比較しながら―」.『中国語学』第 247 号. 日本中国語学会：311-327 頁.
玉地瑞穂 2005.「日本語と中国語のモダリティの対照研究―言語類型論の観点から―」,『高松大学紀要』第 44 号. 17-54 頁.
福田翔 2011.「"静態形容詞＋不了"の意味と構造」,『中国語学』第 258 号. 日本中国語学会：232-251 頁.
益岡隆志・田窪行則 1992.『基礎日本語文法―改訂版―』. 東京：くろしお出版.
益岡隆志（編）2008.『述語類型論』. 東京：くろしお出版.
熊進 2006.「成都方言における機能語としての"说［so^2］"」,『早稲田大学大学院文学研究科紀要（第二分冊）』第 51 号. 257-269 頁.
李佳樑 2011.「「感嘆」を表す上海語の"麳太 AP 噢"について」,『中国語学』第 258

号．日本中国語学会：154-173 頁。
李佳樑 2014『現代中国語における証拠性——情報源表出形式の意味機能——』，東京大学大学院総合文化研究科博士論文．

〔中国語の文献〕

陈光磊 1994．『汉语词法论』．上海：学林出版社。
陈曼君 2011．「闽台闽南方言的反复问句」，『方言』（2）：153-163 页。
陈颖 2009．『现代汉语传信范畴研究』，北京：中国社会科学出版社。
陈颖・陈一 2010．「固化结构"说是"的演化机制及其语用功能」，『世界汉语教学』（4）：505-513。
戴耀晶 2004．「试说"冗余否定"」，『修辞学习』（2）：3-6 页。
董秀芳 2003．「"X 说"的词汇化」，『语言科学』（2）：46-57 页。
董秀芳 2004．「"是"的进一步语法化：由虚词到词内成分」，『当代语言学』（1）：35-44 页。
房红梅 2006．「言据性研究述评」，『现代外语』（2）：191-196 页。
魏玉龙 2009．「语气助词"着呢"的演变历程」，『现代语文』（2）：32-34 页。
高琇玫 2006．「台语词汇"讲"和"看"的存在关系」。国立高雄师范大学台湾文化及语言研究所硕士论文．
高增霞 2003．「汉语的担心 - 认识情态词"怕""看"和"别"」，『语法研究和探索（十二）』：412-428 页。
贡贵训 2012．「湖南永州方言"的话"的否定功能」，『中国语文』（1）：54-55 页。
谷峰 2007．「从言说义动词到语气词——说上古汉语"云"的语法化」，『中国语文』（3）：231-236 页。
顾之民 1996．「"不要太 A"的特殊表达及其修辞效果」，『东方论坛』（3）：77-80 页。
何洪峰 2010．「从方式谓语到方式状语的语法化过程及认知机制」，『汉语学报』（1）：36-44 页。
胡壮麟 1994．「语言的可证性」，『外语教学与研究』（1）：9-15 页。
李佳樑 2009．「从样态"〜そうに"的对应表现看汉语的示证性」，『日本中国語学会第 59 回全国大会予稿集』。日本中国語学会第 59 回全国大会準備会：138-142 页。
李佳樑 2011a．「试论认识情态副词"保不 X"的形成」，『言語情報科学』第 9 号：49-61 页。東京：株式会社大應。
李佳樑 2011b．「当传闻不再是传闻——论上海话表示"惊异"的语用标记"伊讲"」，『语法化与语法研究（五）』，144-163 页。北京：商务印书馆
李佳樑 2012．「从内在状态在状语中的表达看汉语的示证性」．『現代中国語研究』第 13

期：43-60 页。东京：朝日出版社。

李晋霞·刘云 2003.「从"如果"与"如果说"的差异看"说"的传信义」,『语言科学』(3)：59-70 页。

李讷·安珊笛·张伯江 1998.「从话语角度论证语气词"的"」,『中国语文』(2)：93-102 页。

林华勇·马喆 2007.「廉江方言说义动词"讲"的语法化」,『中国语文』(2)：151-158 页。

刘丹青 2004.「汉语里的一个内容宾语标句词——从"说道"的"道"说起」,『庆祝〈中国语文〉创刊 50 周年学术论文集』,北京：商务印书馆。

刘丹青编 2008.『语法调查研究手册』。上海：上海教育出版社。

刘一之 2006.「北京话中的"（说）：'……'说"句式」,『语言学论丛』第三十三辑：337-339 页，北京：商务印书馆。

刘月华·潘文娱·故韡 2001.『实用现代汉语语法』（增订本）。北京：商务印书馆。

吕叔湘主编 1999.『现代汉语八百词』（增订本）。北京：商务印书馆。

吕为光 2011.「"说是"的语法化」,『语言与翻译』(3)：21-25 页。

牛保义 2005.「国外实据性理论研究」,『当代语言学』(1)：53-61 页。

钱乃荣·许宝华·汤珍珠 2007『上海话大词典』,上海：上海辞书出版社。

仇毅 2007.「"不要太……"结构的"准语法化"分析」,『镇江高专学报』(3)：48-51 页。

邵敬敏、罗晓英 2004.「"别"字句语法意义及其对否定项的选择」,『世界汉语教学』(4)：18-26 页。

沈家煊 2004.「语用原则、语用推理和语义演变」,『外语教学与研究』(4)：243-251 页。

史金生 2000.「传信语气词"的""了""呢"的共现顺序」,『汉语学习』(5)：32-35 页。

史有为 1995.「"看勿懂"和"勿要忒好"」,『汉语学习』(3)：54 页。

孙锡信 1999.『近代汉语语气词』,北京：语文出版社。

太田辰夫 1958/1987［2003］.『中国语历史文法』,蒋绍愚·徐昌华译。北京：北京大学出版社。

陶寰·李佳樑 2009.「方言与修辞的研究接面——兼论上海话"伊讲"的修辞动因」,『修辞学习』(153)：1-8 页.

王键瑶（未刊）「试论上海话中"伊刚"的词汇化与语法化」,上海师范大学研究生院课程报告。

王敏 2000.「"不要太 A"句式表达感叹的修辞基础探略」,『修辞学习』(2)：18-19 页。

王彦杰 2010.「"着呢"句式中形容词性成分的使用情况考察」,『世界汉语教学』(2)：231-242 页。

费玉龙 2009.「语气助词"着呢"的演变历程」,『现代语文』(2):32-34 页。

严辰松 2000.「语言如何表达"言之有据"——传信范畴浅说」,『解放军外国语学院学报』(1):4-7 页。

杨娟 2009.「"不要太 A"句式探析」,『语言应用研究』(5):47-48 页。

杨庆铎 1996.「"不要太××噢!"小议」,『咬文嚼字』(1):8 页。

叶盼云 1994.『学说上海话』。上海:上海交通大学出版社。

余光武 2010.「『言据范畴』介绍」,『当代语言学』(4):365-368 页。

乐耀 2011a.「国内传信范畴研究综述」,『汉语学习』(1):62-72 页。

乐耀 2011b.「从人称和"了 2"的搭配看汉语传信范畴在话语中的表现」,『中国语文』(2):121-132 页。

张爱玲 2006.「"不要太……"否定冗余成分分析」,『语文学刊』(3):138-140 页。

张爱玲 2009.「元语否定结构"不要太 AP"的习语化」,『长春师范学院学报(人文社会科学版)』(5):78-82 页。

张成福・余光武 2003.「论汉语的传信表达——以插入语研究为例」,『语言科学』(3):50-58 页。

张伯江 1997.「认知观的语法表现」,『国外语言学』(2):15-19 页。

张伯江 2013.『什么是句法学』。上海:上海外语教育出版社。

张伯江・方梅 1994.「汉语口语的主位结构」,『北京大学学报(哲学社会科学版)』(2):66-75 页,57 页。

赵元任 1968.『中国话的文法』,丁邦新译,收入『赵元任全集』(第一卷),北京:商务印书馆 2002 年。

郑怀德・孟庆海 2003.『汉语形容词用法词典』。北京:商务印书馆。

志村良治 1984/1995.『中国中世语法史研究』,江蓝生・白维国译。北京:中华书局。

周领顺 2002.「怎样解释"不要……太……"」,『天中学刊』(1):74-75 页。

朱德熙 1982.『语法讲义』,北京:商务印书馆 1982 年。日本語訳:杉村博文・木村英樹 1995,『文法講義』。東京:白帝社。

朱永生 2006.「论现代汉语的言据性」,『现代外语』(季刊)(4):331-337 页。

〔英語の文献〕

Aikhenvald, Alexandra Y. 2004. *Evidentiality*. Oxford: Oxford University Press.

Aikhenvald, Alexandra Y. (ed). 2018. *The Oxford Handbook of Evidentiality*. Oxford: Oxford University Press.

Anderson, L.B. 1986. Evidentials, Path of Change, and Mental Maps: Typologically Regular Asymmetries. In Wallace Chafe & Johanna Nichols (eds.)

参考文献

Aoki, H. 1986. Evidentials in Japanese. In Wallace Chafe & Johanna Nichols (eds.).

Boas, Franz. (ed). 1911. *Handbook of American Indian languages*, Part 1. (Smithsonian Institution, Bureau of American Ethnology, Bulletin 40.) Washington: Government Printing Office.

Boas, Franz. 1947. Kwakiutl grammar, with a glossary of the suffixes. *Transactions of the American Philosophical Society* 37(3). pp.201-377.

Boye, Kasper & Harder, Peter. 2009. Linguistic categories and grammaticalization. *Functions of Language* 16:1, Amsterdam/Philadelphia: John Benjamins Publishing Company. pp.9-43.

Brown, P. & Levinson, S. C. 1987. *Politeness: Some Universals in Language Usage*. Cambridge: Cambridge University Press.

Bussmann, Hadumod. 1996. *Routledge Dictionary of Language and Linguistics*. London: Routledge.

Chafe, W. 1986. Evidentiality in English Conversation and Academic Writing. In Wallace Chafe & Johanna Nichols (eds.).

Chafe, W. & Nichols, J. (eds.) 1986. *Evidentiality: The Linguistic Coding of Epistemology*. Norwood, New Jersey: Ablex Publishing Corporation.

Chang, M-H. 1998. The discourse functions of Taiwanese Southern Min *kóng* in relation to its grammaticalization. *Selected Papers from the Second International Symposium on Languages in Taiwan*, ed. by Shuanfan Huang, pp.111-128. Taipei: Crane.

Chappell, Hilary. 2001. A typology of evidential markers in Sinitic languages. In H. Chappell (ed.). 2001. *Sinitic grammar: synchronic and diachronic perspectives*. Oxford: Oxford University Press. pp.56-84.

Chappell, Hilary. 2008. Variation in the Grammaticalization of complementizers from *verba dicendi* in Sinitic languages. *Linguistic Typology* 12: pp.45-98.

Cornillie, Bert. 2009. Evidentiality and epistemic modality: On the close relationship between two different categories. *Functions of Language* 16:1, Amsterdam/Philadelphia: John Benjamins Publishing Company. pp.44-62.

DeLancey, S. 2001. The mirative and evidentiality. *Journal of Pragmatics* 33:369-382.

Ekberg, Lena & Paradis, Carita. 2009. Editorial: Evidentiality in language and cognition. *Functions of Language* 16:1, Amsterdam/Philadelphia: John Benjamins Publishing Company. pp.5-7.

Goffman, E. 1967. *Interaction Ritual: Essays on Face Behavior*. New York: Pantheon Books.

Heine, B. & Kuteva, T. 2002. *World Lexicon of Grammaticalization*. Cambridge: Cambridge

University Press.

Hopper, Paul J. & Traugott, Elizabeth C. 1993 *Grammaticalization*, Cambridge: Cambridge University Press.

Huang, Hui-ju 2010 *An Integrative Approach to Grammaticalization of shuo in Taiwan Mandarin,* National Tsing Hua University Graduate Institute of Linguistics Ph.D. Dissertation.

Jacobsen, William H. 1986. The Heterogeneity of Evidentials in Makah. In Wallace Chafe & Johanna Nichols (eds.).

Jakobson, Roman. 1957. *Shifters, verbal categories, and the Russian verb*. Cambridge, Mass.: Department of Slavic Languages and Literatures, Harvard University.

Lichtenberk, Frantisek. 1995. Apprehensional Epistemics. In John Bybee and Suzanne Fleischman (eds.), *Modality in Grammar and Discourse*. Amsterdam/ Philadelphia: John Benjamins Publishing Company. pp.293-327.

Palmer, F.R. 2001. *Mood and Modality* (the 2nd edition). Cambridge: Cambridge University Press.

Sweetser E. 1990. *From Etymology to Pragmatics*. Cambridge: Cambridge University Press.

Tseng, M-H. 2008. *The multifunction of Taiwanese Southern Min 'Kóng'*. M.A. thesis. National Tsing Hua University.

Valenzuela, P. 2003. Evidentiality in Shipibo-Konibo, with a comparative overview of the category in Panoan. In Aikhenvald and Dixon (eds.) 2003. *Studies in Evidentiality*. Amsterdam: John Benjiamins.

Willett, T. 1988. A cross-linguistic survey of the grammaticization of evidentiality. *Studies in Language* 12: pp.51-97.

あとがき

　本书在笔者向东京大学综合文化研究科提交的博士学位论文『現代中国語における証拠性——情報源表出形式の意味機能——』的基础上修改而成。部分章节的主要想法曾在一些学术期刊、论文集或研讨会上发表，整理如下：

　　第 5 章　当传闻不再是传闻——论上海话表示"惊异"的语用标记"伊讲"，《语法化与语法研究（五）》，pp.144-163。北京：商务印书馆。
　　第 6 章　从言说到"反预期"——以句末"讲"在台湾闽语中的虚化为中心，第 17 次现代汉语语法学术讨论会（2012 年 10 月，上海师范大学）。
　　第 7 章　「感嘆」を表す上海語の"覅太 AP 噢"について，『中国語学』第 258 号，pp.154-173。
　　第 8 章　从内在状态在状语中的表达看汉语的示证性，『現代中国語研究』第 14 期，pp.43-60。

　东大在学五年间，笔者有幸先后受教于柯理思（Christine Lamarre）教授与杨凯荣教授门下。他们一位在类型学、语法化研究方面深有造诣，一位立足汉日对比和功能视角，汉语语法研究的成就有目共睹。博士论文得以成形，离不开两位恩师的悉心指导和关怀帮助。同时，大堀寿夫（现庆应义塾大学教授）、小野秀樹、杉村博文（现大阪大学名誉教授）、吉川雅之四位先生（按五十音序排列）在百忙之中审读论文，提出了宝贵的修改意见。其中，小野教授还两度细致校阅了论文初稿的日语表达。在此谨向他们致以最由衷的谢意！
　博士论文撰写期间，笔者曾将一些思考在驹场中国语研究会、驹场博论研究会、中国语文法研究会、复旦大学中文系语法沙龙等多个以在校生或毕业生为主的研究会上作过汇报。木村英樹教授（东京大学名誉教授、追手门学院大学教授）及众多学友（恕不在此一一列出）给了笔者很多启发。大家在多方面

的关心和帮助也是激励笔者坚持研究的原动力之一。

  回顾自己的求学经历，一路走来遇到的贵人实在不少。本科（2001年至05年）和硕士课程期间（05年至08年），笔者师从复旦大学中文系教授戴耀晶先生。大到学位论文的谋篇布局，小到课程报告的遣词造句，都曾得到过先生的耳提面命。戴先生在海外执教期间，复旦中文系副教授陶寰先生不计个人得失，承担了指导笔者的多项具体工作。06年4月至07年3月，笔者在国学院大学交换留学期间，该大学的渡邊晴夫教授和波户冈旭教授提供了极大的便利。留学期满回国后，笔者萌生了再度赴日、继续深造的想法。这一想法不仅受到了戴先生、陶先生的首肯，还得到了远在东京的师友的无私帮助。当时正在东大攻读博士学位的雷桂林先生（现樱美林大学副教授）寄来东大的入学申请书，渡邊晴夫先生也提供了东大研究生院例年的入学考试真题集。08年秋结束了硕士课程之后，笔者以东大研究生院外国进修生身份来日，并于翌年4月开始攻读博士学位。饮水思源，感恩之心须臾未敢忘。

  取得博士学位后，笔者受聘于东京大学教养学部教养教育高度化机构，与教养学部中国语部会的老师及工作人员共事三年。这一期间，笔者不仅从资历丰富的前辈教员那里学到很多教学经验，更是真切体会到了教学相长的乐趣。

  实事求是，本书还存在不成熟、不妥当的地方，然而有时候"完成"远比"完美"重要。笔者愿意将它尽可能地以原本的面貌呈现出来，这既是笔者探索汉语规律的一个阶段性小结，又是向以上提到或未及提到的诸位师友呈上的一份答卷。惟一遗憾的是，引领笔者走上汉语研究之路的戴耀晶先生不幸于14年9月英年早逝，这份答卷只得奉于先生灵前。

  本书能够顺利问世，还必须向关西大学外国语学部教授沈国威先生和关西大学出版部宫下澄人先生致谢。

  最后，感谢一直在笔者身后默默支持守护的家人与朋友。

2018年12月

【著者紹介】

李　　佳樑（リ・カリョウ）

1983 年　中国上海市生まれ。
2014 年 3 月　東京大学大学院総合文化研究科言語情報科学専攻博士課程修了。博士（学術）。
2014 年〜 2017 年　東京大学教養学部准教授。
2017 年〜現在　関西大学外国語学部准教授。専攻は現代中国語文法研究。
『中国語を学ぶ 10 の扉：言葉と思考からときほぐす中国』（共同執筆、早稲田大学出版部、2014 年）、『NHK ラジオテキスト　まいにち中国語（2014 年 4 月号〜 9 月号全 6 号）』（執筆協力、NHK 出版）、『快楽学漢語・説漢語－準上級中国語会話』（共同執筆、早稲田大学アカデミックソリューション、2015 年）、『基礎漢語口語演習教材』（単著、東京大学教養学部文科系クラス 1 年次の中国語演習で使用するテキスト、2016 年）をはじめ、執筆に取り組んだ中国語学習書多数。

現代中国語における情報源表出形式
本来の守備範囲と拡張用法

2019 年 2 月 1 日　発行

　　　著　者　　李　　佳樑

　　　発行所　　関 西 大 学 出 版 部
　　　　　　　　〒564-8680　大阪府吹田市山手町 3-3-35
　　　　　　　　電話 06-6368-1121　FAX 06-6389-5162

　　　印刷所　　協 和 印 刷 株 式 会 社
　　　　　　　　〒615-0052　京都市右京区西院清水町 13

ⓒ 2019　Li Jialiang　　　　　　　　　　　　　　　Printed in Japan

ISBN 978-4-87354-684-1　C3087　　　　　　乱丁・落丁はお取替えいたします

JCOPY ＜出版者著作権管理機構　委託出版物＞
本書（誌）の無断複製は著作権法上での例外を除き禁じられています。複製される場合は、そのつど事前に、出版者著作権管理機構（電話 03-5244-5088, FAX 03-5244-5089, e-mail: info@jcopy.or.jp）の許諾を得てください。